男性廢退

失落、孤僻、漫無目的，
生而為「男」我很抱歉？
苦苦掙扎的男性困境，
我們能怎麼做。

OF BOYS AND MEN

WHY THE MODERN MALE IS STRUGGLING, WHY IT MATTERS, AND WHAT TO DO ABOUT IT

理查・V・李維
Richard V. Reeves
著

廖桓偉
譯

方舟文化

目錄

推薦序一　人類史上首波「女強男躺」的社會現象／彭菊仙　005
推薦序二　以「失敗男性」的身分活著／鍾佳播　008
推薦序三　看似堅強、實則脆弱的真實男性寫照／劉軒　011
推薦序四　我希望兒子是一名紳士／林志潔教授　014
序　從擔心老爸到擔心專家　017

第1部　**男性萎靡**

第1章　女孩得第一——男孩學業落後　027
第2章　男性勞工好憂鬱——男性失去勞動市場地位　051

OF BOYS AND MEN

第3章 無所適從的老爸——父親失去傳統家庭角色 073

第2部 雙重劣勢

第4章 德懷特的眼鏡——黑人男孩和男性面臨的劇烈挑戰 095

第5章 階級天花板——貧窮男孩和男性正在受苦 119

第6章 無人聞問——政策沒有幫到男孩和男人 141

第3部 生物學與文化

第7章 養成男人——先天和後天一樣重要 159

第4部 政治僵局

第8章 進步派的盲目——政治左翼在否定現實 189

第9章 保守派的怒火——政治右翼想倒轉時間 209

第5部 我們能怎麼做

第10章 為男孩披上紅衫——男孩必須在教室多待一年 233
第11章 男人可以HEAL——讓男人走進未來的職場 259
第12章 新老爸——父親這個獨立社會制度 285

後記 310
致謝 313

推薦序一

人類史上首波「女強男躺」的社會現象

作家／彭菊仙

敢寫這樣主題的作者可真大膽啊！站在不斷追求「女男平等」的性平浪頭上，膽敢提出如此不符主流期待、很不討好、卻很討打的呼喊：現今男性的地位江河日下，在快速銳變的社會文化結構中進退失據，岌岌可危，甚至需要外援助力才得以逆轉頹勢。

談到性別不平等，「革命尚未成功，同志仍須努力」之主流奮鬥方向絕對仍是「為女性而戰」，畢竟，當今女性在政經濟社會各層面的參與度仍居下風，父權主義依然隱性發威，不少女性仍必須比男性更加拚搏方能占得一席之地。男女依然同工不同酬，就拿臺灣來說，二〇二三年，男性平均時薪是三百七十三元，女性則為三百一十八元，差距為一四．七％；男性新鮮人平均薪資為三．七萬，女性僅為三．四萬，這數據亮出來，連我這三個男孩的媽也想幫女兒的爸媽們搥心肝了！甚且，世界經濟論壇於二〇二〇年發現，女性在教育、健康、經濟機會、政治賦權四大領域中的性別差距，需耗費一百三十五．六年才能追平男性。

然而，本書作者竟逆勢操作，直言不諱地點出現今男性在教育、職場、親職中節節敗退的趨向。是不是在男尊女卑時代中成長的作者，主觀上容易偏斜袒護自己的性別？身為三個男孩的父親，作者有沒有因護子心切而不自覺放大了男性困境？

還沒閱讀此書前，我曾隨口問了幾位家長朋友：「你們覺得現在的男孩比起我們這一代男性如何？」有幾個普遍的回答：

「這一代男孩比較溫柔，滿好的，但好像少了些雄性氣概，不知是好是壞。」

「這一代男孩想法很天馬行空，感覺企圖心與擔當都逐漸下降。」

我又問家裡同時有男孩和女孩的家長，對男女差異的看法，得到幾個雷同的回應：

「女孩比較樂於溝通，男孩較沒想法。」

「女孩比較會幫忙，男孩有空就打電動。」

雖然只是簡單的田野訪問，但似乎隱隱勾勒出新的男女形象：女孩朝向大人認定之正向發展的比例較高，男孩則剛好相反。當我質疑這些直觀評價過於簡單粗暴時，卻在本書讀到一個個令我驚訝的數據。

過去有句話：「男怕入錯行，女怕嫁錯郎。」然而，崛起的女力及與生俱來的「軟實力」，讓女性既能在家庭中擔綱溫暖的守護者，也能搖身變成能幹的女漢子，女性一雙纖纖小手竟能撐起整片天?! 未來，「男難入行，女不嫁郎」會不會愈發接近現實？此外，**不論在美國、韓國、日本或臺灣，尼特族、啃老族，或是中高年齡的繭居族、遊民，男性皆多於女性，不少社會學家已經注意到人類史上此波「女強男躺」的怪奇社會現象。**

作者拿出雄厚的諸多證據證明：**性別不平等是「雙向」的**，女性透過提高學力與學歷、敦促職場友善，已經逐漸擺脫弱者的態勢，這是絕對正確的發展方向，也勢不可當，但不代表男性需要萎縮或退守。作者從生物機制、身心發展歷程、學習模式、教育方式、社會文化變遷各角度，仔細拆解男性面臨的困境並提供解救方向。

我特別推薦給家有男孩的父母及男孩們的老師，這本書能幫助你們思考如何阻擋男孩的頹勢，當然，我更期盼女性朋友也能閱讀，因為，在某些層面，如今的你們反而是強者，需要裝備新的認知，才能讓兩性都受惠，達到雙向的平衡。

推薦序二

以「失敗男性」的身分活著

某個靠 YouTube 維生的人／鍾佳播

其實，一開始受邀寫推薦序的時候，我有點受寵若驚，畢竟我不是什麼知識分子，也不符合所謂文字工作者該有的樣子。但也許就是因為這層關係，我反而更適合從所謂「廢男」的角度來理解作者想表達的概念。

我的人生中，有很長一部分都是以「失敗男性」的身分活著，而這樣的苦悶，非常難以表達，甚至連自身的「苦悶」都難以意識。因為我們往往會覺得，成敗取決於自身夠不夠努力，如果沒有獲得成功，那所有失敗的原因，合理該歸咎於自身。

本書提出了很多案例、數據，來解釋「廢男」的掙扎，不單單只是因為「你不夠努力」而已，這是由一套包括生理、教育、社會文化及經濟結構的複雜因素所造成。

當然，我知道身為男性，在當今社會，依然相對容易獲得資源，或者可以說是比較容易「成功」；但就是因為在這樣的背景之下，我們反而容易忽略掉男性所面臨的困境。

作者在書中提到一個很有趣的教育改革方式，就是延遲入學。作者指出，男孩的大腦發育通常比女孩慢，這種發育差異導致男孩在自我調節、衝動控制和未來導向等方面能力較弱，從而影響他們在課堂上的表現。

我剛好因為求學時期曾經休學、留級，導致大學同學都比我小兩歲，某種程度上也算是延遲入學。可能是因為這種誤打誤撞，我在大學時期學習到的知識，扎實地影響了我的一生。

但我之所以能這麼自在地「輸」在起跑點，只是因為我很幸運地出生在一個包容我的家庭，很多人——應該說是大部分的人——不一定有這樣的運氣。

所以我覺得這份包容，應該要延伸到整個社會，**畢竟我們無法選擇自己的出身，但可以選擇自己想要的世界**。

我認為傳統上對於男性的期待與框架，正是失敗男性感到痛苦的根源，這種苦悶就像是卡在鞋子裡的小石頭一樣，每走一步路，它都在用微妙的方式折磨著你。

要擺脫這種折磨，只要把鞋子脫了，然後把石頭拿出來而已，就這麼簡單。不過，若是要擺脫傳統男性框架，應該不可能這麼簡單吧？錯！其實這並不困難。我們只要每個人都對其他人更包容一點，不要用傳統意義上的成敗來評論一個人的價值，只要大家再稍微溫柔一點，一點點就好，這份包容就能延伸到整個社會。

我相信在這樣的世界，不論任何人，都可以活得再多開心一點吧。

推薦序三

看似堅強、實則脆弱的真實男性寫照

正向心理學家、作家／劉軒

過去一年，我的 Podcast 節目《劉軒的 How to 人生學》推出了【解鎖青春情緒】系列，專注於探討青少年的心理健康議題。在準備這個系列時，我注意到這本書，當時它在美國引發了熱烈討論，尤其是在川普成功連任總統之後，許多學者開始探討，為什麼年輕一代，無論族裔，男性支持川普的比例會遠高於女性？

這現象並不僅限於美國，而是全球許多已開發國家都在發生的趨勢：年輕男性越來越傾向支持保守主義和右翼政策。這背後反映的，或許正是他們對自身處境的焦慮與不滿。

作者的觀察發人深省，他指出在當代社會，特別是已開發國家，年輕男性正面臨著前所未有的認同危機。從教育現場男學生普遍的低成就表現，到職場上對非傳統工作的適應困難，再到家庭角色的重新定位，每一個面向都考驗著現代男性的應對能力。

兩年前，我與詹斯敦合著了《超男進化論》，希望為臺灣男性提供一些心理支持的管道。坦白說，我們起初並未抱太大期待，畢竟一本專為男性撰寫的心理成長書並不被市場看好。然而，這本書竟在全臺各地催生了三十五個自發性的讀書會。每個週五晚上，來自不同背景的男性聚在一起，不只討論書中內容，更分享各自生命中的困惑與掙扎。到了二〇二五年，這些讀書會預計還會擴展到東南亞。此外，我們也開辦了專為男性設計的超男訓練營，透過心理學理論，為男性創造更深度的交流空間。

一路走來，我聽到了太多男性的故事。很多人其實每天都在壓力中努力生活，卻不敢坦露自己的迷茫。這就像紐約客的一句建議：「即使迷路了，也要假裝自己知道要去哪。」**這種看似堅強、實則脆弱的狀態，是許多現代男性的真實寫照。**

我很高興可以看到本書的臺灣中文版上市。這本書最可貴之處，在於它不只點出問題，更提出了具體的解方。雖然這些建議基於美國經驗，但對正在經歷相似轉型的臺灣社會，也有很大的參考價值。

對正在翻閱這本書的你，我相信你會在書中找到許多共鳴。也許是那些關於男孩教育的討論，讓你想起自己或身邊孩子的成長經歷；也許是職場轉型的分析，觸動了你對未來的焦慮；又或者是家庭角色的探討，道出了你心中未曾說出口的疑問。

而我也非常確認，本書一定會成為我們超男讀書會在二〇二五年的重點書籍。如果你有任何想法，歡迎加入超男讀書會，與其他男性們一起交流，共同探討現代男性該如何活出自己的價值。想了解更多關於超男計畫的資訊，也歡迎造訪超男官網：chaoman.org，讓我們一同書寫屬於現代男性的新定義。

推薦序四

我希望兒子是一名紳士

性別平權研究者／林志潔教授

當方舟文化詢問我，是否有意願讀本書並撰寫分享時，我絲毫沒有猶豫就答應了，原因無他，我是一個少年的媽媽。我兒包包是一個早產兒，出生不到兩千克，歷經類亞斯診斷、早療、各種生長曲線落後，國中因疫情而決定自學，到如今是一個一百七十八公分的少年，這一路，為娘真是百般艱難，萬般感觸。

在讀這本書時，屢屢讓我覺得：「啊！真的！」、「沒錯，就是這樣。」例如作者提到，目前美國高等教育中，女生的學習成果遠優於男生；我任教的陽明交大科法所，每次在甄試時，都快改成「女子科技法律研究所」，女性考生在口說上的流利和書審上的用心，都遠優於男性考生。

又比如作者提到母職概念的轉變，與父親定位的模糊。過去父親在家庭中是養家者，負責主導一家事務、撐起家中經濟並提供家庭的安全網建構；但在性別平權的推動下，女性就業大增，母親也分擔了家中的經濟，甚至比父親收入還高，而社會福利制度本在補償失去薪水的男性，也逐漸變成補償和支持「失去男性」的母親。

母親的角色在當代已經多元又豐富，父親的角色卻依然卡在過去，與如今的家庭結構和平權社會格格不入，不但讓成年男性無所適從，也讓成長中的男孩，不知道自己應該如何找到可以學習的典範角色。這些男性萎靡、廢退的現況，不只在美國，在很多其他國家也一樣，這導致了廢退男性對女性的仇視、憤怒，也增長了錯誤的男子氣概，更不利於少年們的成長。

作者並非只是觀察，也提出建議，他認為少男們的前額葉發育較慢，應該有一年的緩衝期，讓男孩可以用自己的速度逐步跟上，學習同理心、克制、反省和成為一位紳士。我和先生也非常認同此概念，因此，我們曾試圖要求學校讓包包留級一年，因為包包作為早產兒，其實本應在後一學年度入學，卻變成該年級最小的孩子，我們很希望有機會能讓他多讀一次國一或小六。

但結論是無法，與國民教育的體制不合，這也是後來我們決定在疫情中，直接讓包包申請自學的原因。變相地和緩了上課年限和壓力後，包包確實健康快樂許多，找到了自己的興趣，而落後的成長曲線不但追上，甚至短短三年內長高了二十幾公分，這與充分睡飽、營養充足有很大關係。

我想本書對性別研究最大的幫助在於，我們做得還不夠，因為除了培力女性之外，我們也應注意男性在平權歷程中的改變，**那些屬於正面成熟的男性特質，作為一名紳士應有的教養和能量，應該要隨著平權而被珍惜，而非被打壓或忽略**。謹以本段導讀期許自己，不論就一位平權推動者，或是一名母親，對少年的教育，我還需要繼續努力。

序

從擔心老爸到擔心專家

我已經擔心男人和男孩二十五年了。當你要養大三個男孩，就必定會有這種心情；他們現在都長大成人了。喬治（George）、布萊斯（Bryce）、卡麥隆（Cameron）：我對你們的愛深得無法計量。這就是為什麼，即使到現在，我有時還是會擔心你們；但我的焦慮現在已經蔓延到職場。

我是布魯金斯學會（Brookings Institution）的學者，研究多半聚焦於機會的平等，或不平等。直到現在，我大部分的注意力都花在社會階級和種族的分歧，但我變得越來越擔心性別[i]落差，而且或許和你所想的擔憂不同。我已經清楚了解到，越來越多男孩和男

---

i 編按：性（sex）指的是身體相關的性別，或稱為生理性別，性別（gender）指我們在社會上表現出來的性別身分，或稱為社會性別。

人，在學校、職場和家裡都過得很掙扎。我以前只需要為三個男孩（年輕男人）煩惱，現在我的擔憂延展至好幾百萬人。

但就算如此，我本來是不想寫這本書的，已經有多到數不清的人反對我寫。在目前的政治氣氛中，強調男孩和男人遇到的問題，還真是一項危險的任務。我有一位朋友是報紙專欄作家，他說：「如果能閃躲這個議題，我就一定不會去碰，這種議題只會令人痛苦。」有些人則辯稱，我這樣做會使人分心，無法繼續關注女孩和女人仍在面對的挑戰。

但我認為避而不談才是錯的。身為性別平等支持者，關於該怎麼消除男女之間的薪資落差（男人每賺一百美元，女人只賺八十二美元）[1]，我思考了很多。正如你即將看到的，我認為這裡提供的解方，包含了更平等的育兒分配——只要同時提高父母的有薪假，就能協助達成這個目標；但我也很擔心「女高男低」的大學學歷落差——這只是教育面大型性別落差（而且越來越大）的症狀之一（每一百位女性獲得學士學位，只有七十四個男性獲得同樣學位）[2]。這裡我提議一個簡單但激進的改革方式：男孩在學校的起步時間，應該要比女孩晚一年。

換言之，就是重新設計職場架構，使其對女性更公平，並同時改革學校，使其對男孩更公平。

這兩個想法可以並存。**我們可以對女性的權利表達熱情，也可以對脆弱的男孩和男人表達同情。**

我當然不是第一個寫書討論男孩和男人的人。我追隨許多人的腳步，包括漢納·羅森（Hanna Rosin，著有《男人末日》〔*The End of Men*〕）、安德魯·亞羅（Andrew Yarrow，著有《男人出局》〔*Man Out*〕）、凱·海莫維茲（Kay Hymowitz，著有《MAN 起來》〔*Manning Up*〕）、菲利普·津巴多（Philip Zimbardo）和尼基塔·庫隆比（Nikita Coulombe，著有《男人被打斷》〔*Man, Interrupted*〕）、華倫·法雷爾（Warren Farrell）和約翰·格雷（John Gray，著有《男孩危機》〔*The Boy Crisis*〕）。

那麼我為什麼現在要寫這本書？真希望我只有一個簡單的動機。但我有六個主要理由。

第一，事情比我想得還糟糕。我知道一些頭條新聞，報導男孩在校園過得很掙扎、男人在勞動市場失去地位，父親與小孩失去親情。我本來想說，其中有些頭條或許太誇張。但我越仔細觀察，景象就越灰暗。如今大學學歷的性別落差比一九七〇年代初期更大，但男女剛好反過來[3]。如今大多數男性的薪資都比一九七九年還低，但女性薪資已經全面上漲[4]。每五位父親中，就有一位沒跟孩子一起生活[5]。「死於絕望」的人（自殺或藥物過量）當中，男性占了近四分之三[6]。

第二，承受其他極度不平等處境（尤其是階級和種族）的男孩和男人掙扎得最苦。我最擔心的男孩和男人，就是位於經濟和社會階級底層的那一群。大多數男人都不是菁英，至於注定要當上菁英的男孩就更少了。一九七九年，高中畢業的一般美國人，每週收入等於今日的一千零一十七美元；但現在比當時還低一四％，只有八百八十一美元[7]。

正如《經濟學人》（*The Economist*）雜誌所言：「最高階級都由男性占據，這個事實對於底層的男性來說是微不足道的安慰。」[8]頂層的男性仍然飛黃騰達，但一般的男性可不是。

如果他們是黑人，那又更慘：「貧窮的非裔美國男性，每天都要面對很深的種族歧視，這種歧視存在於所有社會制度。」我的同事卡米爾・布塞特（Camille Busette）寫道[9]。「沒有其他人口群體有如此糟糕、持續、長期的遭遇。」黑人男性不只要面對制度上的種族歧視，還得面對**性別上的**種族歧視，其中包括勞動市場和刑事司法體系內部的歧視[10]。

第三，我清楚了解到男孩和男人的問題，本質上是結構性，而非個人的，但這些問題卻很少被當成結構性看待。**男性遇到的問題，通常被說成是男性自己的問題；該被修正的是男性，而且一次修正一個男人或男孩。但，這種個人主義的方法是錯的**。男孩在學校落後，是因為教育體系的結構使他們處於劣勢。男人在勞動市場痛苦掙扎，是因為經濟轉型讓傳統的男性工作消失。父親無所適從，是因為「一家之主」這個文化角色已經被掏空。男性的萎靡並不是大規模心理崩潰的結果，而是深度結構性挑戰的後果。

「當我越深入思考男性失去的事物——公共生活中的有用角色、賺取像樣且可靠的薪資的方式、家人的感激、文化中的尊敬對待，」女性主義作家蘇珊．法露迪（Susan Faludi）在一九九九年的著作《僵硬》（*Stiffed*）中寫道：「我就越覺得，二十世紀末期男性的地位，跟中世紀女性出奇地相似。」[11]

第四，我驚訝地發現，許多社會政策介入（包括一些最受吹捧的）都沒有幫到男孩和男人。第一個吸引我目光的，是密西根州卡拉馬祖市的一項大學學費全免計畫。根據評估團隊表示：「在完成大學學業方面，女性有非常大的收穫（增加了將近五〇％），但男性似乎完全沒受益。」[12] 這還真是驚人的發現。

大學學費全免，對男性居然完全沒影響。但沒想到，還有數十個計畫只對女孩和女性有益，而男孩和男性沒受益：德州沃斯堡市的一項學生輔導計畫、北卡羅來納州夏洛特市的一項選校計畫，以及紐約市一項提升低薪人士所得的計畫，諸如此類。這些介入措施在幫助男孩或男人時徹底失敗，但這樣的失敗卻被正面的**平均**成果（因為女孩或女人得到正面的影響）淡化。單獨來看，這種性別落差或許只是某個特定措施中的偶然現象；但是，這是反覆出現的模式，所以許多男孩和男人不但掙扎度日，也很少受到政策介入的幫助。

第五，性和性別議題上出現了政治僵局。雙方都陷入意識形態上的立場，不敢做出真正的改變。進步派拒絕承認「重大的性別不平等可能是雙向的」，並很快就替男性問題貼標籤，說這些是「有害男子氣概」（toxic masculinity）[i]的症狀之一。保守派顯然更能感受到男孩和男人的掙扎，但他們只是想找個正當理由，倒轉時間並恢復傳統的性別角色。**左派告訴男人：「要更像你的姊妹。」右派則說：「要更像你的父親。」這兩種祈願都沒有幫助。我們需要的是「對於男子氣概的正面眼光」，能與性別平等共存。**身為文化戰爭中的拒絕參戰者（conscientious objector）[ii]，我希望能提供一種對於男孩和男人境況的評估，進而吸引到廣泛的支持。

第六，身為政策專家，我認為自己有資格提供一些正面的構想來處理這些問題，而不只是覺得惋惜，我已經乾著急夠久了。在教育、職場和家庭三個領域，我都提供了務實且有證據的解方，幫助那些最掙扎的男孩和男人（坦白一點可能比較好，我的重點在於順性別異性戀男性面臨的挑戰，他們占全體男性的九五％[13]）。

在第一部中，我提出男性萎靡的證據，說明有多少男孩和男人正在學校（第一章）、勞動市場（第二章）和家庭生活中（第三章）掙扎。第二部當中，我會強調黑人男孩和男人面臨的雙重劣勢，他們因為性別化種族歧視而受苦（第四章），而經濟階級底層的男孩和男人也面臨同樣的劣勢（第五章）。我也會提出越來越多證據，證實許多政策介入對男孩和男人沒有奏效（第六章）。第三部中，我回答性別差異的疑問，主張先天和後天一樣重要（第七章）。

---

i 編按：masculinity 又稱男性氣質、陽剛氣質，為方便讀者閱讀流暢，在提及 toxic masculinity 時，會使用「有害的男子氣概」；與 femininity（女性氣質）相對時，則以男性氣質稱呼。

ii 編按：通常指基於道德、宗教或良知，拒絕軍事服役的人；作者在此指不想參與「文化戰爭」。

在第四部，我描述我們的政治僵局，說明政治人物並沒有挺身面對這個挑戰，反而還讓事情更糟糕。進步左派無視對於男孩和男人的合理擔心，還把男子氣概當成一種病（第八章）。民粹主義的右派則將男性的無所適從當成武器，並提供錯誤的承諾（第九章）。對於黨派來說，不是對女性開戰，就是對男性開戰。最後，在第五部當中，我提供一些解方。我很具體地提議教育體系應對男性友善（第十章）；幫助男人轉行到健康、教育、行政和讀寫（這四個領域簡稱「HEAL」）等成長中的領域（第十一章）；以及支撐「父親」這個獨立的社會制度（第十二章）。

西蒙．波娃（Simone de Beauvoir）寫道：「男人永遠沒有念頭去寫書探討人類男性的古怪處境。」[14]但那是一九四九年。現在人類男性的古怪處境急需關注。我們必須幫助男人適應近幾十年來的劇烈改變，而不是要求他們不當男人。在這個後女性主義的世界，我們需要有利於社會的男子氣概[15]，而且非常迫切。

第 1 部

男性萎靡

The Male Malaise

第 1 章

女孩得第一

男孩學業落後

Boys Are Behind in Education

美國教育理事會前首席經濟學家卡羅・法蘭西斯（Carol Frances），形容它是「驚人的急遽上升」與「非凡的成功」[1]。經濟合作暨發展組織（ＯＥＣＤ）教育研究與創新中心高級分析師史蒂芬・文森－蘭克林（Stephan Vincent-Lancrin），說它「很驚人……大家都不敢相信」[2]。

對於《男人末日》的作者漢納・羅森來說，它是「本世紀最奇特也最深刻的變化，尤其幾乎全世界都在以類似方式展開」[3]。

法蘭西斯、文森－蘭克林和羅森在講的，都是教育中的性別落差。才短短幾十年的時間，女孩和女人的學業不只追上男孩和男人——她們已經輕鬆超越了。一九七二年，美國政府通過指標性的《教育法修正案第九條》（*Title IX*），以促進高等教育的性別平等。當時，男性取得大學學位的比例比女性高了一三％[4]。到了一九八二年，這個落差已經消失。到了二〇一九年，學士學位的性別落差是一五％，比一九七二年還大——只是這次是女高男低[5]。

男孩在課堂上表現不佳（尤其是黑人男孩和出身貧困者），嚴重傷害到他們在就業和向上經濟流動性方面的前景。根據目前趨勢，減少這種不平等並不是一件簡單的事，而且許多趨勢在新冠肺炎疫情期間都惡化了。以美國為例，二〇二〇年大學註冊的人數，男學生下跌幅度比女學生大七倍[6]。男學生在線上學習方面也比較掙扎，而且過了幾個月、幾年，學習落後的程度變得更明顯之後，我們幾乎可以肯定，男孩和男人的落後程度更為嚴重[7]。

第一個挑戰是說服政策制定者：在教育方面，現在是男孩處於劣勢。有些人辯稱，現在擔心這個教育方面的性別落差未免太早，因為薪資落差依然是男高女低。第二章我會討論更多薪資落差的議題；至於現在，不必多說，勞動市場的結構依然有利於不必照顧小孩的勞工，而且這些勞工多半是男性。但與此同時，教育體系的結構有利於女孩和女性，原因我會在本章說明。

所以說，我們的教育體系有利於女孩，但勞動市場有利於男人。負負並不會得正，我們必須同時修正兩者。

無論男性還是女性占優勢，不平等都是很嚴重的問題。值得一提的是，雖然女性在勞動市場追上男性，但男孩和男人在課堂上卻遠遠落後。一個落差正在縮小，但另一個則正在擴大。

我會先描述K－12[i]教育制度中的性別落差，接著指出這些落差的主要成因：男孩和女孩的成熟速度截然不同，尤其是青春期。接著我會追查一些高等教育方面的不平等。我在這裡傳達的主要訊息是，每個階段、世界各地都有明顯的性別落差，而且有許多落差正在持續擴大。但政策制定者就像被車頭燈照到嚇呆的鹿，不知該怎麼回應。

女孩成績比男孩好

關於芬蘭，你知道什麼事情？它是地球上最快樂的國家？正確[8]。它的學校體系是一流的？嗯，對了一半。芬蘭的教育成果確實在國際名列前茅——但這是因為女孩子很厲害。OECD每三年會調查一次十五歲學生的閱讀、數學和科學技能。這叫做PISA（Programme for International Student Assessment，國際學生能力評估計畫）測驗，吸引了政策制定者的極大注意。芬蘭是很適合觀察教育面性別落差的國家，因為這個國家的表現非常好（的確，每次PISA結果公布之後，其他國家對芬蘭都是一陣嫉妒）。不過，雖然芬蘭學生在PISA的整體表現名列前茅，卻有巨大的性別落差：二〇%的芬蘭女孩在測驗中獲得最高的閱讀分數，但男孩只有九％[9]。至於閱讀分數最低的學生，性別落差剛好相反：二〇％是男孩，七％是女孩。在大多數的測驗中，芬蘭女孩在科學和數學方面的表現也贏過男孩。重點在於，芬蘭那享譽國際的教育表現，全都要歸功於芬蘭女孩表現太好（事實上，美國男孩的PISA閱讀測驗成績跟芬蘭男孩一樣）。

這對於湧進芬蘭、想複製其成功的教育改革者來說，或許有些含意，但它只是國際趨勢中一個特別鮮明的例子。在世界各地的國中和國小，女孩都領先男孩。OECD國家的女孩，閱讀能力領先男孩約一年；相較之下，男孩在數學上的優勢不但微薄，還正在縮小[10]。

男孩三個關鍵科目（數學、閱讀、科學）全部不及格的機率比女孩高五〇％[11]。瑞典正要開始努力應付校內的「男孩危機」（pojkkrisen）。澳洲設計了一套閱讀計畫，叫做「男孩、男人、書籍、位元組」（Boys, Blokes, Books and Bytes）。

在美國校園，幾十年來都是女孩比較優秀。但她們現在的領先幅度更大，尤其是讀寫

i 編按：將幼兒園、小學和中學教育合在一起的統稱。

和口語技能。差距早就拉開了。如果父母因素（parental characteristics）相同，女孩五歲時「準備好入學」的機率比男孩高一四%，至於富裕和貧窮小孩、黑人和白人小孩、或有上幼兒園和沒上幼兒園的小孩之間，落差更是大得多[12]。四年級時閱讀能力的性別落差是六%，到八年級結束時擴大到一一%[13]。數學方面，四年級時男孩贏六%，但到八年級差距縮小至一%[14]。在一項以全國分數為依據的研究中，史丹佛大學學者西恩・里爾頓（Sean Reardon）發現，三到八年級的數學成績沒有整體落差，但英文的差異很大。「美國幾乎每個學區的女學生，ＥＬＡ（英語語言藝術）測驗的表現都比男學生好。」他寫道：「在平均學區中，落差大約是成績水準的三分之二，而且比大多數大規模教育介入措施的效果更大。」[15]

到了高中，女生的領先已經穩固。女孩在高中成績平均績點（ＧＰＡ）總是比男孩更有優勢，甚至五十年前就是這樣，即使那時女孩的外在動機明顯較低，因為她們上大學的比例和職業期望都低於男孩。而且，這個落差在最近幾十年已經擴大，如今，女孩最常獲得的成績是Ａ，而男孩是Ｂ[16]；正如圖1-1所示，女孩包辦了高中成績前一〇%（以ＧＰＡ排名）學生的三分之二，但底層的比例剛好相反。

圖 1-1　女孩成績好

高中GPA（成績平均績點）排名（十分位數）之性別組成

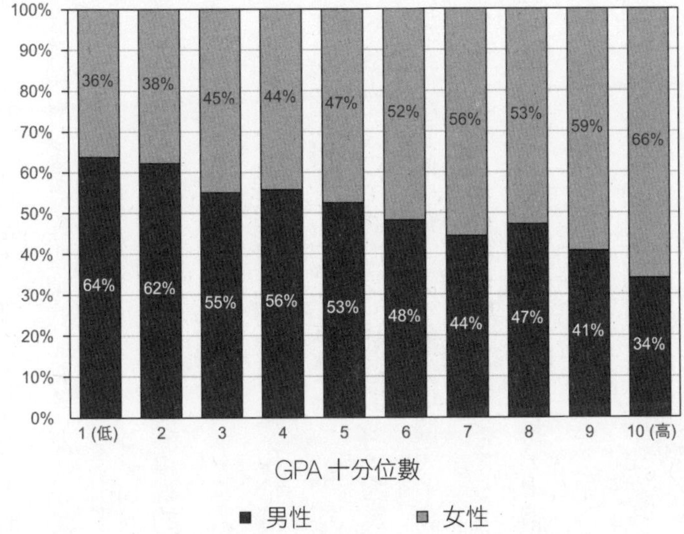

註：本圖展示 2009 年入學的學生的總高中 GPA。
來源：美國教育部、國家教育統計中心、2009 年高中縱貫性研究。

女孩接受進階先修課程或國際文憑課程的機率也高很多[17]。全國趨勢當然會掩飾地理上的巨大變化，所以把鏡頭拉近並觀察特定地區會很有用。

以芝加哥為例，最富裕社區的學生，在九年級時，平均成績獲得A或B的機率高很多（四七%），相較之下最貧困社區的學生只有三二%[18]。這是很大的階級落差，考量到芝加哥是美國種族隔離最嚴重的大城市，這表示種族落差也很大。但驚人的是，女孩和男孩獲得好成績的比例差異，也是四七%對三二%。如果你想知道高中一年級的成績是否重要，那麼答案是：很重要，它們預測了之後的教育成果。分析這些資料的芝加哥研究人員堅稱：「成績反映了教師重視的多項因素，而正是這種多元特質，使成績能夠準確預測重要成果。」

確實，男孩在大多數標準化測驗中，表現依然比女孩好一點。但這個落差已經急遽縮小，SAT的差異降到一三%，而ACT[i]的差異已經消失[19]。這裡值得一提的是，無論如何，SAT和ACT的重要性都低很多，因為大學不再採用它們當作入學條件，而這種做法無論有什麼其他優點，似乎都更加擴大了高等教育的性別落差。再舉一個性別落差的傳聞當例子：每年《紐約時報》（*The New York Times*）都會舉辦中學和高中的社論比賽，並且刊登獲勝者的觀點。籌辦人告訴我，申請人的女對男比例是「二比一，很可能將近三比一」[20]。

事到如今，就算得知男孩的高中畢業率比女孩還低，應該也不意外了。二〇一八年，準時畢業（也就是註冊後四年畢業）的女孩有八八%，相較之下男孩只有八二%[21]。男性畢業率只比窮學生（八〇%）稍微高一點。你可能會認為，這些數字很容易查到，用谷歌（Google）迅速搜尋一下就好。其實我著手撰寫這個段落的時候，也以為是這樣。但事實上，我是在布魯金斯學會弄了一個小型研究計畫才查到的，而且原因很發人深省。聯邦法律規定，州政府必須根據種族、英文熟練度、經濟劣勢、無家可歸狀態以及寄養身分來報告高中畢業率。這種資料對於評估那些輟學風險最高的群體的趨勢來說，是無價之寶。但奇怪的是，州政府不必根據性別報告結果。所以若要取得上述引用的數字，就必須搜遍每個州的資料。

有一間活躍的非營利聯盟Grad Nation，正在試著將美國的全體高中畢業率提高到九〇%（二〇一七年為八五%）[22]。這是一個很遠大的目標。聯盟指出，若要達成這個目標，就必須改善「有色人種、身心障礙及低收入學生」的數值。當然，這些肯定必須改善，但他們漏了一個重要的群體——男孩；畢竟女孩跟目標值只差二%，但男孩比目標值低了八%。

---

i 編按：ACT與SAT均被稱為「美國大學入學考試」，SAT由三種能力傾向測驗組成：閱讀、數學和寫作，而ACT分成四大核心：英語、數學、閱讀、科學，再加上一個可供選擇的寫作部分。

男孩的大腦發展較慢

這到底是怎麼回事？有許多種可能的解釋。有些學者將「男孩在學校的表現相對較差」跟「男孩對高等教育的期望較低」相連結，而這肯定完全符合惡性循環的定義[23]。有些學者則擔心女教師偏多（占四分之三，而且還在增加）會讓男孩處於劣勢[24]。這固然重要，但我認為我們眼前有一個更大、更簡單的解釋：**男孩的大腦發展較慢，尤其是在中等教育最關鍵的那幾年**。將近四分之一的男孩（二三%）被歸類為擁有「發展障礙」，因此我們合理懷疑，功能失常的並不是男孩，而是教育機構[25]。

在《契機年齡：從青春期的新科學中學到的教訓》（*Age of Opportunity: Lessons from the New Science of Adolescence*）中，勞倫斯．史坦堡（Laurence Steinberg）寫道：「高中青少年只要冷靜、休息充足，並意識到做出正確選擇就會得到回報，他們就會做出更好的決策。」[26]大多數家長、或任何回想自己青少年時期的人，看到這句話時可能會回應：「勞倫斯，這我早就知道了。」但青少年根本坐不住，以至於他們很難「做出正確的選擇」。我們年輕的時候會半夜溜出去參加派對；等到年紀大了，我們會溜出派對回家睡覺。史坦堡展現出一件事：青春期，基本上就是大腦中尋求感官刺激的部位（去參加派對吧！別管學業了！）和控制衝動的部位（我今晚真的要用功讀書）之間的大戰。

你可以將其想成心理版本的汽車油門和剎車。青少年時期，我們的大腦會猛踩油門。我們追求新奇、刺激的體驗，年輕人的衝動控制（剎車機制）之後才會發展。史丹佛大學生物學家兼神經學家羅伯・薩波斯基（Robert Sapolsky），在他的著作《行為：人類最好和最糟行為背後的生物學》（*Behave: The Biology of Humans at Our Best and Worst*）寫道：「不成熟的前額葉皮質無法成功反制像這樣的多巴胺系統。」[27]對於養育子女以及協助青少年發展自我調節策略的重要性來說，這句話帶有明顯的含意。

所以，青春期的時候我們較難克制自己。但男孩在這方面的落差比女孩大很多，因為他們的油門踩得更大力，剎車則更無力。大腦中跟衝動控制、計畫、未來導向有關的部位（有時被稱為「大腦的執行長」），多半都位於前額葉皮質內，而男孩這個部位比女孩晚熟兩年左右[28]。假設女孩的小腦在十一歲時長到完整大小，男孩則要等到十五歲。除此之外，根據神經科學家格克欽・阿久雷克（Gokcen Akyurek）表示，小腦「對於情緒、認知和調節能力具有調整作用」[29]。我懂，因為我有三個兒子，這些發現和注意力以及自我調節方面的調查證據是一致的，也就是最大的性別差異發生於青春期中期，這有一部分是因為青春期對海馬迴（大腦的一個部位，和注意力、社會認知有關）的作用[30]。許多青少年都聽過一個問題：「你為什麼不多像你的姊姊／妹妹一點？」這問題的正確答案大概是：「媽，因為皮層和皮層下灰質有雌雄二型性軌跡！」（回頭繼續打電動。）

雖然大腦部位需要成長，但有些大腦纖維必須削減，才能改善我們的神經功能。我們的大腦部位必須變小才能更有效率，這種概念很奇怪，卻無比真實。大腦基本上會整理自己，你可以將其想成在修剪樹籬以維持美觀，這個削減過程在青少年發展中尤其重要；有一項以一百二十一人（介於四到四十歲之間）的大腦成像為依據的研究，顯示出女孩比男孩更早開始這個過程，這個落差在十六歲左右最大[31]。科學記者克里斯特內爾．史托爾（Krystnell Storr）寫道：「探討大腦性別差異的研究越來越多，這些發現可說是錦上添花……科學指出我們的大腦發展方式有差異。有誰能反駁？」[32]（沒想到反駁的人還滿多的，但我之後再談。）

一如往常，我要提醒一個重點：我們這裡是在講平均值；但我不認為這項證據會嚇到許多家長。「青春期的時候，女孩的突觸[i]峰值和連接過程，平均發展速度比男孩快兩到三年左右。」賓州大學佩雷爾曼醫學院（Perelman School of Medicine）神經學系主任法蘭西斯・詹森（Frances Jensen）說道：「假如我們想到十五歲的男孩和女孩，這個事實對於大多數人來說也就不意外了。」[33] 我沒有女兒，但我可以跟各位報告，我兒子念中學和高中時，每次帶女性朋友回家玩，他們在成熟度上的差異經常令我吃驚。

在發展對於學業成功最重要的技能和特徵方面，性別落差最大的時候，剛好就是學生需要擔心GPA、準備考試以及遠離麻煩的時候[34]。二〇一九年，美國國家科學院、國家工程院和國家醫學院共同提出一份報告，探討青春期新科學的重要性；這份報告表示：「大腦發展和青春期之間關係的性別差異，對於理解青春期期間重大性別差異來說，是密切相關的主題。」[35] 但這門關於大腦發展性別差異（尤其是青春期期間）的新興科學，到目前為止並沒有影響到政策。舉例來說，這份國家學院報告當中探討教育的章節，雖然確認了性別差異，卻沒有包含相關的具體提案。

關於神經性別差異重要性的爭論（可能非常激烈），只要牽涉到教育就會搞錯重點。

i 編按：synapse，神經元之間，或神經元與肌細胞、腺體之間通信的特異性接頭；對於感覺和思維的形成極為重要。

男性與女性心理當中，確實有些生物學上的差異會持續到青春期過後。但到目前為止，最大的差異不是男女的大腦「怎麼發展」，而是「何時發展」。

關鍵在於，對於女孩和男孩來說，實際年齡和發展年齡之間的關係非常不同。從神經科學的角度來看，教育體系比較偏袒女孩。不必多說，這並不是故意的，畢竟制定教育體系的人多半是男性，並沒有長達百年的女性主義者密謀，想使教育制度對男孩不利。當女孩想追求更高階的教育或生涯，卻被潑冷水而變成家庭主婦時，這個性別偏見就很難被察覺[36]。既然女性運動已經為女孩和女人開創機會，她們的先天優勢每過一年就會變得更明顯。

粉紅校園

高等教育的性別落差又更大了。現在，美國有五七%的學士學位都由女性獲得，而且不只是刻板印象的「女性」學科而已：舉例來說，現在女性占了將近一半（四七%）的大學商學學位，相較之下，一九七〇年的比例則低於十分之一[37]。女性也占了多數的法律學位，一九七〇年只有二十分之一左右[38]。

圖1-2是一九七〇年到二〇一九年副學士、學士和研究所學位比例的性別落差[39]。女性占碩士和副學士學位的五分之三，而且專業學位的比例更是急遽提升[40]。牙醫博士（DDS或DMD）[i]、醫學博士（MD）或法律博士（JD或LLB）[ii]學位當中，女性占比從一九七二年的七%，到二〇一九年躍升至五〇%[41]。女性在校園的優勢也展現於非學術領域。二〇二〇年，排名前十六名法學院的法學評論，總編輯都是女性[42]。

正如羅森所言，這是全球趨勢。一九七〇年，也就是我出生後隔年，英國女性只占了大學學位的三一%。當我從大學畢業二十年後，這個比例是四四%。現在是五八%[43]。如今，四〇%英國女性在十八歲進入大學就讀，相較之下她們的男性同儕只有二九%[44]。「世人正開始意識到這個問題。」冰島阿克雷里大學（University of Akureyri）系主任埃約爾弗·古德蒙森（Eyjolfur Gudmundsson）說道；冰島的大學生有七七%是女性[45]。冰

---

i 編按：DDS為Doctor of Dental Surgery，代表牙科醫生；DMD為Doctor of Dental Medicine，指已獲得牙科醫學博士學位。

ii 編按：JD為Juris Doctor，普稱法律博士；LLB為Bachelor of Laws，普稱法學學士。

圖 1-2　教育大超車

男、女性獲頒學位的比例，1971～2019 年

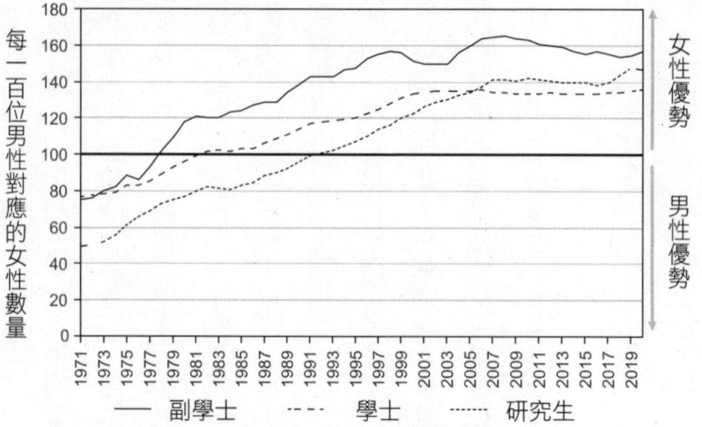

註：碩士、專業博士和法律學位包含在研究生學位之內。
來源：美國教育部、國家教育統計中心，「學位授予機構所授予的學位，依照學位等級與學生性別來分類」（2005 年和 2020 年）。

島是很有趣的個案研究，因為根據世界經濟論壇的說法，冰島是世界上最性別平等的國家[46]，但冰島的大學正在奮力扭轉教育上的巨大性別不平等。

「媒體不會討論這件事，但政策制定者很擔心這個趨勢。」[47]冰島大學（University of Iceland）副系主任史坦努恩·蓋斯特多蒂爾（Steinunn Gestsdóttir）說道。蘇格蘭的政策制定者則是從「擔憂」的階段變成

圖 1-3　世界各地的女性教育程度都比較高

25～34 歲高等教育人士的比例，按照性別分類

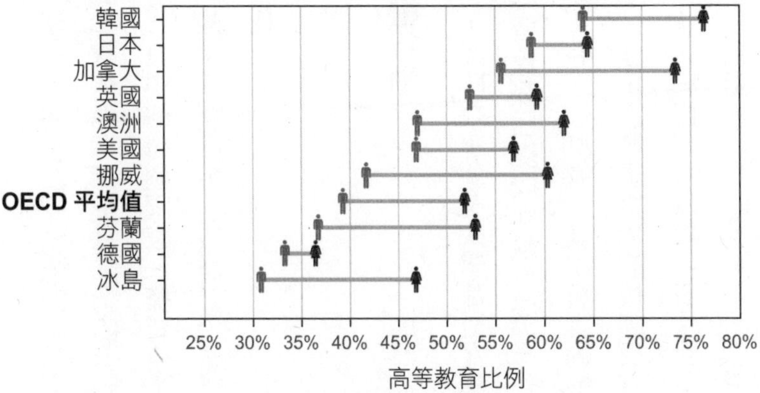

註：挑選幾個 OECD 國家。每個國家可得到的年份資料略有不同。
來源：OECD，「教育程度與勞動力狀況：ELS —高等教育程度人口，按照性別與年齡群體分類」，資料存取於 2021 年 11 月 15 日。

「動手解決問題」的階段，他們訂下清楚目標，致力於增加蘇格蘭所有大學的男性學生[48]，他們的態度值得其他國家仿效。

確實，有些學科，像工程、電腦科學和數學，依然是男性偏多。大學、非營利組織、政策制定者花費了可觀的心力和投資，試圖縮小STEM（科學、技術、工程、數學）的落差。但就算在這個領域，消息聽起來大致上仍然振奮人心。女性占STEM學科大學學位三六%，其中物質科學占四一%，數學和統計占四二%[49]。但男性在

傳統女性學科（像是教師或護理）就沒有同等的成長，而這些職業領域的就業機會很可能大幅增加（我在第十一章會詳細說明該怎麼讓更多男性從事這些HEAL工作）。

OECD中的每個國家，擁有學士學位的年輕女性都比年輕男性還多[50]。圖1-3展示了其中一些國家的落差。在我看來，沒人預測到世界各地的女性會這麼迅速、全面且一致地超越男性。

隱性平權行動

現在，美國幾乎所有大學都是女學生居多。男性優勢的最後堡壘是常春藤盟校，但現在每間盟校都已變成女學生居多[51]。大學校園的穩定女性化，可能不會困擾到太多人，但至少有一個群體，其成員真的很擔心這件事：招生委員。「只要你招到的學生顯然是女生居多，那麼覺得你的校園很有吸引力的男生就會變少，而且更沒想到的是，女生也會變少。」凱尼恩學院（Kenyon College）前招生主任珍妮佛·德拉亨蒂（Jennifer Delahunty）寫道。

在《紐約時報》一篇具有啟發性的觀點文章（標題是「寫給所有被我拒絕錄取的女孩」）當中，她公開說出了所有人私底下都知道的事：「**如今嚴格篩選學生的大學，招生標準多半都是對女生比較嚴格。**」[52]

這種有利於男性的隱性平權行動計畫，證據似乎很清楚了。私立大學的男性錄取率比女性高很多[53]，例如瓦薩學院（Vassar）的新生有六七%是女性；但是在二〇二〇年秋季，男性申請者錄取率為二八%，相較之下，女性只有二三%[54]。你可能會想，這是因為瓦薩學院直到一九六九年都是女子大學；但凱尼恩學院直到一九六九年都是男校，遇到的挑戰卻相同[55]。相反的，公立學院和大學（教育了大部分的學生）就禁止性別歧視，這就是它們的女學生比私校更偏多的原因之一。

你可能會認為，私立大學的性別歧視是非法的。不過《教育法修正案第九條》第一六八一節(a)(1)那小小一行字，就包含了對於私立大學招生性別歧視條款的特定豁免。先說清楚，這個條款是訂來保護為數不多的單一性別大學，而不是允許其他機構偏袒男性。性別偏見的證據非常有力，以至於儘管第一六八一節有漏洞，二〇〇九年美國民權委員會仍發起一項調查；發起這項調查的委員蓋爾·海里歐特（Gail Heriot）說道：「我們掌握了刻意歧視的證據。」[56]但兩年後，這件事就此作罷，表面理由是「資料不充分」，沒人知道背後發生了什麼事。但我認為羅森的評估是正確的。「有更深層的結構性動態會引發這種歧視，但對人們而言，如果承認這件事，就會對自己產生另一種威脅，」她寫道：「因為這意味著他們必須承認：**在這些領域當中，需要幫助的其實是男性**。」[57]

凱尼恩學院的德拉亨蒂，在二〇二一年接受《華爾街日報》（*The Wall Street Journal*）訪問時，就坦率地說道：「招生有刻意偏袒男孩嗎？絕對有。問題在於，這樣做是對是錯？」[58]我覺得這樣做是錯的。就算我極度擔心男孩和男人在教育方面落後，但平權行動不能成為解方（或者應該說，現在「還」不能成為解方）。

在很大程度上，大學層級的落差會反映高中的落差。比方說，大學入學的成績差異，可以藉由高中GPA的差異來解釋。閱讀和口語技能能夠準確預測大學入學率，而這些領域男孩都遠遠落後於女孩[59]。

根據埃斯特萬．奧塞霍（Esteban Aucejo）和強納森．詹姆斯（Jonathan James）的研究，如果能在十六歲時，讓男女學生口語能力相等，就能縮小英格蘭大學在招生上的性別落差[60]。因此最急迫的任務，就是改善 K–12 學校體系中男孩的成績。

用輟學當停損

不過，讓更多男生上大學，只是第一步而已。他們還需要幫助才能**讀完**大學。由於現在大多數學生，都是在某個時點進入某間大學就讀，因此最大的挑戰在於競爭。這裡也有性別落差。男學生更可能「停損」（stop out），也就是改念別的學科，而且也更可能「輟學」（drop out），完全無法畢業。這些差異可不小：四年制公立大學招到的女學生當中，有四六%會在四年後畢業；但男學生只有三五%（六年制大學的畢業率，落差就稍微小一點[61]）。

二〇一九年，都市學會教育數據與政策中心（Center on Education Data and Policy at the Urban Institute）主任馬修・辛格斯（Matthew Chingos），與《紐約時報》合作，根據大學輟學率製作了一張排行榜。為求公平評斷各校的表現，辛格斯將招到的學生類型納入考量，因為「平均而言，大學如果招到較多收入較低的學生、黑人與拉丁裔學生、男生、年紀較大的學生和SAT或ACT分數很低的學生，畢業率就會較低」[62]。換言之，大學不該因為招到較多劣勢的學生、導致較高的輟學率而受罰。當我讀這篇文章時，「男生較多」被歸類為劣勢，引起我的注意。該文章顯示出「半數人口的學業表現不佳」，現在已經成為社會科學家習以為常的事實，這個事實必須列入標準的統計控制。

辛格斯提出的數字顯示出一件事：若其他條件全部相同，全女性的四年制學校，畢業率會比全男性學校還高一四%[63]。這差距可不小。事實上，如果將其他因素納入考量，如測驗分數、家庭收入、高中成績，男學生的大學輟學風險比**任何其他群體**——包括窮學生、黑人學生或外國出生的學生——都還要高。

但是男性在大學表現不佳這個事實，被籠罩在很大的謎團中。世界級學者已經仔細研究過男性的偏低大學註冊率和競爭力，他們累積資料並進行迴歸分析。我讀過這些研究，也跟許多學者聊過，他們的結論簡單來說就是：「我們不懂。」經濟誘因沒有提供解答，大學教育的價值對男女而言至少是一樣高[64]，就連麻省理工學院（MIT）的大衛・奧托（David Autor）[i] 這樣的學者，深入鑽研資料之後，也形容男性教育趨勢「令人困惑」[65]。前英國大學與學院招生服務執行長瑪麗・柯諾克・庫克（Mary Curnock Cook）則說她「被搞糊塗了」[66]。我問我一個兒子有何高見，本來在看手機的他抬起頭來，聳肩說道：「不知道耶。」其實這可能是最完美的答案。

在這些爭論當中，有個因素幾乎沒人關注，那就是發展落差——男性的前額葉皮質直到二十幾歲都很難追上女性。對我而言，顯然女孩和女人**總是**更具備能夠在大學成功的能力，就跟在高中時一樣，由於大學教育的相關性別假設已經消失，這件事就變得更加顯而易見[67]。

但我認為這裡也有志向落差。現今大多數年輕女性都被反覆灌輸教育的重要性，而且大多數都想要經濟獨立。跟男同學相比，她們更專注於放眼未來。一九八〇年，高中畢業班男學生說自己「肯定想取得四年制學位」的機率比女學生高很多，但二十年內這個落差就已經顛倒過來[68]。這或許就是為什麼許多教育介入措施（包括免費大學），都是女生受益比男生多；因為她們更渴望成功。**以前是女孩和女人必須對抗外在的厭女心態，現在則是男孩和男人缺乏內在動機。**

羅森在二〇一二年出版的著作，書名非常灰暗：《男人末日》。但她在當時仍然抱持希望，認為男人會挺身面對挑戰，尤其是教育方面。她寫道：「年復一年，你都被徹底擊潰，迫使你重新考慮自己的選項，這種感覺是沒得比的。」[69]然而到目前為止，幾乎沒

i 編按：美國經濟學家、公共政策學者。

有任何重新考慮的跡象。她所確認的趨勢已經惡化了，也沒人重新思考教育政策或實務。庫克正確地將此情況形容為「巨大的政策盲點」[70]。除了幾個值得尊敬的例外（加油，蘇格蘭！），政策制定者調整的速度有夠慢。或許這不令人意外。教育方面的性別反轉快到令人吃驚，這就像指南針反轉了它的極性，突然間，北方變成南方。霎時間，致力於性別平等意味著聚焦於男孩而非女孩。只能說，這樣的變化讓人迷失方向，難怪我們的法律、機構甚至態度都還沒追上。但無論如何，一定要追上。

第 2 章

男性勞工好憂鬱

男性失去勞動市場地位

Men Are Losing Ground in the Labor Market

二〇一九年五月，在聯準會主辦的一場大會上，我主持了一場以不平等為主題的座談會。我請教頂尖經濟學家梅麗莎・卡尼（Melissa Kearney），她比較為女性還是男性擔憂。畢竟我是在一群影響力極高的聽眾面前提出這個問題，她停頓了片刻。「**我真的很擔心美國男性被逼到經濟、社會和家庭生活邊緣的程度。**」她回答：「**二十、三十、四十年以來……學者都聚焦於女人和小孩。現在我們真的必須替男人設想了。**」[1]

卡尼說出這些話還真有勇氣，而且她是對的。如果我們希望擁有更活躍的經濟、讓小孩有更好的未來，我們就必須幫助那些陷入掙扎的男人。第一章當中，我描述了他們在學校所面對的挑戰，這裡我把話題換成就業。越來越多男性找不到有薪工作，至於有工作的男性，大多數薪資已經停滯。事實上，性別薪資落差縮小的原因之一，就是男性的薪資中位數已經下跌，而這肯定是達成平等的次佳方法。但是，雖然女性已經追上男性，經濟階級頂層的勞工（男女皆是）則與其他人拉開距離。勞動市場中最深的裂痕並不在男性和女性之間，而是位於黑人和白人勞工，以及上層中產階級、中產階級、勞動階級之間，這會是第四章和第五章的主題。

「女性運動和大眾媒體當中，有許多人抱怨男人『就是不想放棄權柄』。」作家法露迪寫道：「但這種話似乎不太適用於大多數男人的情況，他們並不覺得自己手上有權柄，只覺得自己被施捨了一點剩飯。」[2]

在此我要描述並解釋這些男性財富減少的情況。這種後果是勞動市場的破裂所導致的，而不是男性自己太脆弱，請務必了解這件事：這是結構性問題，不是個人問題。

男人都跑去打電動了？

經濟學家奧托和梅蘭妮・華澤曼（Melanie Wasserman）寫道：「過去三十年來，美國男性的勞動市場軌跡，在四個層面都反轉向下：技能習得、就業率、職業地位以及實際工資水準。」[3]聽起來很糟，實際上也真的很糟。美國男性的勞動力參與率，在過去五十年來已經跌了七％，從九六％跌到八九％[4]。甚至在二〇二〇年新冠病毒重創經濟前，就有九百萬名處於青壯工作年齡的男性失業（經濟學家對於「青壯」的定義是始於二十五歲，並結束於五十四歲——真令人不安）。有個較細節但重要的觀點是，沒工作的男性多半都沒有算進官方數據的「失業」中，因為他們沒有在找工作。只有高中學歷的男性當中，有三分之一現在被排除在勞動力之外[5]；這可是有五百萬人之多，這批「勞動預備軍」的人數，是中國人民解放軍的兩倍[6]。

想像一個受到經濟趨勢衝擊的男人，你很可能會把他想成中年男性，但這個問題並非專屬於年長男性。男性就業率下跌最多的，其實是二十五到三十四歲的年輕男性，如圖2-1所示[7]（這才叫做「青壯」吧！）。學者不確定為什麼會這樣，標準的經濟模型也很難解釋。

其中一個很受歡迎的解釋是電玩的吸引力，當然，整天玩《刺客教條》（*Assassin's Creed*）肯定比做一份既低薪又沒吸引力的工作來得好，但這種說法沒有確鑿的證據支撐。北卡羅來納大學經濟學家格雷．金布羅（Gray Kimbrough）謹慎分析過時間使用量數據之後，發現二十幾歲的男性花在電玩的時間增加最多，但也不過從每週三小時（二〇〇五年）增加到每週六小時（二〇一五年）而已[8]。根據我自己身為三個兒子的父親的經驗，老實說，我再檢查了一次數據，才確定這些數字是「每週幾小時」而不是「每天幾小時」。對我來說，這個數字並不能當成道德恐慌的正當理由。金布羅也表示，失業男性並沒有增加打電動的時數，或至少沒有立刻增加。

圖 2-1　職場男性變少，女性變多

就業人口比例的變化，1979～2019 年

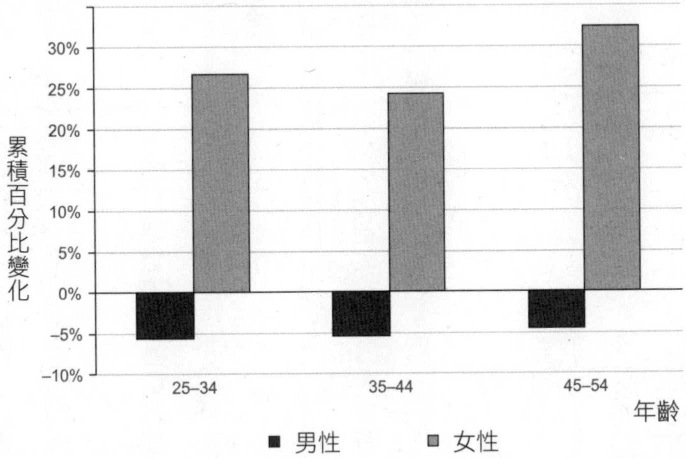

註：每季調整一次；年齡為 25～54 歲；1979 年第 1 季到 2019 年第 4 季。

來源：美國勞動統計局，就業人口比例系列。

二〇二〇年的經濟衰退，顯然讓男女的就業率都暴跌，因為封城讓經濟陷入半死不活的狀態。短短幾週內，女性就業率跌了一六%，男性就業率跌了一三%[9]。

這個差異有一部分在於，有較多女性將就業時間用來照顧小孩，尤其是學校和兒童保育提供者關閉的時候；而這樣的衰退很快就被稱為「女性衰退」（she-cession）[10]。二〇二〇年的衰退，肯定是近期經濟衰退中的例外，因為「女

性就業率的下跌很容易察覺」，密西根經濟學家貝西・史蒂文森（Betsey Stevenson）表示[11]。過去大多數的衰退其實都是「男性衰退」（he-cession），對男性就業的衝擊最為嚴重。

由於二〇二〇年的衰退是人為流行病造成的，而不是尋常的景氣循環，所以恢復的速度也很快。新冠病毒造成的衰退非常急遽，但也很短暫，只持續了兩個月，比美國史上任何衰退都還要短。

性別落差也縮小得很快，到了二〇二一年十月，從流行病開始以來的一・二%勞動力參與率跌幅，已經變成男女均分[12]。也有一些好消息：女性高階主管的比例，從二〇一九年的二一%提高到二〇二〇年的二四%[13]。

工作將被機器人取代

男性就業率下跌，並不是因為男人突然變得窩囊或不想工作，而是因為經濟結構改變了。簡單來說，男性的職缺受到連續兩波衝擊——自動化和自由貿易。機器對男工人的威脅比對女性大，原因有兩個。第一，最容易受自動化影響的職業，比較可能雇用男性，正如我的同事馬克·穆羅（Mark Muro）所揭露：「男性占製造業七〇%以上，占運輸業八〇%以上，占建築業和安裝業九〇%以上。」[14] 而且，「這些職業群體現有工作量的預計自動化程度，全都超過平均值」。相反的，相對比較沒那麼自動化的職業中（醫療保健、個人服務、教育），女性就占了多數的勞動力。

第二，男性通常缺乏自動化領域所需的技能。英格蘭銀行首席經濟學家安迪·霍爾丹（Andy Haldane）表示：「未來高技能要求的高薪職缺，可能更注重ＥＱ（情緒商數）技能、而不是ＩＱ技能。」[15] 已經有證據顯示，女性在「軟技能」方面的優勢，使她們在美國勞動市場得到額外的助力，而且她們換成「防機器人」職業的速度比男性還快[16]。不過這裡要提一個重點，就是自動化的可能影響，尚有許多不確定之處。以經驗為依據的各項估計會有很大的差異[17]。對於自動化的恐懼存在已久，而且這通常代表了對於經濟趨勢更廣泛的悲觀情緒。

有一件事是確定的：需要體力的職缺長期持續減少的趨勢，將會繼續下去。達到美國勞動統計局「粗工」（heavy work）標準的職缺剩不到十分之一，而這個標準是「偶爾舉起或搬運五十一～一百磅[i]的物品，或經常舉起或搬運二十六～五十磅的物品」[18]。由於工作上用到肌肉的地方減少了，男人的身體變得越來越虛弱；有一份以握力為主題的研究（握力是全身體力的良好指標之一）顯示，男性的握力急遽下滑[19]。與此同時（而且或許更驚人），女性的身體越來越壯。一九八五年，三十出頭的男性，平均握力比同齡女性多三十磅。而現在，男女的握力幾乎一樣。

這裡的目標並不是要替男性找回粗活，而是要幫助男性適應現況。接下來幾年將會成長最多的職業，大多數都是女性居多[20]。有一股值得讚許且非常成功的推力，讓更多女孩和女性投入那些需要ＳＴＥＭ（科學、技術、工程、數學）技能的工作。但現在更重要的是鼓勵男性投入ＨＥＡＬ（健康、教育、行政、讀寫）領域，這些工作以女性居多。

男性勞工一方面要面對機器人的挑戰，另一方面還要面對外國勞工的競爭。自由貿易近年來已成為很熱門的政治話題，尤其在美國和英國。你很難解開此話題在實證經驗上的死結。毫無疑問，中國的進口品造成美國製造業就業人口減少，大概少了兩到三百萬個職缺[21]。然而大家還是繼續爭論，其他類型的職缺是否有增加，以彌補這種情況；這種衝擊有多麼局限於特定地區（尤其是美國中西部）；這個衝擊為短期（只有二〇〇一年中國加入世界貿易組織後的短短幾年）或是已經造成長久的影響；以及勞工的地域性流動減少，是否讓事態更惡化。換言之，這件事很複雜，你也很難在經濟上好好測量「更便宜的中國商品」對於數千萬消費者的好處（當然，還有對中國勞工的好處——但這又是另一個不同的辯論了）。

我會說，政治菁英花了好幾十年、自鳴得意地主張：從淨值和長期來看，自由貿易都是好事。好吧，那就是好事。然而，按照定義，這表示在某些地區，某些人，正在受到傷害。而且，我們沒有看到太多幫助這群人的作為，甚至連中間偏左的政治人物都一樣——他們明明宣稱自己站在勞動階級這一邊。政治圈的假設（自由貿易贏來的錢有一部分將會重分配給輸家），後來被證明根本錯得離譜。受害者基本上被拋在後頭，然後有人叫他們要振作起來，參與一些「終身學習」，並且接受新知。直到二〇一七年為止，美國政府每花一美元在貿易調整協助（Trade Adjustment Assistance）[ii]上幫助勞工的同時，卻在大學

i 編按：一磅約為四百五十三克。

ii 編按：美國政府的一項聯邦計畫，為因進口增加而失去工作或工時和工資減少的工人提供援助。

名校捐贈基金的稅收補貼上花了二十五美元[22]（二〇一七年的《減稅與就業法案》〔*Tax Cuts and Jobs Act*〕針對其中幾筆最大的基金課稅）。在民粹主義的強烈反對下，技術官僚菁英所種出的成果大半都自己收割了。

對職場上的男性來說，薪資水準通常比過去更低。男性的每小時實際工資中位數，在一九七〇年代達到高峰，從此以後就一直下跌。過去四十年來，女性的薪資已經全面上漲，但男性的工資無論處於哪個階級，多半都已經停滯，只有最頂層男性的薪資有大幅成長。在一九八三年加入勞動市場的男性，整個生涯的實際工資會比一九六七年出社會的男性還少一〇%；相反的，女性終身的工資在同樣的時期漲了三三%（這些數字是用中位數計算）[23]。美國聯邦統計局不帶感情地表示：「男性工資長期趨勢跟女性截然不同。」[24]

但是，我說同工不同酬呢？

我雇用新助理的時候，都會請他們讀兩本書。第一本是羅伊．彼得．克拉克（Roy Peter Clark）的《如何寫得精簡》（*How to Write Short*），它是非常傑出的指南，能夠在這個部落格和推文當道的時代，磨練自己的溝通能力（對啦，我知道你手上這本書很囉唆）。另一本書是漢斯·羅斯林（Hans Rosling）的《真確》（*Factfulness*），羅斯林是我心目中的英雄。羅斯林（二〇一七年逝世）是一位瑞典醫師，他很癡迷於「統計文盲」（statistical illiteracy）這個主題。在《真確》一書中，他描述了好幾個偏誤，包括直線型直覺偏誤（straight line instinct）——假設歷史趨勢線會持續到未來而沒有變動；負面型直覺偏誤（negativity instinct）——傾向於認為事情很可能會變糟；以及二分化直覺偏誤（gap instinct）——急著把事情分成兩個有區別的群體，兩者之間只有空白的落差[25]。正如羅斯林所言：「我們很喜歡二分法。」

這種落差本能導致兩種錯誤看法。第一，我們沒發現兩個群體之間有多少重疊；第二，我們沒發現較大的落差通常存在於群體內部，而不是群體之間。性別薪資落差就是個好例子。

位於女性工資分配中間的女人（全職、全年勞工），薪資只有位於男性工資分配中間的男人的八二%：二〇二〇年，女生和男生每週薪資分別為八百九十一美元和一千零八十二美元[26]。當我們聽到這個落差，自然會產生一個想法：「女生賺得比男生少。」

圖 2-2　薪資落差縮小

男性和女性的工資分配，1979 年和 2019 年

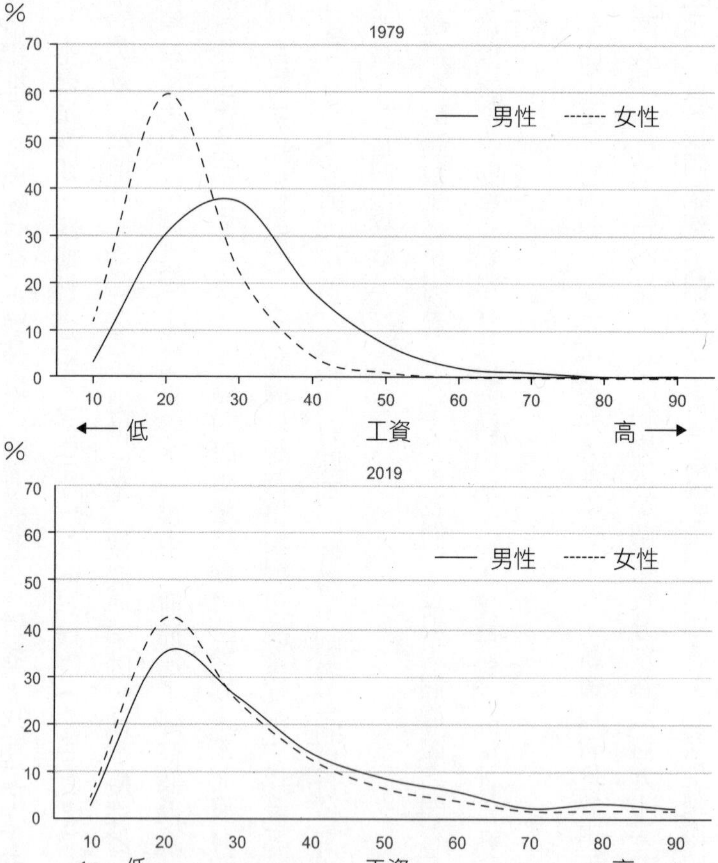

註：以 2019 年的美元計算，利用 CPI-U-RS 調整過通膨。本圖秀出一條平滑的線，代表每個工資區間（彼此相差時薪 10 美元）的勞工比例，如 X 軸所示。

來源：現有人口調查（Current Population Survey），作者的計算。

但事實上，女性工資分配看起來跟男性工資分配驚人的相似，而現在比幾十年前更加相似。圖2-2為男性和女性在一九七九年和二〇一九年的工資分配。

正如你所見，兩個分配現在緊密重疊。事實上，現在有四〇%的女性賺得比一般男性還多，而一九七九年只有一三%。每五位女性就有兩位賺得比五〇%的男性還多，對於許多人來說似乎違反直覺。

二〇二一年六月，我調查我的推特追隨者，問他們覺得女性勞工賺得比中位數男性還多的比例是多少：一〇%、二〇%、三〇%或四〇%。這次調查只有兩百六十四票，所以我不會做出科學方面的主張，但我的追隨者是一群學者，應該比大多數人更懂這件事。只不過，票數由多到少依序為二〇%、一〇%、三〇%，而四〇%這個正確答案反而票數最少，這種二分化直覺偏誤真的很強烈。

圖2-2這兩張工資表說明了落差本能思考的其他危險，也就是忽視了**群體內的**差異程度。男女工資分配的重疊之處比一九七九年還多，但也更加分散。高薪女性和低薪女性之間的落差，以及高薪男性和低薪男性之間的落差（程度較小），全都急遽擴大。男女工資分配的近似度，當然是性別平等前線上的大好消息。

過去五十年，我們已經見證了克勞蒂亞．戈丁（Claudia Goldin）[i]所說的「性別大匯聚」（grand gender convergence），也就是男女之間的落差大幅縮小，不只是工資，還有就業水準、工作時數以及職業類型[27]。但不可否認，儘管女性課業表現優異，縮小薪資落差的進展已經變慢。

那麼，剩下的落差是什麼原因造成的？這個問題的答案非常重要，尤其是在探討潛在解方的時候。

基本事實是沒有爭議的。我已經說過，一般（也就是中位數）全職女性勞工的薪資只有一般男性的八二%，問題在於為什麼。從這裡開始，事情很快就燒起來了。對於左翼女性主義者來說，薪資落差證實了父權制度。「工資落差是父權勞動體系中極為明顯的不平等殘跡，女性一輩子的經濟潛力都受其困擾。」全國婦女組織（National Organization for Women）會長東尼．范．佩爾特（Toni Van Pelt）說道[28]。與此同時，保守派嗤之以鼻，認為薪資落差的概念是女性主義者的迷思，用來創造不平等的印象，但不平等根本就不存在。美國企業研究院（American Enterprise Institute）的學者克里斯蒂娜．霍夫．薩默斯（Christina Hoff Sommers）表示，工資落差是「非常受到懷疑的小道消息」[29]。薩默斯並不孤單，在二〇一九年一份問卷調查中，四六％的男性和三〇％的女性表示不平等薪資是「為了政治意圖而捏造出來的」[30]。

這個薪資落差準確描述了「位於工資分配中間的個別男性和女性，可獲得的經濟資源的差異」。這不是迷思，是數學。真正的爭議不在於一般女性是否賺得比一般男性少，而是**為什麼**會這樣。保守派指出一些研究的結論：只要將一些影響薪資的因素（工時、產業經驗、資歷、地點等）納入考慮，薪資落差就幾乎消失了[31]。這個類型的各種研究，認為調整後的性別薪資落差是五％。二〇〇九年有一份聯邦政府委託的研究，在序言中，副助理勞工部長查爾斯．詹姆斯（Charles James）推斷：「原始的工資落差不應該當成修正行動的正當理由。的確，或許根本就沒有需要修正的地方。」[32]

在工作與工作方式相同的情況下，肯定沒什麼證據能證明女性的薪水比男性少。女性薪水較少是因為她們的工作或工作方式（或兩者皆是）不一樣。不過，故事當然還沒完。女性賺比較少，是因為她們做到高階職位的人數較少，但這個事實本身，或許是制度性別

---

i 編按：美國經濟史學家，於二〇二三年獲頒諾貝爾經濟學獎。

歧視的後果。同樣的，女性確實比男性更聚集於低薪職業和產業，這或許解釋了三分之一的薪資落差。但是，這或許也反映出社會化的性別角色（尤其是家庭責任方面），或是女性從事的工作遭到貶值，或兩者皆有。無論如何，雖然職業之間有薪資落差，但職業內部也有很大的性別薪資落差。

薪資落差，就是育兒落差

如果要用兩個字解釋薪資落差的話，就是「小孩」。青年（尤其是沒有小孩的）之間基本上沒有薪資落差[33]。「**有大量證據顯示，男性和女性的工資是同步上升的，直到夫妻的第一個小孩出生。**」經濟學家瑪麗安娜．貝特朗（Marianne Bertrand）說道：「從這時開始，女性就輸給男性，而且永遠追不上。」[34]

更糟的是，薪資成長的關鍵年齡是從三十幾歲開始，而另一位該領域頂尖經濟學家米歇爾．布迪格（Michelle Budig）指出：「這剛好也是密集的家庭責任（尤其對母親而言）最沉重的時期。」[35] 女性如果沒有小孩，薪資軌跡看起來跟男性類似，但當媽媽的女性就不是這樣。女性的小孩越多，她們在就業和薪資雙方面都會落後越多[36]。

「性別薪資落差多半就是育兒薪資落差」，關於這件事，有些最佳證據來自瑞典和挪威的創新研究，該研究比較了同性關係與異性關係中的新手媽媽。瑞典勞動市場與教育政策評估學會（Swedish Institute for Evaluation of Labour Market and Education Policy，簡稱IFAU）研究員伊爾瓦．莫伯格（Ylva Moberg）指出，兩種家庭的生母在薪資方面受到的影響幾乎一樣。與此同時，女同性戀伴侶的非生母，薪資形態跟異性戀夫妻的父親相似[37]。女同性戀伴侶只要有超過一個小孩，兩人間的不平等似乎會隨著時間而抵銷。異性戀夫妻則剛好相反，每多一個小孩落差就會變大。

哈佛大學經濟學家瓦倫丁．博洛特尼（Valentin Bolotny）和娜塔莉亞．伊曼紐爾（Natalia Emanuel），針對麻薩諸塞灣交通局的公車和火車司機做了一項研究，也為此處的論點提供了一些有力的證據[38]。女性占司機的三〇%，而男性司機每賺一美元，女性司機平均只賺〇．八九美元。博洛特尼和伊曼紐爾聚焦於「雇主和職責皆相同的男女」，就能梳理出造成工資落差的各種因素。他們的結論是**薪資落差「可以完全用一件事實來解釋：雖然職場中的選項相同，但男女會做出不同選擇」**[39]。男性加班（有加班費）的機率是女性的兩倍，即使是臨時通知的。他們請的無薪假時數也比較少，諸如此類。至於有小孩的火車司機之間，落差又更大了；父親想賺更多加班費，母親想要多休假。

就某方面來說，最合理的觀察對象就是階級頂層的女性，因為她們的選項最多，財力也最大。以哈佛大學畢業、取得專業學位或研究所學位的女性為例，她們可能是世界上最菁英的教育團體成員。畢業後十五年，這些女性當中只有一半從事全職工作。這是怎麼回事？「克服這麼多阻礙之後、獲得無數自由之後，一直存在的障礙終於顯而易見。」詳細研究這個群體的戈丁寫道[40]：「這個障礙就是時間不夠用，帶小孩需要時間，發展生涯也需要時間。」或以芝加哥大學的企業管理碩士（ＭＢＡ）為例，剛從商學院畢業時，女性的薪資約比男同學少了一二％，這個落差多半可以用挑選的工作類型來解釋。十三年後，差異劇烈變大，達到三八％左右[41]。但女性ＭＢＡ當中有一個子群體並沒有落後更多。看到現在，應該不需要我告訴你是誰了吧？答案就是沒有小孩的那一群人。

對大多數女性來說，生一個小孩，在經濟方面就等於被隕石擊中。但對大多數男性來說，這只不過是一筆開銷。於是問題就來了：女性是否可以自由挑選這些不同的角色？這個問題我之後再深究，現在我只能說，年輕小孩的母親似乎想要多留一些時間給家庭。在我剛剛引用的那份芝加哥大學MBA研究中，比較可能減少工作時數的女性，老公的薪水都是最高的。但就算此處表達了一個真實的偏好，但我還是要補充兩點：第一，做出這個選擇的女性，她在勞動市場付出的代價不必這麼高；第二，小孩長大後，父親就有充分理由要分擔更多家中的事務。

產值兩兆美元的女性

我們要感謝女性（尤其是當媽媽的）刺激了至少一個世代的經濟成長。二〇一九年，女性占全體勞工的四七％[42]。根據經濟顧問委員會（Council of Economic Advisers）在二〇一五年提出的一份報告，假如女性現在的經濟參與率依然維持在一九七〇年代的水準，那麼美國經濟會少掉兩兆美元。對於中低收入的家庭來說，女性就業機會和工資增加，也減少了男性經濟狀況變差的痛苦。經濟顧問委員會的結論是：「基本上，自從一九七〇年以來，美國中產階級家庭經歷到的收入增加，都是由於女性薪資提高。」[43]

就業方面最大的變化，就是已婚且有小孩的女性。一九七〇年，大多數的母親都沒有從事有薪工作，現在有工作的占了將近四分之三[44]。就算是學齡前兒童的母親，從事有薪工作也是常態，而不是例外。女性占了美國經濟當中大約半數的管理職位[45]。許多以前是由男性居多的職業（包括醫藥和財務管理），正在迅速傾向女性，尤其是比較年輕的專家。女律師的比例已經翻了十倍，從一九八〇年的四％變成二〇二〇年的四三％[46]。不只是經濟活動有所變化，經濟志向和期望也變了。一九六八年，只有三三％的年輕女性（青少女和二十歲出頭）說她們期望三十五歲時還在從事有薪工作；到了一九八〇年，這個比例變成八〇％[47]（問卷調查現在不問這個問題了）。女性追求職業和經濟目標，這個概念已經從新奇變成常態。你上次聽到**職業婦女**（career woman）這個名詞是多久以前的事情？

「男性已經掌權二十萬年，如今這種日子真的要結束了。」羅森在《男人末日》中寫道：「全球經濟已經變成女性比男性更成功。」[48]什麼？女性已經變得比男性還成功？難怪這本書出版的時候，羅森被「炎上」得很慘。羅森之後說道：「女性主義者不喜歡這個主張，因為她們說，這句話好像在說女性已經完全勝利，所以再也沒有需要擔心的事情。」[49]然而，這並非羅森的看法——也不是我的看法。關乎女性能獲得的機會，這方面要擔心的事情還是很多，包括經濟狀況較好的領域。每五位最高階公司主管中，只有一位是女性，《財星》（*Fortune*）五百大公司中，只有四十一間的執行長是女性[50]。這肯定比一九九五年的數字更好，因為當時是零，但現在這個數字還是低得驚人。創投資金流向女性創辦人的比例只有三%[51]，所以為了女性（尤其是位於經濟頂點的女性），我們還有很多事情要做；但是，經濟階級較底層通常是男生正在掙扎。

過去幾十年來，女孩和女人在學校已經超越男性。經濟前線上，許多男性（雖然不是菁英）都已經失去地位，而女性已經超前。這對於更廣泛的文化造成重大的後果，尤其是家庭生活方面。女性的經濟狀況提升，劇烈改變了兩性之間的「貿易條件」，許多男性調適不過來。

第3章

無所適從的老爸

父親失去傳統家庭角色

Fathers Have Lost Their Traditional Role in the Family

一九五五年六月，前伊利諾州州長、選過兩次總統的阿德萊・史蒂文森（Adlai Stevenson），向史密斯學院（Smith College）的全女性畢業班致詞。在一個溫暖的麻薩諸塞州早晨，他告訴她們，身為未來的妻子，她們有重要的角色要扮演，「確保她們的丈夫真的懷抱著堅決的目標，並維持他的完整」[1]。

當時，這種聲明似乎無害，連最進步的人士都這樣認為（史蒂文森是愛蓮娜・羅斯福〔Eleanor Roosevelt〕[i]最欣賞的人之一）。

十六年後，畢業典禮致詞者是一位女性，她在史蒂文森致詞的時候，是史密斯學院的三年級學生。這次致詞截然不同，這位致詞者不但用「她」（she）稱呼上帝、強調女性性高潮的政治意義，最重要的是，還將婚姻形容成一種設計來「征服女性」的制度[2]。這位致詞者的名字叫做格洛麗亞・斯泰納姆（Gloria Steinem）。

對斯泰納姆而言（就跟她那個世代的大多數女性主義者一樣），婚姻就是一種嚴重依賴的關係。她傳遞給史密斯學院草坪上年輕女性的訊息，就是要在這個世界上獲得成功，而且能夠為自己付帳。「依賴就代表沒有替代方案。」斯泰納姆致詞之後幾年，美國人類學家瑪格麗特・米德（Margaret Mead）如此寫道：「全副武裝以求自力更生的女性，永遠不會覺得被束縛……想要獨立就要從經濟獨立開始。」[3]

女性運動的重點在於解放（所以才叫做女性解放運動）。最重要的是，這意味著在**經濟方面獨立於男性之外**。這個目標已因為經濟進步而達成一大半，婚姻已變成一種社會選擇，而不是一種經濟必要性。直到一九七〇年代，一般的大學女畢業生，在畢業後一年內就會結婚[4]。史密斯學院的畢業生當中，只有大約一半到了三十幾歲才結婚[5]。有個老公可能不錯，但他已經不再是必要的。關於打破經濟枷鎖，斯泰納姆是對的；但是史蒂文森也正確（只是這個事實顯然很難說出口），知道自己必須養活妻小的男人，很清楚知道該怎麼「懷抱著堅決的目標」以及「維持完整」。

在本章，我主張母親的角色早已擴大，既要養家糊口又要照顧小孩，但父親的角色並沒有擴大，他們要養家糊口卻不必照顧小孩。我明確主張以下論點：一、長期以來，男性的角色在文化上都被定義為提供者，而且這是基於母親對於男性的經濟依賴；二、由於女

i　編按：美國首任駐聯合國大使，主導起草了聯合國的《世界人權宣言》（*Universal Declaration of Human Rights*）；小羅斯福（Franklin D. Roosevelt）的妻子。

性獲得經濟獨立，男性的傳統角色已經被廢除；三、文化和政策還卡在早已過時的父親模範，遠遠落後於經濟現實；四、這導致「老爸缺席」（dad deficit），也就是男性越來越無法勝任傳統的養家糊口角色，卻又還沒涉足新角色。

過去女性對男性的經濟依賴壓低了女性，卻也撐高了男性。而如今少了支撐，許多男性正在跌落。

老爸是播種者、保護者和提供者

人類學家大衛．吉爾摩（David Gilmore）在《男子氣概的形成：男子氣概的文化概念》（*Manhood in the Making: Cultural Concepts of Masculinity*）一書中發表了一項大規模調查，對象為地中海流域、大溪地、南亞等文化，他的結論是：「我們觀察的大多數社會中，男性必須讓女性懷孕、保護依賴者免受危險，並且提供親戚朋友的溫飽……我們或許可以將這種準全球性的角色稱為『男人兼播種者、保護者和提供者』。」[6]

吉爾摩主張這種「普遍存在的男性」應是後天養成，只是養成方式跟一般女性不同。

男性在各方面都被期待要讓其他人優先於自己，包括將資源讓給群體，以及為了捍衛群體而冒著受傷、甚至死亡的風險。這裡的其中一個核心概念，就是「剩餘」。成熟男性生產出來的資源，比他們自己生存所需的還多，而這些就要分享給氏族、部落或家庭。「提供者這個概念，是建構男性身分的重大要素之一，」社會學家大衛．摩根（David Morgan）寫道：「無論在道德還是經濟方面皆是如此。」[7]

至少過去幾千年以來，男性基本上可以用幾個字簡單形容自己的角色：「養活我的家人。」這段時期的家庭多半都滿大的。但是在最近幾百年，尤其是西方國家，家庭已經演變成定義更為狹窄的社會制度，通常稱為核心家庭：父親、母親和小孩。結果，父親和丈夫的角色就緊密地綁在一起，幾乎無法分辨。

一個好丈夫和父親必須養活家人——包括他自己、妻子或伴侶以及他們的小孩。「提供者」這個角色成功將男性與「家庭和社交生活」連結起來，正如英國社會學家傑夫．丹奇（Geoff Dench）在《轉型男性：性別關係中依賴和主導的模式變化》（*Transforming Men: Changing Patterns of Dependency and Dominance in Gender Relations*）一書中所描述：「這個角色的作用，就是正式將男性併入人際的支持結構——也就是依賴鎖鏈

（chain of dependency），它存於任何人類社會的核心。」[8]

以歷史來說，丹奇是對的，但下一個問題是如何維持父親和小孩之間的依賴鎖鏈，畢竟男性和女性之間的鎖鏈已被成功切斷。「傳統家庭模式就像『套餐』（package deal）——父親與小孩的關係，取決於父親與母親的關係。」蘿拉・塔赫（Laura Tach）與其共同作者寫道[9]。傳統家庭是有效的社會制度，因為男性和女性都是必要的，但其分工也很極端。母親與小孩有著直接且主要的照顧關係，父親與小孩則有著間接且次要的提供關係。我當然不是說這樣就是全部，我自己的父親就滿足了傳統的提供者角色，但除此之外，他的角色可多了——游泳教練、駕駛教練、搬運工、司機、學術顧問……應有盡有。但他的基本責任，就跟他那一代的所有父親一樣：養家糊口。

照顧家人的母親以及養活家人的父親，他們彼此之間的傳統契約，會透過婚姻表達出來。養家者和照顧者的婚姻，誠如吉爾摩所描述，是「某個特殊道德體系的一部分……必須有這個體系才能確保男性自願接受適當的行為」[10]。這也是保守派非常擔心結婚率下滑的原因之一，對他們來說，夫妻之間的依賴關係，正是婚姻的動力所在，這算是一種機制，將男性的精力導向正面的社會目標。女性主義者剛好相反，她們認為婚姻是一種壓迫制度（根據約翰・斯圖爾特・彌爾〔John Stuart Mill〕的說法，就是「敵人的堡壘」）；也是「把女人關起來」的機制（來自斯泰納姆的評估）[11]，許多當代女性主義作家都支持這個評論[12]。

不過兩方都同意一點，就是**婚姻使女性受男性束縛，但男性也受女性束縛，進而受小孩束縛**。他們意見不同的地方是：這樣算是好事嗎？保守派是對的，因為婚姻作為社會制度，在以前是「奏效」的。女性主義者也是對的，因為婚姻若要奏效，就必須縮減女性的自主權。問題在於，我們現在該怎麼辦？尤其我們該拿男性怎麼辦？答案肯定不是「試圖收回女性運動爭取到的利益」（雖然丹奇和其他保守派人士這樣建議）。正確答案是「與孩子建立更直接的關係，並以此為基礎，改造父親這個身分」，我會在第十二章闡述一些構想。

然而，值得注意的是，傳統家庭中的男人，生活並不總是美好的。你的生活是被設計好的，所以你一定會覺得很孤寂。戰後穿著灰法蘭絨西裝的「受組織男性」（Organized Man），在週一到週五之間來回於郊區與辦公室的焦慮，就暗示了這種潛在的空虛感。在亞瑟・米勒（Arthur Miller）的劇本《推銷員之死》（*Death of a Salesman*）中，你就能見證主角威利·羅曼（Willy Loman）那種無聲的絕望：他「一年要受苦五十週，只為了換到兩週休假」，到了最後，他必須葬送自己的性命，才能勝任身為養家者的角色[13]。男性的自由通常也被父權制度扼殺——角色被嚴格規定，還必須承受高壓的期望。

魚世界中的腳踏車

伊琳娜·鄧恩（Irina Dunn）宣稱：「女性需要男性，就像魚需要腳踏車。」這句話後來因為斯泰納姆而廣為人知，成為女性運動中難忘的號召，令人聯想到一個女性不需要男性的世界[14]。「只要能夠自力更生，就能出於愛情而選擇結婚，而不只是為了經濟依賴。」斯泰納姆在二〇〇四年說道[15]。

如今美國家庭有四一%都是女性當家[16]，其中有些是單親媽媽，但絕對不是全部；每十位妻子就有三位賺得比丈夫還多，這個比例是一九八一年的兩倍[17]。大多數母親現在都從事全職工作，而雙親都從事全職工作的家庭，將近一半是母親賺得比父親多[18]。母親也受到越來越多來自福利制度的支持，就連低收入或沒收入的母親，都不需要找個老公養家。英國政治人物兼學者大衛．威立茲（David Willetts）在《緊要關頭》（*The Pinch*）中寫道：「福利制度的原意是用來補償失去薪水的男性，但現在正緩慢且雜亂地重新設計為補償『失去男性』的女性。」[19]

若以更正向的角度來評論這件事，就是政府逐漸認清自己的角色是「支持女性養育小孩」，這有一部分是因為這樣她們才不會困在依賴男性的關係中。與此同時，離婚法也已經解放，「無過失」或「單方」離婚興起之後，無論哪一方都可以用任何理由終止婚姻。這幾條法律依然被吵得很凶，但顯然已被普遍接受[20]。

婚姻和母親身分（motherhood）不再是同義詞。如今美國有四〇％的新生兒是未婚生子，而一九七〇年只有一一％[21]。有個特別驚人的趨勢，就是「奉子成婚」的人變少了。五十年前，未婚懷孕就很常見了，但情侶會去戶籍登記處或教堂結婚，再去產科病房生小孩，但現在不再如此。

事實上，根據聯合經濟委員會（Joint Economic Committee）的研究，奉子成婚的人減少，就是一九六〇年以來，未婚生子的新手媽媽變多的最大原因。最大的變化發生於社會經濟階級的底層，一九七七年，低教育程度的懷孕女性當中，有二六％先結婚再生產；到了二〇〇七年，這個數字只剩二％[22]。

對於母親就業的社會規範已經迅速轉變，以至於在職媽媽（working mother）這個名詞聽起來已經過時。根據社會概況調查（General Social Survey），如今有四分之三（七四％）的美國成人同意，在職媽媽可以和家庭主婦一樣，和孩子建立「既溫暖又安全」的關係；相較之下，一九七七年只有四八％[23]。

從女性主義的角度來看，這些都是非常好的發展，但這些發展對男性的意義是什麼？舊的劇本（多半是以養家糊口為主軸）被撕碎了。社會學家威廉．古德（William Goode）在一九八〇年寫了一篇影響深遠的散文〈男人為何抵抗〉（Why Men Resist），其中提到：「潛在的轉變正在減少男性的邊際效用。」[24]他並沒有說錯，但看了好令人心痛。

許多男人被拋下，覺得自己無所適從。他們的父親和祖父都有清楚的方向可以遵循：工作，妻子，小孩。但現在該怎麼辦？**一個屬於魚的世界，要腳踏車幹麼？**五十年對一個人來說或許是很長的時間，在他們年輕的時候尤其如此，但從文化史的角度來看，這只是區區一瞬。男女之間經濟關係的轉變實在太快，以至於我們的文化跟不上。

單身漢：一艘沒有帆的船

雖然母親的角色已經現代化到快要認不出來了，父親的身分卻還是卡在過去。「我們的文化延遲（lag）了，」約翰霍普金斯大學社會學家安德魯・切林（Andrew Cherlin）說道：「**我們對男子氣概的看法，跟不上就業市場的變化。**」[25]經濟面的數字已經改變，社會規範卻沒變。學歷在高中以下的美國成人，有五分之四（八一％）仍認為「對於男人而言，當個好丈夫或好伴侶、能夠在財務上支撐一個家庭，是非常重要的」（相較之下，大學畢業的人只有六二％這樣認為）[26]。

所以，最沒能力勝任傳統養家者角色的男人，也最容易被別人用養家糊口的潛力來評斷。這意味著在勞動市場中境況較差的男性，也很容易在婚姻市場吃到苦頭——尤其是勞動階級的男性[27]。

根據社會學教授亞歷山德拉・基勒瓦爾德（Alexandra Killewald）的研究，如今沒有工作的丈夫，離婚的機率比以前高很多。她的結論是：「期望妻子負責家事的人或許已逐漸減少，但『丈夫要負責養家』的規範還是持續著。」[28]經濟學家貝特朗和其共同作者表示，婚姻市場已受到社會期望的嚴重衝擊，以至於男人不只要會賺錢，還要賺得比妻子多。「我們的估計暗示了一件事：過去三十年來結婚率下跌，有二九%是因為人們厭惡妻子賺得比丈夫多。」[29]（值得一提的是，這種厭惡來自男女雙方。）換言之，由於女性已經賺得比男性多，她們結婚的機率就變低了。據社會學家史蒂芬·拉格爾斯（Steven Ruggles）估計，從一九六〇到二〇一三年，二十五到二十九歲的美國人結婚率降低，有四〇%是因為男性的薪資比上一代男性還低[30]。很顯然，對於教育程度較低的人而言，這種澆熄結婚念頭的效果最為強烈。

舊的婚姻和家庭模式（基於男女之間的經濟依賴）已經被解構了一大半。如果只看斯泰納姆給的理由，這是好消息；但就算是再好的事情，都有不好的地方。傳統的方式很適合照顧小孩，因其鼓勵父母建立穩定的家庭，而且對男人來說也最為實用。身為唯一（或至少是主要）的提供者，男性會跟女性照顧者結合在一起（通常是透過婚姻），以便養育小孩。「**家庭或許是一種迷思，但這個迷思讓許多男人勉強有用。**」丹奇寫道。

丹奇擔心如果少了傳統的提供者角色，男人會「奮力追求所有人的認可，並且很有可能道德淪喪或短視近利」[31]。鑑於許多男性如今面臨的困境，這種恐懼可不能當成危言聳聽。女性運動的成功，雖然沒有動搖男性的社會認同，卻已經將其暴露於外。問題在於，接下來我們該何去何從。

保守派人士力勸大家恢復傳統婚姻。一九九六年出版、影響深遠的書籍《無父美國》（*Fatherless America*）的作者大衛．布蘭肯霍恩（David Blankenhorn）主張，穩固父親身分的兩個基礎是「與小孩同住，以及與母親的家長盟約」[32]。以歷史的角度來說，這是真的，但以前的母親對於「同住」沒有什麼選擇權，而現在的母親有。布蘭肯霍恩主張，為了讓父親重建與小孩的羈絆，他們就必須重新受婚姻約束。但鑑於最近幾十年來的劇烈文化變化，這個處方是不切實際的。與其看著後視鏡，我們必須為父親身分建立新的基礎，而這個基礎包含我們在性別平等方面的巨大進步。

對許多情侶來說，婚姻主要是一系列教育、社會和經濟成就的「頂點」，正如切林所言[33]。只有不到五分之一的美國成人，認為婚姻對於圓滿的人生來說是必要的，至於已婚人士，只有七分之一認為財務理由是決定共結連理的重大因素之一[34]。

不過，許多男人失去了養家者和同住父親的身分，總覺得有點失落。經濟學家艾瑞爾．賓德（Ariel Binder）和約翰．鮑德（John Bound），費心研究過低教育程度的男性與勞動市場脫節的情況之後，做出結論：「組成新家庭並供養這個家庭，是男性勞工的重要供給誘因之一。」[35]非提供者，或至少不把自己當成提供者的男性，比較不愛工作。米歇爾．拉蒙特（Michèle Lamont）深入研究紐澤西州的勞動階級男性，並在二〇〇〇年出版了《男性勞工的尊嚴》（*The Dignity of Working Men*）一書，她的結論是：「努力工作是一種表達男子氣概的模式。」工作象徵著男性滿足了「供養並保護家庭」這個核心角色，也是構成成熟男子氣概的「自律自我」（disciplined self）的一部分[36]。

一八五八和一八五九年，美國維吉尼亞州、北卡羅來納州和加州的報紙刊登了一首輕鬆幽默的詩[37]，標題是〈單身漢是什麼樣子？〉（What Is A Bachelor Like?）：

為什麼會變成一臺沒有把手的幫浦，
一根發霉的油脂蠟燭，
一隻失去夥伴的鵝，
兩聲無聲的吼叫，
一匹沒有馬鞍的馬，
一艘沒有槳的小船；

一匹騾子——一個笨蛋，一張兩腳凳！
一隻害蟲——一個笑話！
沉悶——疲倦——
執拗——粗心——
一條沒有尾巴的魚，
一艘沒有帆的船……

經濟獨立的女人現在不必當太太也能發展得很好，但沒有太太的男人剛好相反，通常是一團糟。跟已婚男性相比，他們的健康狀況更糟糕，就業率更低，社會網路也更為薄弱[38]。未婚男子當中，跟毒品有關的死亡人數，從二〇一〇年以來，在十年內變成兩倍多[39]。如今，離婚由妻子提出的機率是丈夫的兩倍，因為男人在心理上比女人更難提離婚[40]。女性主義最大的啟示之一，沒想到居然是「**男人需要女人的程度，比女人需要男人還多**」。

妻子對丈夫有經濟依賴，但男人對妻子有情感依賴。儘管許多男人自嘲婚姻就像扣上了腳鐐，但他們明白這項事實。在一份二〇一六年的民意調查中，男人認為已婚（無論現在或未來）「對自己來說非常重要」的人數比女人還多（五八％對四七％）[41]。男人不想成為沒有帆的船。

二〇一七年，皮尤研究中心（Pew Research Center）問美國人一個很難的問題：人生的意義是什麼？具體來說，他們問了應答者一個開放式問題：「你目前覺得人生哪裡有意義、充實感或滿足感？你前進的動力是什麼？為什麼？」其中一個最驚人的發現是，女性在人生中找到的意義，以及她們的意義來源，都比男性來得多。男女表達工作或生涯「提供許多意義和充實感」的比例是相同的（三三％和三四％）[42]。但幾乎其他所有領域都有明顯的性別落差，比方說，所有年齡群體的女性當中，有四三％提到兒女或孫子女是目前的意義來源，相較之下，男性只有二四％。

具有多個意義和身分來源的人，會被心理學家視為具有高度的「自我複雜度」。成為一個複雜的自我是有代價的。比方說，你可能必須花費時間和精力，在不同的身分層面之間轉變。在種族的脈絡中，「語碼轉換」（code-switching）這個名詞經常被用來形容這件事。比方說，女人必須在母親和勞工之間轉換，隨著狀況需要而「啟動」或「關閉」這兩個身分。她們或許會在兩者之間掙扎，但整體而言好處更大。根據心理學家珍妮特・海德（Janet Hyde）表示：「如果在其中一個領域遭遇挫折，女人會啟動另一個身分，進而恢復自我的正向感覺，這也支持著自我複雜度的好處。」[43]假如你當媽媽的時候過了很糟的一天，你可以靠著職場表現來彌補，反之亦然。至少理論上是這樣。

現在，男人的意義來源和身分，範圍都變窄了，這也讓他們在任一來源受損時特別脆弱。比方說，當男人丟掉工作時，他們的幸福所受到的打擊似乎更大[44]。如果更注重父親的角色，除了對小孩有好處之外，許多男性也會獲得額外的強大意義來源及人生目的。

別讓父親坐冷板凳

「有太多父親都消失了——從太多人的人生中消失，從太多家庭中消失。」巴拉克・歐巴馬（Barack Obama）在二〇〇八年父親節說道：「而因為這樣，我們家庭的基礎就變弱了。」[45]一位總統候選人傳達這種訊息，還真是既直率又大膽，尤其是面對黑人聽眾。歐巴馬因為不夠關注男性（尤其是黑人男性）面對的結構性障礙而遭受批評，但可別忽略了他的核心訊息——這份訊息實在正向太多了：父親很重要，他們並非可有可無。歐巴馬說：「他們是老師和教練，他們是導師和模範。」

歐巴馬也正確指出，許多小孩在成長過程中，並沒有和父親建立深厚的關係。父母離異六年內，有三分之一的小孩從來沒看過自己的父親，還有將近三分之一是每個月見到父親一次[46]。正如這些統計數字所示，老爸缺席的主要原因是，父親不跟孩子的母親同住的機率越來越大。他們從小孩的家中消失，最後就會從小孩的人生中消失。對於條件最差的人來說更是如此，高中沒有畢業的父親當中，有四〇％沒跟小孩同住，相較之下，大學畢業的父親只有七％[47]。二〇二〇年，有五分之一的小孩（二一％）只跟母親同住，比例幾乎是一九六八年的兩倍（一一％）[48]。

大家對於未婚父母的態度已經變得更開放，二十五～三十四歲的女性當中，有八二％認為「未婚女性養育小孩是沒問題的」，而同年齡層的男性有七四％同意[49]。美國大多數小孩的童年，不會全都和親生父母度過[50]。社會規範及關於婚姻和生子的實務解放，在許多方面都是正向的發展。不過，更要緊的是，父親不該因為這樣就「坐冷板凳」。女性已經拓展了她們的角色，以及她們能做出的選擇範圍；而有太多男性受限於狹窄的提供者角色（現已嚴重過時），而且不只是理論上，實際上也是如此。

結果，父母分離通常也意味著「父子分離」，這對父親、母親和小孩來說都是壞事。女性已經大幅掙脫了母親身分中既陳舊又狹窄的模範，所以男性也必須逃脫父親身分中養家模範的束縛。父親就算沒有跟母親結婚，對孩子來說還是很重要——或許正是因為沒結婚，所以很重要。父親身分這個社會制度亟需更新，才能更專注於與孩子的直接關係。對於拓展男性角色來說，明顯的挑戰同時也伴隨著巨大的機會。

這件事的風險很高。父親身分是一種基礎社會制度，比其他制度塑造更多成熟的男子氣概。「男人若能透過家庭中的角色融入群體，讓世代橫跨過去與未來，他將會更一貫且持久地與社會秩序連結；勝過那些主要對魅力型領導者、蠱惑民心的政客，或浮誇的愛國主義意識形態有所共鳴的男人。」這是經濟學家喬治・吉爾德（George Gilder）在一九七三年所寫的[51]。吉爾德當然是很死忠的保守派，但鑑於近期的政治史，你很難說他是錯的。

第 2 部

雙重劣勢

DOUBLE DISADVANTAGE

第 4 章

德懷特的眼鏡

黑人男孩和男性面臨的劇烈挑戰

Black Boys and Men Face Acute Challenges

幾年前，我看到我的教子戴眼鏡，覺得很開心。當我知道別人也會變老，我就會比較好過一點。要批評我就請便吧！「別太難過啦，德懷特（Dwight），」我假裝同情他：「我們所有人到最後都會這樣。」德懷特大笑：「哦，沒有啦，這眼鏡沒有度數。只是我戴著生意會變好。」德懷特靠賣車維生。我很納悶，戴著沒度數的眼鏡，怎能幫助他賣掉更多輛車？「白人看到我戴眼鏡，就會特別放鬆。」他解釋道。

德懷特身高六尺五寸（約一九六公分），又是黑人。沒想到這是很常見的招數，用來緩和白人對黑人男子氣概的恐懼。當我跟一群黑人提到德懷特的故事，其中有兩人脫下眼鏡，說道：「對啊，我也是。」其實，我還沒遇到任何沒意識到這件事的黑人，但發現有極少數白人沒意識到這檔事。辯護律師肯定知道，所以他們經常請黑人客戶戴上眼鏡，他們說這叫「書呆子辯護法」（nerd defense）[1]。有一份研究發現，戴眼鏡會使黑人被告產生較討喜的感覺，但白人被告有戴跟沒戴則一樣[2]。

德懷特的陳述，是那種會令你對世界整個改觀的時刻，就像有天晚上吃晚餐的時候，我問他是不是經常被警察攔下來。「沒有啦。」他說。

接著他說：「大概每幾個月一次？」他又停了一下再開口：「我前陣子**是有**被他們上

過手銬啦。他們說認錯人了。」像這種時刻，我才明白，我對身為美國黑人這件事一**點概念都沒有**，具體來說是身為黑人男性。所以我先警告大家：身為英國出生的白人男性，我對美國種族歧視的觀點，可能要適度打個折扣。但無論我的觀點有沒有價值，我都確信如今美國國內平等的最主要阻礙，就是黑人男性同時面對種族歧視和性別歧視。

在第一部，我討論了一些男孩和男人在教育、職場與家庭中所面對的廣泛挑戰。在第二部當中，我將會聚焦於那些面臨最嚴酷挑戰的男性，尤其是黑人男孩和男人（本章），以及勞動階級的男孩和男人（第五章）。在第六章，我會描述一些令人擔憂的證據，證明社會計畫對男性無效。

德懷特就跟許多美國黑人男性一樣，過得很辛苦。他成長於西巴爾的摩一個最艱困的社區。德懷特小時候父親就過世，所以他不記得父親。鑑於黑人男性在美國日常生活中，幾乎每個層面都面臨既深刻又特定的挑戰（從刑法司法體系到教育和就業），戴一副無度數眼鏡根本只是小事。對此，德懷特肯定是若無其事。他說：「事情就是這樣。」（It is what it is.）但我認為他幾乎道盡了一切。**黑人男性知道自己被視為威脅，於是戴上不必要的眼鏡；他們不是為了看清楚我們，而是希望我們對他們另眼相看。**

反向的性別歧視

一九八〇年代晚期和一九九〇年代，關於不平等和歧視的研究出現了突破，發展出「多元交織性」（intersectionality）這個概念。這個框架是由金柏莉·坎秀（Kimberlé Crenshaw）所開創，起初是以黑人女性主義為基礎，但它提供了一種方法，檢視不同形式的壓迫是怎麼結合在一起運作。與其用二元名詞來看待不平等（像是男性／女性、黑人／白人、富有／貧窮、同性戀／異性戀），坎秀很堅持「複合性的複雜度」（complexities of compoundedness）[3]。

交織性思考的力量，源自其不可避免的多元主義。我們每個人都是「多重」身分，你可能是黑人異性戀猶太社會主義律師，我可能是白人同性戀無神論自由派煤礦工。對於多元身分的堅持，呼應了好幾百年的進步解放思想，從十九世紀的約翰·斯圖爾特·彌爾和哈麗雅特·泰勒·彌爾（Harriet Taylor Mill）[i]，到二十一世紀的阿馬蒂亞·森（Amartya Sen）和瑪莎·努斯鮑姆（Martha Nussbaum）[ii]。

坎秀的研究以黑人女性為中心，但這個框架可以更廣泛使用，而且任何特定群體相對於另一個群體的定位，並不是固定的。我的同事蒂芙尼·福特（Tiffany N. Ford）是一位公共衛生學者，關於交織性方法，她寫道：「社會分類是有脈絡的。基礎的特質並非固定，而是隨著時間不斷變化。」[4]酷兒、黑人或男性的意義，相對於異性戀、白人或女性的意義，並不是固定的。優勢和劣勢的形態並非定局。所以，反黑人的性別化種族歧視（anti-Black gendered racism）會傷害黑人男性和黑人女性，但傷害的形式不同。**在不同形式、地點、時間下，性別會種族化，而種族會性別化**[5]。請想想保守派口中的「福利女王」（welfare queen）[iii]，這就是透過性別眼光，病態化那些接受公共援助的黑人女性[6]。

黑人男性則面臨不同的交織劣勢，其中有許多可能都比黑人女性面臨的還嚴重。愛丁堡大學非洲哲學與黑人男性研究主席湯米．柯瑞（Tommy Curry）寫道：「在文科領域中，大家都假設，因為黑人和棕色人種男性的性別是男性，所以他們相較於所有女性，

---

i 編按：作家、哲學家、女性權利倡議者，約翰．斯圖爾特．彌爾之妻。

ii 編按：森以對福利經濟學的貢獻，在一九九八年獲得諾貝爾經濟學獎；努斯鮑姆以其在女性主義哲學等方面的工作聞名，尤其是她與森在能力取徑（Capabilities Approach）上影響深遠的合作。

iii 編按：貶義詞，指被視為濫用或欺詐性使用福利系統的人，通常涉及詐騙手段、危害兒童安全或操控福利制度等行為。

都有天生的優勢，這個領域是由男性主宰。」[7] 但柯瑞主張事實剛好相反。他在《非男人：種族、階級、風俗以及黑人男子氣概的兩難》（*The Man-Not: Race, Class, Genre and the Dilemmas of Black Manhood*）一書中主張，美國黑人男性是「既被壓迫又被種族化的男性」[8]。柯瑞力勸大家開創黑人男性研究的全新學術領域，原因在於，只要涉及男性黑人面臨的特定形式性別種族歧視，現有的女性主義者和交織性學者的記述，全都沒有講到重點。

但挑戰並不只存在於學術界。就算有心想要聚焦於黑人男孩和男人的特定挑戰，也經常被投以懷疑的眼光，好像這樣做，就會使人無暇顧及黑人女性或其他種族的挑戰。我想說清楚自己的立場：我認為美國人最深的偏見，根植於反黑人的種族歧視，具體來說，是針對法律學者雪莉爾·卡辛（Sheryll Cashin）所說的「後代」，也就是「從奴隸制度的長期遺毒所演變而來的非裔美國人」[9]。在多種原因中，主要基於此理由，我不是很喜歡有色人種（people of color）一詞，或是「最主要的分界線就位於美國白人和其他所有人之間」這個概念。我了解有必要組成聯盟，也了解大家不希望看起來像是在淡化其他群體所面臨的種族歧視。但是，「所有不是白人的人，立場都跟美國黑人類似」的概念，不僅在道德上很冒犯，以實證證據來講也是錯誤的。反黑人的種族歧視是最主要的挑戰，而且黑人男性的挑戰不小於黑人女性。

關於黑人男性的客觀事實

德懷特人生頭十一年都住在西巴爾的摩的羅斯蒙特（Rosemont），也就是美國人口普查局口中的「土地 24510160700 號」。當時羅斯蒙特是個黑人社區，現在也是。根據巴爾的摩的標準，來自羅斯蒙特的小孩，成果（outcome）並不會太差。但這不代表他們的成果很好；就長大之後的成果來看，巴爾的摩是全美國最不適合男孩成長的地區之一[10]。

一九八〇年左右，出生於羅斯蒙特低收入家庭的男孩（德懷特的同類）當中，有七分之一（一六%）在二〇一〇年四月一日當天入獄。先講清楚，他們不是「到了四月一日還在獄中」，而是「四月一日當天入獄」[11]。事實上，這些男孩成為囚犯的人數，比成為丈夫的人數還多：這群人在三十幾歲的結婚率只有一一%。其中三分之一仍舊住在這個社區，這表示他們的小孩很可能會就讀當地的貝爾蒙特小學（Belmont Elementary

School）。貝爾蒙特的所有學生都是黑人，說「這間學校的成果很差」還算低估了它的窘境。我的小孩在馬里蘭州貝塞斯達（Bethesda）就讀的小學，二〇一九年有八二%的學生，數學成績達到馬里蘭州的檢測標準，而整個馬里蘭州的比例是五八%；可是，貝爾蒙特只有一%[12]。此處的失敗程度，簡直令人難以理解。

德懷特十一歲時，他房間的窗戶就被流彈射穿。他的母親從事兩份全職工作，努力讓一家人搬出這個社區；而他贏得運動員獎學金，前往天主教私人學校就讀，接著他念了兩間大學。身為向上流動、受過良好教育、經濟方面很成功的黑人男性，德懷特這個例外，證明了常態的存在。拉傑．切蒂（Raj Chetty）與他的機會洞見（Opportunity Insights）團隊，已經分析過一九八〇年左右出生的兩千萬美國人的相關數字，以仔細觀察世代之間的貧窮和流動形態。他們發現黑人男性提升收入階級的比例比白人男性低得多，但窮父母養大的女性，無論黑人或白人，世代間向上流動的比例是類似的。切蒂與其團隊的結論是：黑白世代間流動落差，總體上來說「完全是由男性之間的成果差異所導致，而不是女性之間的成果差異」[13]。

但黑人女性當然也會因為男性的貧窮經濟狀況而受苦，尤其是家庭收入方面。「黑人女性的家庭收入一直比白人女性低很多，這既是因為她們結婚的比例較低，也是因為黑人男性賺得比白人男性少。」切蒂與其團隊寫道[14]。在類似研究中，美國企業研究院學者史考特・溫希普（Scott Winship）與我發現，結婚率只是整個故事的一小部分[15]。最主要的問題仍是黑人男性的低收入，尤其是那些貧窮家庭長大的孩子。這表示，儘管黑人女性有令人印象深刻的進展，她們的孩子在貧窮環境長大的機率仍然高很多，而這也增強了世代之間的不平等。若要打破美國黑人的貧窮循環，黑人男性的經濟成果就必須轉型。

切蒂提供了一些尖銳的新統計數字，但他的見解並不新。「脫貧的人當中有許多人只脫貧了一代。」丹尼爾・派翠克・莫尼漢（Daniel Patrick Moynihan）[i]在一九六五年關於黑人家庭的報告中寫道：「如果事情照現在這樣發展，他們的小孩可能又要踏上荊棘之路了。」[16]有一個可以避免再度踏上荊棘之路的方法——接受良好的教育；但正如貝爾蒙特小學如此戲劇化的數據所示，美國黑人還是比較難進入優質的學校[17]。而且，男孩和男人在這裡的劣勢特別大，傑蘭多・F・L・傑克遜（Jerlando F. L. Jackson）和詹姆

i　編按：美國社會學家、民主黨員、外交官。

斯・L・摩爾（James L. Moore）在《師範學院記錄》（*Teachers College Record*）特刊中寫道：「整條教育管道（小學、中學、高等教育）自始至終，非裔美國男性都落後非裔美國女性和白人男性。」[18]

黑人女性正在把握她們長期缺乏的教育機會，而且在某些領域已經超越了白人男性。黑人女孩高中畢業的比例比白人男孩更高；十八到二十四歲的年輕黑人女性，大學註冊比例比年輕白人男性還高；二十五歲到二十九歲的黑人女性，擁有高等教育學位的比例比同齡的白人男性還高[19]。這裡的落差並不大，但闡明了黑人女性近年來的重大教育收穫。黑人女性和黑人男性之間的性別落差，比白人女性和白人男性之間還要大得多，如圖4-1所示。在所有級別中，黑人男性和黑人女性取得大學學位的比例都是一比二[20]。

美國的黑人男性面臨特別嚴重的挑戰，但其他國家也有類似的規律。例如英國在教育方面的性別落差，最明顯的就是黑人學生，黑人男孩在所有學科、所有年齡都落後黑人女孩[21]（然而，值得一提的是，英國學校表現最差的群體，是低收入背景的白人男孩）。

因此，黑人男性踏入職場時，教育證書幾乎比其他人口群體都還要少；然後他們在勞動市場的許多面向，都會面臨更大的歧視風險及更高的監禁率[22]。因此，勞動力當中的

圖 4-1　黑人男性在教育方面落後黑人女性

黑人學生獲頒學位之性別組成

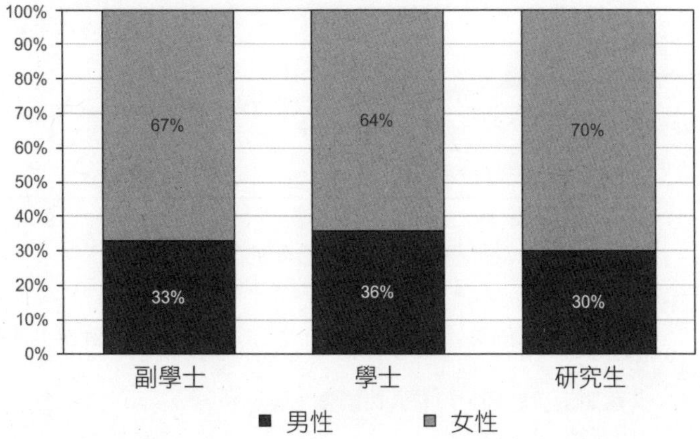

註：資料為 2018 ～ 2019 學年。
來源：國家教育統計中心，IPEDS。教育統計表格摘要 321.20、322.20、323.20、324.20。

黑人女性比黑人男性還多，跟其他所有種族群體剛好相反[23]。這不只是貧窮議題而已，根據切蒂的報告，生長於相對富裕家庭的黑人男性，就業率仍比生長於貧窮家庭的白人男性更低[24]。

有些在職黑人男性的工資是最低的。一九七九年，一般黑人男性勞工的週薪是七百五十七美元（換算成現在的美元）；現在是八百三十元，只漲了一〇%。再次強調，這裡的種族和性別務必一起觀察。如圖4-2所示，白人女性最近幾十年的經濟收益最為

圖 4-2　白人女性現在賺得比黑人男性還多

1979 年和 2020 年的每週薪資中位數，以種族和性別分類

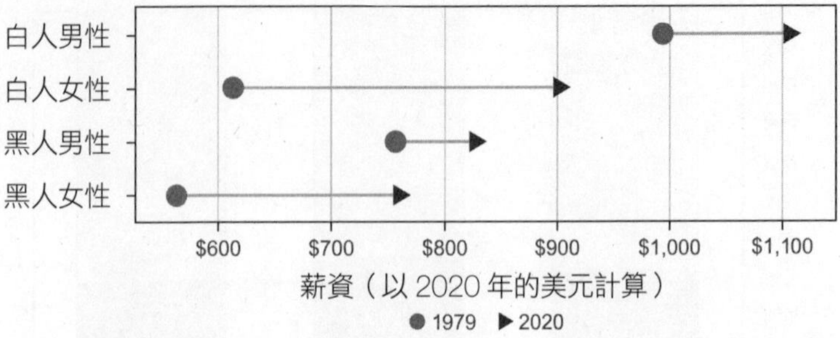

註：16 歲以上勞工的每週薪資中位數，以 2020 年的美元計算，調整過通貨膨脹。
來源：美國勞工統計局，現有人口調查，表 3。

戲劇化。一九七九年，女性人種無論黑白都賺得一樣多。現在黑人女性比白人女性少賺二一%。白人女性在一九九〇年代追上黑人男性，而且從那時開始，薪資就已經迅速上漲。黑人男性現在比白人女性少賺一四%（而且比白人男性少賺三三%）。

勞動市場的性別落差正在縮小，但種族落差擴大了。整體性別薪資差距正在消失，因為女性的工資（尤其是白人女性）正在迅速上漲。與此同時，黑人和白人的薪資落差正在擴大，因為黑人勞工（尤其是黑人男性）的薪資成長極慢。鑑於這些趨勢，當你得知黑人女性比黑人男性更可

能成為主要養家者時（再度與其他所有種族群體相反），應該也不意外了[25]。

在向上流動性、就業、工資及養家者地位方面，黑人男性的地位跟白人男性截然不同，而且在大多數指標也落後黑人女姓。這可不是在暗示黑人女性已經擺脫種族歧視或性別歧視，或得到更平等的對待。黑人女性面臨的各種劣勢跟黑人男性不同；例如有些證據顯示，黑人女性在成為母親後，經歷的歧視會更大[26]。她們也面臨性別種族歧視，儘管類型不同。

但黑人男孩和男人有一個特別的痛處，而且「正因為」他們是男性（並非「儘管」他們是男性），才有這個痛處。切蒂的研究摘要刊載於《紐約時報》，其結論為：「黑人男性面臨的障礙很獨特。」[27]

這就是為什麼歐巴馬會在二〇一四年發起倡議「我兄弟的守護者」（My Brother's Keeper），後來由歐巴馬基金會（Obama Foundation）的ＭＢＫ聯盟（MBK Alliance）延續下去[28]。這項倡議把重點放在男孩和男人，因此立刻就受到批評（如婦女政策學會〔Institute for Women's Policy Research〕），說此倡議令大家不再關注黑人女性面臨的挑戰[29]。但我覺得它是對的，因為差距實在太明顯了，而且沒有多少機構投入於男孩和男人面臨的議題。畢竟有許多組織（無論公共或私人）都聚焦於女性，而且其中許多組織也會處理黑人女性面臨的一些挑戰。最近幾年，有些基金會和智庫也更加關注黑人男性，但儘管布塞特將此形容為一個「可怕的危機」，民間的迴響似乎還是不夠熱烈；她說，我們需要一個「專屬黑人男性的新政」[30]。

「黑人男性很危險」的刻板印象

許多黑人男性，包括德懷特在巴爾的摩的舊鄰居，最後都成為作家塔尼西斯・科特斯（Ta-Nehisi Coates）所謂的「美國監獄系統中的灰色廢物（Gray Wastes）」。一九七〇年代晚期出生的黑人男性當中，有四分之一在三十多歲時已經在獄中；[31]至於高中輟學生，這一比例則為十分之七。這些男性成為青年的時候，一九八〇年代和一九九〇年代的監禁潮剛好開始，這是兩大黨共同對毒品宣戰的其中一環。

問題始於「黑人男性很危險」這個看法。根據政治科學家伊斯梅爾・懷特（Ismail White）和科琳・麥康納（Corrine McConnaughy）的隱性偏見研究，黑人男性遭到「獨特的汙名化」。有三分之一的美國白人表示「許多或幾乎所有」黑人男性都是「暴力的」，但只有十分之一認為白人男性是這樣[32]。麥康納和懷特表示：「性別修飾具有獨特作用，讓大家對黑人男性帶有負面觀感。」[33]換言之，黑人男性被歧視，正是因為他們是男性。不必多說，這是個老問題。「『讓黑人明白自己的地位』可被解讀為『讓黑人男性明白自己的地位』。」莫尼漢在一九六五年說道：「女性不會威脅到任何人。」[34]

這種看法以非常特有的方式限制了黑人男性的生活。我的同事拉肖恩·雷（Rashawn Ray）是一位社會學家，他舉了一個例子：在白人居多的社區，中產階級黑人男性較不會在實體活動中活躍。為什麼？因為黑人男性想避免被視為威脅。「黑人男性的社會現實跟黑人女性不同，」他寫道：「其他人的觀感會影響黑人男性跟同事與鄰居的社會互動，並建構出一種形式獨特的相對剝奪感……就這一點而言，交織性框架就變得很適合闡明黑人男性的多樣性和脆弱性。」[35]

交織性可是攸關生死的。二〇二〇年二月二十三日，艾哈邁德·阿伯里（Ahmaud Arbery）在社區慢跑時被槍殺，凶手是格雷戈里·馬麥可（Gregory McMichael）和其子崔維斯（Travis）。儘管證據無可辯駁，他們行凶兩個月後才被逮捕。美利堅大學學者伊布拉姆・X・肯迪（Ibram X. Kendi）寫下自己的慢跑經驗：「他們不必弄清楚我是誰，他們只需要知道我是『什麼』——一位黑人男性。因為我是黑人男性，所以我就被當成罪犯，危險的化身，恐懼的製造者。」[36]

由於黑人男性被視為更具威脅性，因此更可能被警察攔下、搜身、逮捕、定罪。向毒品和犯罪宣戰，實際上就等於向黑人男性宣戰；他們因為毒品犯罪被逮捕的機率是白人男性的三倍（但他們吸毒的機率並沒有比較高），因為毒品犯罪最後進入州立監獄的機率則是九倍[37]。對黑人來說（甚至比一般男性還嚴重），男子氣概就是一把雙面刃。黑人男子氣概（black masculinity）一詞早在被廣泛應用之前，就已經被視為「有害」；有人會用「超級掠食者」（superpredator）和「狼群」（wolf pack）來形容黑人男性罪犯，由此我們能略知一二[38]。

反黑人的性別化種族歧視中（針對男孩和男人），一個最驚人的層面就是其肉體性。科特斯寫過：「這就是一段竊取與毀壞身體的歷史，包含了馬車皮鞭、鉗子、撥火棍、手鋸、石頭、紙鎮，或任何可以用來破壞黑人身體、黑人家庭、黑人社區、黑人國家的東西。」[39]而現在還要把槍械算進去。二〇一六年七月，連續三天有三位黑人男性在不同城市被警察槍殺：紐約市布魯克林區的德爾羅恩・史莫（Delrawn Small）；路易斯安那州巴頓魯治市的阿爾頓・斯特林（Alton Sterling）；以及明尼蘇達州聖保羅市的菲蘭多・卡斯蒂爾（Philando Castile）。第三天，有一位跟我很熟的同事跑來我的辦公室，表面上是要聊一個工作專案。她是一名黑人母親，幾分鐘內就哭了出來，因為她非常擔心她的兒子，而且她周圍的人都埋首於日常工作，好像沒出什麼大事一樣，令她很困惑。其實，直到她走進我的辦公室之前，我也是那群裝沒事的人之一。

黑人男性就業率較低的原因之一很簡單，就是他們入獄的機率高很多。即使被釋放，他們找到工作的機率也大幅減少。這不是因為他們有犯罪紀錄，而是因為雇主不管怎樣，都更可能把黑人男性視為罪犯[40]。一份驚人的研究顯示，沒有犯罪紀錄的黑人男性，受雇的機率居然比條件類似、但有犯罪紀錄的白人男性還低。這就是為什麼「禁問此題」（Ban the Box，也就是應徵工作時不必宣告自己的犯罪紀錄）這個改革活動，似乎沒有改善黑人男性受雇的機率[41]。迪法・佩格（Devah Pager）寫道：「**其實就算黑人男性從未犯罪，美國就業市場還是把他們當成罪犯看待。**」[42]

美國黑人男性被定罪，已產生了數百萬失業男性，以及數百萬個沒有父親的家庭。

但在勞動市場掙扎的男性，通常也會在婚姻市場掙扎，導致單親家庭比例變高。歐巴馬總統形容他心中有個「洞」，就是因為父親缺席而留下的[43]。根據《養育黑人男孩》（*Raising Black Boys*）一書作者賈旺薩．昆祖福（Jawanza Kunjufu）表示，許多黑人男性都患有「創傷後老爸失蹤症候群」[44]。有四分之一的黑人小孩在十四歲生日之前，父母之一就去坐牢了，而且通常是爸爸[45]。

作家、演員兼詩人丹尼爾．貝提（Daniel Beaty），憶起他三歲之前會玩的遊戲。當父親早上敲他的房門，貝提會先假裝睡著了，接著再滿心歡喜地跳進父親的臂彎。直到有一天早上，父親沒敲門，因為他坐牢了。三十年後，貝提寫了一首詩〈敲敲門〉（Knock, Knock），其中包含以下詩句：

二十五年後，我為我心中那位小男孩
寫了這些話，他還在等他爸爸敲門……
爸爸，回家吧，因為我想你
我想念你早上叫我起床，告訴我你愛我。

爸爸，回家吧，因為我還有
不懂的事情，我覺得你或許會教我：
怎麼刮鬍子，怎麼運球，怎麼跟女士說話，怎麼
像男人一樣走路……[46]

我在第十二章會更加詳談父親的重要性。但現在我會說，擁有一名參與度高的父親，黑人男孩似乎比其他人更能受益；而且根據許多指標，黑人父親都比其他種族的父親更有參與度，當他們沒跟孩子的母親結婚或同住時更是如此[47]。

男性必須養家才能結婚？

黑人女性在家庭中總是扮演更重要的經濟角色，尤其跟白人女性相比。就算是現在，不平等的情況還是會在家庭中塑造種族差異。有一半的黑人女性在沒有丈夫或同居伴侶的情況下養育小孩，這與其他種族群體的女性（尤其是白人）形成明顯對比。黑人母親成為

單親媽媽的比例是白人母親的三倍（五二％對一六％），而且與配偶同住的比例只有白人母親的一半（四一％對七八％）[48]。大多數黑人女性生小孩時都未婚（約七〇％），相較之下，西班牙裔女性的比例是一半，白人女性的比例是二八％[49]。

凱莉・雷利（Kelly Raley）、梅根・史威尼（Megan Sweeney）、丹妮爾・旺德拉（Danielle Wondra）做了一份關於婚姻趨勢的綜合研究，結論是：「相較於白人和西語裔女性，黑人女性比較晚婚，結婚的比例較低，而且婚姻不穩定的比例較高。」[50] 四十出頭的黑人女性從未結婚的比例，是同齡白人女性的五倍（三四％對七％）。

黑人的婚姻已因為反黑人的種族歧視而受到破壞，而黑人男性面臨的特有挑戰正是元凶之一。威廉・朱利葉斯・威爾遜（William Julius Wilson）在一九九〇出版了他的社會學經典之作《真正的弱勢者》（*The Truly Disadvantaged*），他主張糟糕的經濟狀況使得「可結婚的男性」變少，所以共結連理的情侶也變少了[51]。

這種論點總是令我很不舒服，因為男性的「結婚能力」（marriageability）是基於刻板印象的假設。男人必須養家才可以結婚，這也太過時、太充滿性別歧視了吧！問題在於，大多數人（包括大多數黑人）都同意威爾遜的論點。養家的潛力對於潛在配偶來說非常珍貴：八四％的美國黑人表示，為了成為好老公或好伴侶，男人能夠在財務上供應家庭「非常重要」，相較之下，白人應答者只有六七％這麼想[52]。可是女性提供者的落差又更大：五二％的美國黑人表示，**女性**能夠在財務上支持家庭是非常重要的，相較之下，只有二七％美國白人這麼想。鑑於黑人男女面臨的經濟挑戰，這並不令人意外，但黑人女性的教育和經濟地位有了一些改善，因此她們也更有能力勝任養家者的角色，黑人男性則遠遠落後她們。

我希望大家弄清楚，我並不是主張要把黑人男性抬得比黑人女性**還高**（即使這有可能），只是希望能幫助黑人男性跟上而已。為了替黑人女性的前途清除障礙，還有更多事情得做。但現在，必須替黑人男性做的事情又更多了。這不是零和賽局，而且絕對不該被這樣框架化，正如莫尼漢在一九六五年寫給詹森總統（Lyndon B. Johnson）的信中提到：「男人必須有工作。直到所有身體健全的黑人男性都在工作之前，我們不能休息，」接著他補充了一句致命的話：「哪怕我們必須換掉一些女性。」[53]當然，莫尼漢是在五十幾年前寫出這些話，他同時是白人和建制派代表人物，但我們不能就這樣摒棄這段言論。**即使到現在，還是有一種恐懼感——幫助男人就等於妨礙女人**，無論這種恐懼感是刻意營造還是偶然產生的。但這不是真的。

努力爭取性別、階級和種族的平等非常重要——海瑟．麥吉（Heather McGhee）在她的著作《我們的總和》（*The Sum of Us*）[54]中這麼主張。**提高男性並不表示要壓低或「換掉」女性，而是要全體一起提升。**

讓男人自由

二〇一四年八月九日，一位沒有武裝的黑人青少年麥可．布朗（Michael Brown），被密蘇里州佛格森市（聖路易都會區的一部分）一位白人警察槍殺。隔天，八月十日，西恩．喬博士（Dr. Sean Joe）來到這座城市，他來填補華盛頓大學社會發展教授的職缺。

喬已經計畫要處理黑人男孩和男人面對的議題，現在，這座城市因為布朗的死亡與其餘波而動盪，因此他的工作又更急迫了。他成立了一間新的種族與機會實驗室（Race and Opportunity Lab），並發起一項倡議——「土生土長聖路易」（HomeGrown StL），專注於改善住在此地區的六萬名黑人男孩和男人（年齡介於十二到二十九歲之間）的前景。布朗死後，一個地方領袖組成的委員會接到來自密蘇里州州長的任務——「針對於佛格森眾多事件所揭露的隱含議題，進行廣大範圍的深度研究」。二〇一五年十月，委員會發表一份措詞犀利的報告，探討此城市之種族歧視歷史和影響，並提出將近兩百個改革建議[55]。

但喬很失望，他告訴我：「這份報告討論了總體的種族平等——但沒有特別探討黑人男孩和男人，我們必須很有自信地談論黑人男孩和男人面對的議題，這就是麥可·布朗給我們的啟示。重點不只是他是黑人，而是他是黑人**男性**。人們就是不想**談論**這件事。」這份報告確實沒論及性別，而且此問題並不罕見。種族平等現在是許多機構和社群的議程，但人們對於聚焦於黑人男孩和男人面對的特定挑戰，真的很不情願。黑人男性處於弱勢，是**因其性別所致**，這項事實無法融入那個許多人自在接受的種族歧視和性別歧視二元模型。然而，現在已經有鐵證能證實黑人男性的特有困境，這樣下去並不是辦法。

有些跡象仍然透露出希望。二〇二〇年，兩大黨罕見地攜手立法，成立黑人男性與男孩社會地位委員會（Commission on the Social Status of Black Men and Boys）。這是由十九名成員組成的永久委員會，隸屬於美國民權委員會內；他們的任務是研究「影響黑人男性的潛在民權侵犯」，以及「他們在教育、刑事司法、健康、就業、父親身分、指導和暴力方面經歷的懸殊差距」[56]。仿效佛羅里達一個類似的倡議，法律要求此委員會必須每年向國會報告政策建議[57]。民主黨國會議員有點抗拒這個委員會的設立，因為他們又在害怕這會讓人無心關注女性的議題（我覺得他們是錯的）。正如前參議員賀錦麗（Kamala Harris）[i]所說：「是時候該逐漸接受一個事實了：美國從未完全處理過我們國內存在的系統性種族歧視——尤其是針對黑人男人和男孩的歧視。」[58]黑人男孩和男人面對的性別種族歧視，其傷害程度非常獨特，所以是時候該正視它了。我稍後將在本書提出的許多提議，都抱持著這個目標。

我跟德懷特聊他親身遇到的挑戰，談了很久，後來我問他，他對他三個兒子最大的期許是什麼。「**你知道嗎？我只希望他們自由。**」他說：「**免於恐懼的自由，完全免於壓倒性惡意的自由。只要自由就好。**」

i　編按：美國第一位女性副總統、非裔副總統兼亞裔副總統，二〇二四年民主黨總統選舉候選人，大選敗給共和黨前總統唐納．川普（Donald Trump）。

第 5 章

階級天花板

貧窮男孩和男性正在受苦

Poor Boys and Men Are Suffering

二〇一七年，社會科學的辭典多了一個新名詞：「死於絕望」（deaths of despair）。這個名詞因為學者安・凱斯（Anne Case）和安格斯・迪頓（Angus Deaton）而普及，其意思是死於藥物過量、自殺及酒精相關疾病。凱斯和迪頓在一份學術論文和一本二〇二〇年出版的書籍中強調，中年、低教育程度白人死於絕望的人數變多了[1]。他們主張，勞動階級的經濟財富減少，已經伴隨了各種形式的社會崩潰（尤其是家庭生活），進而產生「累積劣勢」的形態，或可以更直言不諱地說：造成白人勞動階級崩潰[2]。但這段故事也跟性別有關，整體而言，**男性死於絕望的人數幾乎比女性多三倍**[3]。

我已經主張，黑人男孩和男人因為性別種族歧視而面臨特定劣勢。這就是為什麼透過種族的眼光來檢視性別是至關重要的，反之亦然。但社會階級也是同樣的道理。在經濟階級的頂層，尤其是所得分配前二〇%的那群人，從財富成長到壽命延長等各項指標，不論男女都過得很滋潤（這是我上一本著作《夢想囤積者》〔*Dream Hoarders*〕的焦點）；但在頂層之下，男性的失業率比以前更高，工資也更低。

男女之間的工資落差已經縮小，但高薪勞工和其他人的落差卻擴大。一九七九年，一般女性的薪資只有一般男性的六三%。到了二〇一九年，這個比例已經提高到八二%。相反的，一般勞工（也就是位於中位數的那些）的工資從高薪人士（位於第九十百分位數的那些）的五四％，到二〇一九年只剩四二％[4]。因此根據這些數據，性別薪資落差縮小了一九％，但階級薪資落差擴大了一二％。

階級鬥士淡化了性別疑慮，只聚焦於寡頭政治；性別鬥士淡化了階級疑慮，只聚焦於父權制度。但階級和性別的不平等必須一起考量，兩者方向不同的時候更是如此。「政策制定並不是零和賽局，並非在這個賽局中，女性劣勢、社會經濟落差、男性成績不佳只能選一個關心。這三件事都很重要。」[5]尼克．希爾曼（Nick Hillman）和尼可拉斯．羅賓遜（Nicholas Robinson）寫道。**如果太過聚焦於女性仍然面臨的阻礙，就有可能無心關注我們社會中更深的階級分歧。我們可能向前邁進了，卻沒有往下看。**

本章我會闡述男性死於絕望的證據，展示勞動階級男性的經濟困境最後會怎麼傷害家庭，並且給女性更多壓力，以及描述這些男性當中有多少人已經與社會制度脫節——這些制度曾經穩固了男性身分，包括婚姻。我也會描述童年劣勢對男孩的傷害，為什麼比對女孩更嚴重，結果成為世代之間的惡性循環。勞動階級男性苦苦掙扎，所以他們的家庭變得更窮；而且在這些家庭當中，男孩吃了最多苦頭，而這會傷害他們成人生活的前景。男性的萎靡成了一種遺傳疾病。

在一本談男孩和男人的書籍當中，如此強調經濟不平等，似乎有點奇怪，但我認為這兩個問題是密不可分的。如果不提升劣勢男孩和男人的財富，就無法減少經濟不平等。

孤獨、憂慮、無聲的絕望感

當美國前總統唐納·川普在就職演說談到「美國大屠殺」（American carnage）[i]時，我承認我翻了個白眼[6]。我當時認為這是個荒謬的誇飾，但我現在不覺得荒謬了。川普知道他在跟誰講話。死於絕望的人最多的郡，就是二〇一六年得票數一面倒支持川普的郡（與二〇一二年米特·羅姆尼〔Mitt Romney〕[ii]的得票數相比）[7]。這些地方也是就業率減少最多的社區，對男性而言尤其如此。

「男人會特別感到損失，不只喪失了收入，還有好工作所伴隨的尊嚴。」《走鋼索：尋求希望的美國人》（*Tightrope: Americans Reaching for Hope*）作者紀思道（Nicholas Kristof）和伍潔芳（Sheryl WuDunn）寫道，這本書研究了被近期經濟趨勢衝擊最嚴重的社區：「他們既孤獨又憂慮，因此藉由酒精或藥物來治療自己，而且他們累積的犯罪紀錄，使他們更難就業和結婚。家庭結構就這樣崩潰。」[8]

凱斯、迪頓及其他「死於絕望」研究者的結果顯示，藥物相關死亡人數已經急遽增加。類鴉片藥物顯然占了此故事的一大部分，而美國因為類鴉片藥物過量而死的人當中，男性占了將近七〇%[9]。根據普林斯頓大學經濟學家亞倫·克魯格（Alan Krueger）分析的調查，二〇一六年的勞動力當中，近一半的壯年男人表示，他們以前服用過止痛藥，而且多半都是處方藥程度的藥效。他表示，一九九九到二〇一五年，男性就業率的跌幅，有將近一半（四三%）是同時期的類鴉片處方藥用量增加所導致[10]。當然，找不到工作可能會增加類鴉片藥物用量，而且這個因果關係反過來也說得通。馬里蘭大學經濟學家凱瑟琳·亞伯拉罕（Katharine Abraham）和卡尼檢視過就業趨勢之後，得出結論：「雖然『勞

---

i 編按：川普於就職演說提到：「母親和孩子受困於城市貧民區的貧窮之中，荒廢的工廠像墓碑一樣散布全國各地，教育系統現金多多，我們年輕可愛的學生卻學不到知識，犯罪、幫派和毒品奪走太多人的生命……這場美國大屠殺現在就停止。」

ii 編按：二〇一二年美國總統選舉的共和黨提名候選人，敗於尋求連任的歐巴馬。

圖 5-1　男性自殺率很高，而且正在上升

各性別和年齡群體的自殺率，1999 年和 2019 年

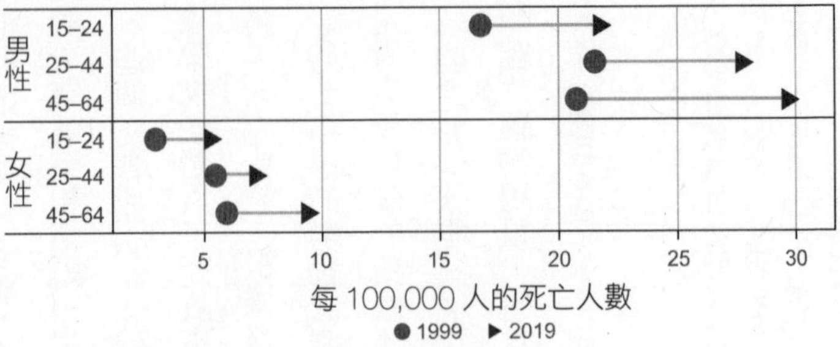

註：自殺的定義採用《國際疾病分類》第十版。

來源：國家衛生統計中心，國家人口動態統計系統，死亡率。

動力參與度受壓抑』和『使用類鴉片藥物』具相關性，但因果關係是雙向的。」[11]

我認為類鴉片藥物可以當成社會問題的指標，因為它們正是成因之一。類鴉片藥物並不像其他能夠人為增強信心、體力或啟發力的藥物。人們在舞廳服用搖頭丸，或是在心靈探索時服用迷幻藥，都是有理由的；但服用類鴉片藥物，純粹就是為了麻痺痛苦——或許起初是身體的痛苦，然後是自己存在於世界的痛苦。這些並不是啟發或叛逆的藥物，而是孤立和退卻的藥物。許多人死於類鴉片藥物過量，原因之一就是使用者通常足不出戶，而且很常獨自一人。[12]

男人的自殺率也比女人高很多。這是一個

全球性、長期存在的模式。但在更進步的經濟體當中，性別落差最為急遽；男性自殺率是女性的三倍多[13]。

如今自殺是四十五歲以下英國男性的最大死因[14]。在美國，中年男性的自殺率上升最快，但青少年和青年男性最近幾十年來也上升不少，如圖5-1所示。女性的自殺率也增加了，但還是比男性低很多[15]。

二〇一九年，作家巴雷特．史旺森（Barrett Swanson）在《哈潑雜誌》（*Harper's Magazine*）發表一篇關於男子氣概的短文，他提到自己有許多男性朋友和鄰居似乎都無所適從，只是形式不一樣。「這些男性當中，有幾位因為成癮、憂鬱症或其他疾病而苦苦掙扎，」他寫道：「但更常聽見的抱怨卻是更加模糊的東西——**它是一種無聲的絕望感，硬要一概而論的話，似乎是源自一種漫無目的所造成的折磨感受。**」[16]

在一份自殺研究中，澳洲研究人員菲歐娜．山德（Fiona Shand）和其同事觀察了企圖自殺的男性最常用來形容自己的字詞[17]。結果，最常用的字眼是**沒用**（useless）和**沒價值**（worthless）。我認為，男性萎靡的真正原因，並不是缺乏勞動力參與度，而是「文化冗餘」（cultural redundancy）。

如果要過得慘，一個人過就夠了

當男人過得掙扎，家庭就會變窮。關於近期的經濟史，其中一個最驚人的事實就是，過去幾十年來，只有女性維持著美國家庭的財務能力。而且就算是這樣，也只是勉強維持而已。除了最有錢的家庭（也就是前五分之一），自從一九七九年以來，家庭收入的成長，全都來自工時增加和女性薪資增加。二〇二一年受指派進入經濟顧問委員會的海瑟·鮑希（Heather Boushey）和卡維亞·瓦古爾（Kavya Vaghul）寫道：「女性的貢獻拯救了低收入和中產階級家庭，使其收入不至於暴跌。」[18]

我們不應該誤以為女人是違背自身意願、為求溫飽才被迫工作。當然有些情況無疑是如此，但大多數女性（包括母親）都想賺錢維生，而且肯定想要有這種選項，而不是依靠男人。這裡的重點很簡單：男人表現好一點的話，大多數的家庭都會受益。

由於女性繼續承擔大部分育兒責任，除了自己的工作之外，還要從事「第二輪班」（second shift，出自社會學家亞莉·霍希爾德〔Arlie Hochschild〕），也就是做家事[19]。當然，這種雙重輪班對於獨自養育小孩的女性來說，是最沉重的。在美國，十八歲以下的小孩中有四分之一被單親父母養大，而且八二％是由母親帶大[20]。按照定義，這些女性肩負的負擔更重，但她們通常也不太想認真進入一段關係。

社會學家凱瑟琳・艾汀（Kathryn Edin）和瑪莉亞・克法拉斯（Maria Kefalas）在著作《我能遵守的承諾：為什麼窮女人把母親身分看得比婚姻重要？》（*Promises I Can Keep: Why Poor Women Put Motherhood before Marriage*）中表示，貧困社區中有許多女人已經把男人（包括孩子的父親）當成「**只是另一個要餵養的人**」，這與男人被期望的角色剛好相反[21]。由於女性的收入能力提高，男人就必須通過更高的門檻，才能成為丈夫候選人。與其跟一個經濟地位很差的男人交往，女人更可能選擇單身。正如艾汀和克拉法斯的民族誌研究闡明，許多女人認為「如果是要過得慘，我一個人就做得到了」[22]。

位於所得分配最低五分之一的那群人當中，有十分之七的母親現在是主要養家者——通常因為家裡只有一**個人**在養家[23]。這種家庭生活中逐漸變大的階級落差，顯示出經濟因素——尤其是男人的地位，無論是絕對的定義還是相對於女人而言——會影響家庭組成[24]。根據經濟學家奧托和華澤曼表示，沒讀大學的男性收入能力下降，就是結婚率下跌的原因之一[25]。

就算婚姻作為經濟制度已經弱化，它仍保有大部分的象徵性力量[26]。二〇一五年，經過長期抗爭之後，同性戀情侶終於贏得在美國結婚的權利。同婚合法的兩年內，同居同性戀情侶結婚的比例為五分之三[27]。不過，一個落差消失了，社會階級卻出現另一個落差。受過良好教育的富裕美國人，結婚率穩定維持在高水準，其他人卻全部下跌[28]。一九七九年，各社會階級的結婚率幾乎沒有差異，如今卻有很大的落差[29]。教育程度為高中以下、四十到四十四歲男性，結婚率在過去四十年來已經下跌二〇％以上，相較之下，受過大學教育的同年齡男性只跌了六％[30]。我的同事伊莎貝爾・索希爾（Isabel Sawhill）寫道：「家庭組成是美國階級結構的全新斷層線。」[31]

只有高中文憑的女性，生產時大多數都未婚（五九％）。但有四年制大學學位的女性，生產時只有十分之一是如此[32]。切林的研究顯示，受過大學教育的女性，就算生一個小孩時未婚，生第二個小孩時還是很有可能已婚，而且對象通常是這兩個孩子的父親。「受過大學教育的美國人，比起沒受過大學教育的人，更重視婚姻在家庭生活中的重要程度。」切林做出結論[33]。這裡有一個矛盾之處。**經濟獨立程度最大、教育程度和收入潛力很高的女性，如今也是最可能結婚、最能維持婚姻的女性**。我不認為斯泰納姆等人有料到事情會這樣發展。就連斯泰納姆最後也在六十六歲時結婚，她解釋道：「我們這個時代，婚姻是可以選擇，而不是被期望的。」[34]

我認為受過教育的美國人，已經將婚姻從一種經濟依賴的制度，轉型成為了育兒而成立的合資企業。這裡的婚姻主要是作為一種承諾機制，夫妻都要投入時間和金錢給小孩。我稱之為ＨＩＰ婚姻（high-investment parenting，高投入育兒）[35]。富裕、高教育程度的家長在職場上更有彈性、有更多錢可以外包家務，還有更多財富或信用可以換取在家裡的時間。就算其中一個人離開勞動市場，家庭財務還是撐得下去。我在第二章引用了一篇關於ＭＢＡ畢業生的研究，說明照顧小孩的時間怎麼形成性別薪資落差；這篇研究也發現，丈夫領最高薪的女性，最可能離開勞動市場[36]。這也凸顯出不同階級的男性地位差異：受過大學教育的男性，大多數都隔絕於勞動市場阻撓了許多人的衝擊之外。他們的薪資很高，而且正在上漲，因此仍然是有吸引力的結婚對象，即使對於在勞動市場發展良好的女性也是如此。然而，這些男性總體來說都沒有成為家庭主夫。

就算在階級頂部，兩位「人生勝利組」在分擔養家責任時也很有利。受過教育的美國人，也聽過並吸收了關於「家庭穩定對於兒童前景重要性」的訊息。職業男性已經現代化、足以成為好伴侶，卻不必放棄男性地位的傳統標誌，尤其是提供者這個角色。工資減少、就業前景打折的男人，生活則非常不同。**平等對於有錢人來說，比較容易辦到。**

家庭生活的階級落差，反映且增強了社會和經濟的不平等。高收入人士會傾注資源給家庭，且家庭中不只一名高收入人士；而低收入人士則比較不會這樣。經濟學家舒沙娜·格羅斯巴德（Shoshana Grossbard）和共同作者寫道：「若考慮到所有家庭，那麼這段時期（一九七三～二〇一三年）所增加的不平等情況，最主要成因就是男女維持單身的傾向增加了。」[37] 富裕的情侶也比較能夠投入更多資源給他們的小孩，結果孩子的命運出現分歧、女人的經濟責任和獨立性變大，且根據經濟學家謝莉·倫德伯格（Shelly Lundberg）與其共同作者的說法，越來越多男人變得「既沒負擔又沒方向」[38]。

很隨便的自我

少了劇本，許多男人別無選擇，只能即興發揮。但是要即興發揮出成功的人生，實在是一項艱難的任務。「穩固的男子氣概模範，將會包含相對高程度的一致性——大眾對於男子氣概的論點，以及男子氣概在公、私領域實踐之間的一致性。對於個別男性來說，將會有一種本體安全感[i]。」社會學家摩根寫道[39]。「我們想要什麼？本體安全感！什麼時候要？現在就要！」這句口號實在很遜，但其實這正是許多男性在追求的東西：更穩固的社會錨點（social anchor），以及該如何**存在**於這個世界的確定性。

艾汀率領一群質化研究人員，花了十三年時間，深入訪談四個美國城市的男性。在二〇一九年的成果論文「勞動階級男性的脆弱依附」（The Tenuous Attachments of Working-Class Men）當中，他們詳細記錄了成熟男子氣概的關鍵制度框架被逐漸削弱的情況，尤其是工作、家庭和宗教。艾汀與其共同作者寫道：「這些核心制度產生了依附、投入、參與和信念，在特定社會領域引導人類活動並給予意義。它們也將社會活動組織成常見的行為模式，並且支持讓這些模式合理化的規範、信念和儀式。」[40]

正如論文的標題所暗示，許多勞動階級男性，如今只能脆弱地依附在這些工作、信念和家庭制度上。在這些情況下，「少數人或許能夠打造比上幾代更有回報的人生，但大多數人將會過得很掙扎」[41]。結果，越來越多男人帶有「**很隨便的自我**」（a haphazard

i 編按：ontological security，一種穩定的心理狀態，來自對個人生活事件的連續性認知。

self，這個研究團隊的自創名詞），**在不同的規劃和優先事項之間搖擺不定，無法好好待在任何特定路線上，而且通常都會向後退**。

人類學家珍妮佛・席爾瓦（Jennifer Silva）將賓州無煙煤地區的某個小鎮命名為「煤溪」（Coal Brook），而在這座鎮上：「性別、工作和家庭的巨大轉變……已經撕裂了男人的生活，迫使他們急著把自己拼湊回來。」席爾瓦表示，二〇一六年總統大選前夕，這個地區對川普的看法很正面——為男人的男人（man's man）。席爾瓦表示，煤溪某些男性企圖在極為不利的情況下，「維持他們繼承的男子氣概——供給、保護、勇氣」[42]；有些男性則尋求替代管道以獲取男性認同，包括投入宗教或個別專注於自我改善；有些人屈服於白人民族主義[i]；有些人則藉由類鴉片藥物來短暫逃避。無論採取哪一種做法，根據席爾瓦的說法，他們都在試著「將自己拼湊回來」。

沒有人陪會瘋掉……

而且男性經常必須獨自摸索。男人的朋友比女人少，而且陷入孤獨的風險更大。近年這個落差變得更大，美國人生活調查中心（The Survey Center on American Life）在二〇二一年提出一份報告，確認男性有「友誼衰退」（friendship recession）的現象；一五％的男人表示自己沒有親密的朋友，而一九九〇年時只有三％[43]。毫不意外，這些男人也是最有可能表示自己感到孤獨的人。

發起這項調查的人是美國企業研究院學者丹尼爾・考克斯（Daniel Cox），他寫道：「一九九〇年，將近一半（四五％）的年輕男性表示，當他們面對個人問題時，會先向朋友求助。如今只有二二％的年輕男性會在艱難時刻依靠朋友，三六％的人說他們會先找父母。」[44]這或許是因為男人更可能跟父母住在同一個屋簷下。二〇一四年，每三名青年男性，就有一名與父母同住（三五％），比跟妻子或伴侶同住的人還多[45]，而女性則剛好相反。

我聽說過一位紐約單口喜劇演員，他開場的慣例是形容自己是「賴在家的兒子」，接

---

i 編按：white nationalism，主張白人是一個種族，致力於發展和維持白人民族與種族身分；在美國，該運動支持者辯稱，政府應透過嚴格限制移民、強迫非白人公民離開美國等方式，來保護占人口多數的白人。

著再用這個主題即興發揮。這就跟大多數笑話一樣，好笑是因為它帶有一個尖銳的真相。這些男性有許多都是「哥兒們樂園」（guyland）的居民——此名詞由社會學家麥可・基梅爾（Michael Kimmel）自創[46]。「出社會失敗」（failure to launch）可不只是比喻而已，而是事實。二〇二一年十一月，《週六夜現場》（*Saturday Night Live*）播了一齣悲喜交織的短劇：女人帶著她們的男性伴侶去「男人公園」，讓他們跟其他男人交際。「你的男朋友是哪一個？」一個女人問另一個女人。

為什麼男性之間的友誼變淡了？其中一個原因是男人對友誼的投入比女人少，而且通常會仰賴女友或妻子來組織社交生活，還把她們當成最重要的知己[47]。婚姻破裂的時候，女性似乎比較能夠維持並構築友誼網路[48]。歐內斯特・海明威（Ernest Hemingway）以及在他一百年後的村上春樹，都在短篇故事集當中用「沒有女人的男人」作為標題，這是有其原因的[49]。**只靠自己的男人很容易成為孤獨的男人**。約翰・史坦貝克（John Steinbeck）的小說《人鼠之間》（*Of Mice and Men*）中，角色克魯克（Crooks）說道：「男人需要有人陪。男人沒有人陪就會瘋掉……我跟你說，有個男人太孤獨，結果就生病了。」[50]

最極端的情況下，年輕男性會完全逃避社會。這個趨勢在日本最明顯，繭居族（家裡蹲）的人數已經多到引起全國擔心，政府甚至採取了一些線上支援形式的行動[51]。有些繭居族住在一個房間裡好幾年，這不算正式的醫學疾病，而且其中許多人也沒有明顯的精神疾病，但大家經常使用「嚴重的社會退縮」（severe social withdrawal）這個名詞來形容他們。根據日本內閣府的一項調查，這種現代隱士如今共有五十萬名以上[52]。

有些絕望的父母付錢給「出租姊妹」，請她們寫紙條或打電話給他們的繭居族兒子，希望這樣能引領他們回到主流社會。這些人並不全是年輕男性——至少現在不再都是了：有三分之一的繭居族超過四十歲。某種程度上，繭居族是在進行沉默的抗爭。

許多人認為這個國家的工作狂文化是造成他們退縮的原因之一，但危機是很明顯的，攝影師麥卡·艾蘭（Maika Elan）說道：「繭居族離開社會越久，越會意識到他們的社會失敗。」她為《國家地理》（*National Geographic*）的報導拍了很多繭居族的照片：「他們失去了所有自尊和自信，而且一想到離開家就更覺得害怕，把自己鎖在房間裡會讓他們感到『安全』。」[53]

有些學者擔心，以日本帶頭的此現象，可能會有其他國家跟進，已經有人建立一個組織來處理義大利繭居族[54]。美國研究人員、俄勒岡健康與科學大學副教授艾倫·泰歐

（Alan Teo），認為繭居族可能比許多人想像得更普遍。他用全新的二十五項問卷（HQ-25）來定義並測量這種症候群[55]。泰歐認為，就算完全退縮的男性相對來說很少，但有許多人在某些方面來說，是分布於「繭居族光譜」上的。「美國有許多二十出頭的年輕人住在地下室的房間裡，」他說：「他們通常都是年輕男性，在職場上苦苦掙扎，因出社會而苦苦掙扎，他們有些要素仍然卡在早期發展階段。」[56]

你是蒲公英還是蘭花？

你的孩子是蒲公英還是蘭花？我知道這個問題很怪，但心理學家就是用這些名詞去分辨小孩；有韌性、多半能夠應付逆境和壓力的小孩就是蒲公英，對自身處境比較敏感的小孩則是蘭花[57]。如果事情很順利，蘭花將會盛開，如果不順，他們就會受苦。心理學家仍在爭論蘭花／蒲公英二分法在個人層級上可以應用到什麼程度，但與此同時，社會科學家正在累積證據，證實男孩因為童年逆境而承受的苦果，比女孩更嚴重。

比方說，來自所得分配底層五分之一家庭的男孩，長大成人之後脫離貧窮的機率，比家境一樣窮的女孩更低[58]。假如霍瑞修・愛爾傑（Horatio Alger）[i]現在才要寫他的脫貧致富故事，他的主要角色就必須是女孩子。這不只是美國僅有的現象；在加拿大，出生於最貧窮家庭的男孩，長大成人後依然貧窮的比例是女孩的兩倍，這是紐約市立大學研究生中心（CUNY Graduate Center）經濟學家邁爾斯・科拉克（Miles Corak）的說法[59]。或許更驚人的是，貧窮家庭養大的美國男孩，在三十歲時從事有薪工作的比例比女孩更低。

「成人的性別落差根植於童年。」做了那份美國研究的切蒂與其共同作者寫道：「或許是因為童年時期家境貧窮、暴露於劣勢的社區中，對男孩而言特別有害。」[60]

男孩如果不只在貧窮家庭長大，還在貧窮地區長大，那他的表現就會特別差。越來越多證據顯示，社區對長期成果來說很重要。但是，社區對男孩的重要性似乎比女孩更大。比方說，男孩如果在高犯罪率的社區長大，他們的表現往往很差，而單親家庭比例較高的環境似乎對男孩特別不利。這就是為什麼，男孩在特定幾座城市過得特別差，包括巴爾的

i 編按：十九世紀美國小說家。畢生創作一百多部以「奮鬥與成功」為主題的小說，塑造了一系列出身寒微，但靠著自身信念、勇氣和進取精神堅強奮鬥，終於獲得成功的男孩形象。

摩、底特律、佛雷斯諾，但女孩的成果就比較不受居住地影響。但從好的一面來看，在父親比例很高的社區中長大的黑人男孩，成年後的前途會比較好。根據切蒂的說法，重點在於「社區對於男孩來說，比對女孩還重要」[61]。

教育方面也有類似的蒲公英／蘭花故事。對於母親教育程度較低、父親參與程度較低的男孩和女孩來說，他們從幼兒園開始的發展落差就會大很多。在高中，男孩的學業表現遠比女孩更加受到家庭背景（以收入、父母的教育程度和婚姻來衡量）影響[62]。男孩和男人在高等教育方面，也明顯受到較大的階級地位影響：從最貧窮家庭（也就是所得分配最低五分之一）出身的女孩獲得四年制大學學位的比例，比類似背景的男孩還高五七%，而且她們跟富裕家庭（前五分之一）出身的女孩只差八%[63]。在英國，大學入學率的性別落差，對那些有資格申請校園餐費全免的學生來說，差距是最大的[64]。

最後，男孩因家庭不穩定而受的痛苦更大，尤其是離開親生父親的那些男孩[65]。單親父母（尤其是單親母親）養大的男孩，在校成績和大學註冊率皆比女孩（包括他們的姊妹）更低，這有一部分是因為男女在課堂上的行為問題有很大的差異[66]。「家庭破碎的男孩表現特別差。」經濟學家貝特朗和潔西卡・潘（Jessica Pan）寫道[67]。史丹佛大學的卡麥隆・泰勒（Cameron Taylor）分析，男孩如果成功進入寄養家庭、而不是待在集體居住機構[i]，受到的好處也遠比女孩更多[68]。

因此，從所有角度看來，模式都很明顯：經濟和社會劣勢對男孩的傷害比對女孩更大。這是極為重要的事實，卻沒有受到足夠關注。男人的問題**助長**了社會和經濟的不平等，但不平等同時也**造成**了男人的問題。奧托和華澤曼寫道：「惡性循環或許會接踵而來，低教育程度男性的經濟前景不佳，對他們的兒子造成極大劣勢，因此可能增強下一代性別落差的發展。」[69]

新的性別經濟學

關於性別平等的主流陳述，幾乎完全限於女孩和女人的劣勢。但假如我們同時在種族和階級脈絡中考慮性別平等，就會浮現不同的局面。尤其在經濟階級底層，男孩和男人其

i 編按：Group home，提供結構化和監督管理的住所模式，為有複雜需求的人提供協助和醫療照護。

實落後於女孩和女人。「至少就社會流動性而言，公共政策需要參考新的性別經濟學。」科拉克寫道：「來自劣勢家庭的男孩和女孩，人生前途有著非常重要的差異。」若想要改善向上流動率或減少經濟不平等，就必須考慮男孩和男人的特有挑戰，否則，男性劣勢的模式將會跨世代重演。這對所有人來說都是壞事，包括女人和小孩，尤其是男孩。我們不只需要政策微調或快速措施，這些問題的根源很深，因此需要相稱的回應[70]。

好消息是，經濟不平等和男性萎靡之間的明確連結，提供了跨黨派行動的可能性。擔心男孩和男人的保守派，必須關心經濟不平等；而擔心不平等的自由派，也必須多關注男孩和男人。

第 6 章

無人聞問

政策沒有幫到男孩和男人

Policies Aren't Helping Boys and Men

「女生天生就比男生聰明，現在她們正在崛起。」大三學生強納森（Jonathan）說道，我們正在討論為什麼女生在大學的表現比男生好很多。「你也知道，男生再也沒有動機了，」他補充道：「這是心理因素。」

強納森與我在他家鄉密西根州卡拉馬祖市，一邊喝咖啡、一邊聊天。對於政策制定者來說，卡拉馬祖市是個特殊的地方，不只是因為格倫．米勒（Glenn Miller）[i]的歌〈我在卡拉馬祖把到妹〉（〔*I've Got a Gal In*〕*Kalamazoo*），也是因為該市有獨特的免費大學計畫。

拜一位匿名捐助人所賜，卡拉馬祖市 K–12 學校體系內的學生，在密西根州幾乎任何大學都不必付學費[1]。其他城市也有類似的措施，但卡拉馬祖承諾獎學金（Kalamazoo Promise）真的異常慷慨。這也是極少數受到嚴謹評估的獎學金，評估者是厄普約翰學會（Upjohn Institute）的三位學者：蒂莫西．巴蒂克（Timothy Bartik）、布萊德．赫許班（Brad Hershbein）和瑪爾塔．拉霍斯卡（Marta Lachowska）[2]。他們發現「承諾獎學金」造成了極大的差異——比其他同類計畫還大。

但平均效果掩蓋了一個明顯的性別分歧，這項計畫讓女性的大學畢業率突飛猛進，女性獲得學士學位的人數增加四五％，但男性的畢業率絲毫沒變。一份成本效益分析顯示，每位女性參與者總共賺了六萬九千美元（投資報酬率至少一二％）；相較之下，每位男性總共賠了兩萬一千美元（換言之，這個計畫又貴又沒用）。

哲學家伯特蘭．羅素（Bertrand Russell）說過，文明人的特徵就是擁有「為一列數字落淚的能力」。而對於政策專家來說，看完這些迴歸分析表上的數字，還真的滿想哭的。

但不只是卡拉馬祖承諾獎學金是這樣，我發現有非常多社會計畫，都對女孩和女人很有效，卻對男孩和男人無效。我會在這裡描述其中一些計畫，首先是教育和訓練，再來是就業計畫。我認為這是件大事，但幾乎沒人注意，尤其是因為幾乎沒人知道它。

我詢問赫許班，卡拉馬祖巨大性別落差背後的原因是什麼？因為赫許班是真正的學者，他的答案是：「我們不知道。」他的意思是，這個落差無法用統計解釋，至少無法用能夠輕易觀察的因素來解釋，像是測驗分數或家庭背景。我在第一章提過，男性的教育成果較差，原因仍是一大謎團，但**我認為強納森說這是「心理因素」，其實是正確的方向。**

i 編按：美國搖擺年代長號手、樂團領袖。

假如我們想要答案，不會在數據指標中找到，而是在年輕男性自己的心中找到。

這就是為什麼我會前往卡拉馬祖市，拜訪幾位「承諾獎學金」本來要協助的男性，或許他們會知道為什麼這個獎學金沒幫到忙。

教育措施：對男孩與男人無效

「我覺得自己在大學就像在浪費時間，我時常憂鬱，沒有太多動力。」另一位受訪對象夸馬里（Quamari）說道。他從卡拉馬祖谷社區學院（Kalamazoo Valley Community College）輟學後，找到一份銀行的工作，然後又被開除。於是他回學校念書，這次就讀的是位於蘭辛市的密西根州立大學，在原本的學校東北方七十英里處。

夸馬里希望一座較小、較寧靜的城市，可以讓他更輕鬆地K書。他說：「畢竟這裡沒有很多事情可做。」夸馬里追求高等教育的過程斷斷續續；輟學、轉學、重新開始。他的主修科目換了好幾次，從會計學到齒顎矯正學（他說：「我知道這聽起來很奇怪，但我喜歡牙齒，而且我有戴矯正器。」），再到室內設計，最後是社會學；現在他則想攻讀心理學，因為他發現音樂和藝術療法是未來可能的生涯跑道。

他的故事很符合某項研究的結果：男性在大學時期較三心二意，女性的路線則比較堅定[3]。「女生比較努力、做得比較好、問比較多問題。」他說，而卡拉馬祖其中一位成功男性傑倫（Jalen）表示同意。傑倫是畢業於西密西根大學的學士，他總是會設法加入女性居多的研究小組，因為「你就是知道她們會把事情搞定」。

另一份引起我關注的研究，評估了一個名為「堅持到底」（Stay the Course）的指導和支援計畫，由德州沃思堡市一間兩年制社區大學塔蘭特郡學院（Tarrant County College）所實施[4]。社區大學是美國教育體系的基石，服務了大約七百七十萬名學生，大部分都是中產階級和低收入家庭[5]。但這個部門有一個「畢業危機」，學生大約只有一半在註冊後三年內取得合格證書（或轉到四年制大學）[6]，許多社區大學的輟學生比畢業生還多。

好消息是，有些計畫，像是「堅持到底」，可以增加學生成功的機率；壞消息是，就跟這個沃思堡市的實驗性計畫一樣，可能對男性沒用——他們最有可能在一開始就輟學。沃思堡市這個措施「讓女性的副學士畢業率變成三倍」[7]，還真是個大發現，但就跟卡拉馬祖市的免費大學一樣，此措施對男學生的大學畢業率沒有影響。

為什麼？評估者還是只能用猜的。檢視這個計畫的學者之一詹姆斯．蘇利文（James Sullivan）說：「我們不知道。」[8] 又是這句話。但他的研究團隊有提到，被指派與學生合作的個案經理（他們被稱為「領航員」，這名字還真不錯）全都是女性。當一個計畫極度仰賴一段親密的一對一關係時，提供者和接受者的配對或許就很重要。這跟某份研究的結果是一致的：**當老師與學習者、指導者與被指導者的種族或性別認同一致時，結果通常比較好**[9]。

「堅持到底」計畫和卡拉馬祖承諾獎學金，只不過是幾十個對男孩或男人沒助益的教育措施的其中兩個，其他還有以下這些：

- 有人評估三個學齡前計畫——初學者（Abecedarian）、佩芮（Perry）、早期學習計畫（Early Training Project），發現它們對女孩有「巨大」的長期助益，但「對男孩沒有明顯助益」[10]。
- READS 是一個北卡羅來納州的夏季閱讀計畫，它「顯著」提高了三年級女孩的讀寫分數，等於讓她們的學習速度加快了六週；但它對男孩的閱讀分數「有著既負面又不顯著的效果」[11]。

- 在北卡羅來納州夏洛特市，參與抽選後就讀第一志願高中的學生，不但GPA比較高、修比較多進階先修課程，而且更可能接著就讀大學；但是，「這些整體效益全部都是女孩帶動的」[12]。
- 新罕布夏州有個為高三生設立的新指導計畫，讓註冊四年制大學的女孩人數幾乎變成兩倍，但它對男孩「沒有平均效果」[13]。
- 華盛頓特區和巴爾的摩的都市寄宿學校，提高了低收入黑人學生的學業表現，但只有女孩提高。評估者說道：「從字面上看來，分數的估計值意味著，我們的發現完全是由女性申請者所驅動。」[14]
- 阿肯色州和喬治亞州的大學獎學金計畫，增加了女性取得學位的人數，但對白人男性「效果平平」，對黑人和西語裔男性的效果「雜亂且高低不一」[15]。
- STAR計畫提供額外的學習支援和財務援助給大一新生，大幅提高了女性的學業表現（GPA變高、學分變多、留校察看率降低），但對男性「沒有效果」[16]。

諾貝爾經濟學獎得主、麻省理工學院的約書亞・安格里斯特（Joshua Angrist）研究了上述最後一個計畫，而且在這個領域花了很多時間。他告訴我，他對性別落差「沒有任何理論」（這是比較正式的「我不知道」）。我認為最主要的問題，就是參與度和動力都變低了——卡拉馬祖的年輕男性已經很清楚告訴你了，這些事情無法輕易從外部修正。

早在二〇〇九年，安格里斯特與其共同作者就寫道：「因誘因和服務的反應所產生的性別差異，構成了一個重要領域，必須進一步研究。」[17]他們確實有著手研究，但就我目前所見，沒人理會這個號召。至少這些結果顯示，政策制定者和學者必須對性別造成的效果差異，和計畫設計上的潛在含意更敏感。

當然，也是有計畫對兩性都有正面成果，像是另一個受到謹慎評估的社區大學指導計畫「副學士課程加速研修」（Accelerated Study in Associate Programs，簡稱ＡＳＡＰ），以及一些早期教育計畫等[18]。

但是，只要是有性別差異的領域，幾乎總是有利於女孩和女人。這個法則的唯一真正例外，就是職業導向的計畫或機構，它們對男性的助益似乎多過女性，這也是為什麼我們需要更多這種計畫。

就職訓練：結果令人失望

紐約市是「我做得到」（can-do）這個美國精神的都市表現。「能在紐約掙得一席之地，你就是成功的男人。」[19]馬克·吐溫（Mark Twain）寫道。因此這個地方非常適合用來測試一項新計畫，幫助更多男性掙得一席之地。薪水加（Paycheck Plus）實驗計畫提供最高兩千美元的工資獎金，給約三千名沒有小孩的參與者，其主要政策目標是提升就業率。MDRC研究集團[i]嚴謹評估這項實驗計畫，發現「它對女性就業率有相對較大的正面效果」，但「對男性沒有可察覺的效果」[20]。而且女性參與者還變健康了，男性則沒有[21]。

MDRC團隊表示，他們對男性的成果「有點令人失望」[22]。其實這樣還算輕描淡寫，畢竟這個計畫受到很大的期望，而且缺乏技能的男性，工資和就業率都在下降[23]。這裡也有較廣泛的政策意涵，薪水加被視為一次實驗，看看國家政策是否能轉變，讓沒有小孩的成人也能享有低收入家庭福利優惠（Earned Income Tax Credit，簡稱EITC）。

i 編按：非營利、無黨派的教育和社會政策研究組織，總部位於紐約市。

這麼做必定所費不貲，二〇二一年有個「重建美好未來」（Build Back Better）法案，內含一項類似的EITC擴展計畫，每年要花一百三十五億美元[24]。

EITC擴展計畫有個明確目標，就是幫助缺乏技能的男性。曾任美國前總統比爾．柯林頓（Bill Clinton）和歐巴馬的國家經濟顧問的金．史伯林（Gene Sperling）主張：「這個政策變化對於激勵年輕男性來說非常重要……讓他們參與正規經濟[i]。」[25]但薪水加實驗計畫的結果顯示，受到較高的工資補貼所吸引而投入職場的單身女性，可能比單身男性還多。先說清楚，我不是說這樣不好，只是這並非這項改革所聲明的最主要目標。

如果工資補貼對男性沒什麼用，那勞工訓練呢？遺憾的是，關於這一點的評估研究，你讀了會很難過。我們很難找到有哪個由政府資助的訓練計畫，是對所有人（無論男女）都有用的[26]，但少數幾個有可觀效果的計畫，通常都偏向女性：

- 密爾瓦基市有個由政府與民間合作資助的訓練計畫，對於參與滿兩年女性的就業率和薪資，有著統計上顯著的正面影響，對男性則沒有[27]。
- 勞動力投資法案（Workforce Investment Act）贊助的流浪勞工計畫，「對女性參與者有更大的助益……每季加薪幅度超過男性參與者」。訓練對於女性的薪資和就業，也有較大的長期正面影響[28]。

- 一九八二年的職業訓練夥伴法（Job Training Partnership Act）所資助的職場訓練和求職輔助計畫，對女性參與者的薪資和學歷有「顯著的正面影響」，對男性則沒有[29]。

正如我所說，整體而言，有效的訓練計畫非常少。但就算是少數有正面影響的計畫，通常都有性別落差。如果訓練計畫有效，一般來說對女性有效，對男性不一定有效。

關於政策介入措施的評估研究中，有一個清楚且反覆出現的模式，那就是措施對女孩和女人的效果，比對男孩和男人更大，這對於研究和政策有著深刻的含意。最明顯的是，評估者必須納入因性別而異的結果。如果找到差異，就要凸顯這些差異，但目前通常沒什麼人注意。有人評估過民間參與公共事業（Public Private Ventures）實施的三項民間參與

i 編按：formal economy，與非正規經濟（informal economy）相對，是受到政府全面監管和法律保護的經濟活動。

公共訓練計畫，並透過阿斯彭研究所（Aspen Institute）發表研究摘要，但裡頭沒提到成果中的性別落差[30]。就算是在主報告中，讀者仍必須讀到第七十二頁附錄D的表五才會看到差異[31]。

由於證據顯示，許多計畫對於半數人口是沒用的，所以政策制定者若沒去質疑這筆錢是否花對地方，那就是不負責任。這裡肯定有足夠的證據，能夠挑戰那些有利於「性別盲」（gender-blind）計畫和服務的假定。你都說研究的發現很「令人失望」了，卻只是聳聳肩、繼續砸錢，這樣沒有好處。

無法被量化的志向落差

當然，最難解的問題，就是為什麼這些措施對男孩或男人沒用，以及換成什麼措施或許有用。關於這件事的經驗證據很薄弱，不過泰瑞斯（Tyreese）——一位努力讀完卡拉馬祖的社區大學的年輕黑人男性——已經認真想過這個問題；泰瑞斯正是卡拉馬祖承諾獎學金想要幫助的人。他父親在五歲時過世，有兩位親兄弟正在坐牢，他觀察到周遭男女之間有四大差異：第一、動機：「女生的動力很強。她們知道她們必須養家。」第二、獨立：「她們沒那麼需要戀愛關係，她們可以自立自強。」第三、堅持不懈：「當事態變得艱難，男生比較會逃跑，但女生不會。」第四、規劃：「女生傾向活在未來，男生傾向活在當下。」動機、獨立、堅持不懈、規劃，全部結合在一起，難怪女生在學校表現比較好，至少泰瑞斯是這樣想的。

對我而言，幾乎無法被量化的動機和志向，顯然是這段故事的重點。年輕女性那股想要把握機會的熱情，遠比年輕男性還大。再舉一個例子，近幾十年來，出國留學這件事變得更受歡迎（至少直到新冠疫情之前），現在越來越多大學生拿著護照和會話手冊飄洋過海，而最常去的是歐洲[32]。

去其他國家待幾個月是很棒的機會，何樂而不為呢？美國外國研究學會（American Institute for Foreign Study）以及國際教育協會（Institute of International Education）共同提出一份報告，讚頌出國留學的價值[33]。當然，這兩間機構會讚揚出國留學的好，並不讓人意外；不過，這些機構說得好像也沒錯，雇主似乎喜歡眼界更廣的畢業生，而且在國外磨練出來的技能，有些似乎在人生中也很實用。但驚人的是，女學生出國留學的比例是男同學的兩倍多[34]，在歐洲國家也有類似的落差[35]。或許你會想：「是哦？但這或許只是因為女生主修的科目（像是語言和藝術），提供的出國留學機會比較多吧。」但沒有這回事——所有科目都有這種性別落差。

這個落差又把研究人員難倒了。我們只知道女性似乎會因為各種因素而有出國留學的念頭，例如父母受過教育，或是修的課程聚焦於人類的多元性和差異，但這些因素對男性都沒有任何影響。**有一件事確實會影響男性是否決定要出國留學，就是「同儕互動」，但這個影響是負的**[36]。**男人似乎會鼓勵彼此留在原地，而不是上路出發**。這份報告強調，出國留學的學生群體應盡量多元化且具代表性，並為此認真降低非白人學生的門檻——現在，他們占全體留學生的十分之三。然而，這份報告沒提到的是，女性留學生對男性的比例是二比一。

不只留學有這種現象，年輕女性似乎普遍更具冒險精神。同樣的二比一性別不平衡，也出現於和平工作團（Peace Corps）和美國志願隊（AmeriCorps）的報名人數[37]，英國海外志工服務計畫（Voluntary Service Overseas）的落差甚至更大[38]。現今年輕女性的眼界比男性還廣，請忘掉關於男人的一切刻板印象吧，如浪跡天涯、雲遊四海……現在女人才是探險家。

一如往常地，沒人能夠好好解釋究竟是為什麼。這可不是因為男人的機會比較少，而是因為他們沒有掌握機會，而問題似乎是動力、志向和動機減少。但這並非憑空發生。我認為這是所有結構性挑戰共同造成的。

我已經表明教育體系比較不適合男孩，而且勞動市場對於男人來說也變得更難立足；但也有更深的文化面原因，尤其過去幾十年，男女之間的權力關係經歷了劇烈的重新平衡，已經使舊式的男子氣概（尤其是養家者的地位）過時，但目前還沒有任何東西可以取代舊模式。

卡拉馬祖的夸馬里反思：「女生變得更獨立、更固執、更願意打拚。她們知道自己需要其他選項。」夸馬里承認他在這個新世界過得很掙扎，他支持平等，但他也是基督教徒，受到的教導就是男人應該當家。**他在別人要他成為的男人，以及如今這個世界需要的男人之間拉扯著。**

他不是唯一如此掙扎的人。有一條共同的思路貫串了男性面臨的諸多挑戰，那就是女性經濟獨立所帶來的文化衝擊。若要了解男孩和男人發生什麼事，我們需要人類學家的程度，就跟需要經濟學家一樣。而且，我們需要願意面對事實的政策制定者，他們需要正視事實哪些計畫效果最好的事實，否則就會出現危機——有些男孩和男人將不只是落後，而是淪落到我們愛莫能助的下場。

第3部

生物學與文化

BIOLOGY AND CULTURE

第 7 章

養成男人

先天和後天一樣重要

Nature and Nurture Both Matter

每個宗教都有一個故事，說明為什麼人被分成男性和女性。猶太教和基督教說一切始於亞當和夏娃，伊斯蘭教的神學說男性和女性是來自同一靈魂的「天生一對」，在印度教傳說中，梵（Brahma）要求樓陀羅（Rudra）分成男性和女性，才能繼續創造。這些關於創造的故事反映出人類生物學中最基礎的二分法：男性和女性。

生物學上的性別差異，不只形塑我們的身體（包括大腦），也形塑我們的心理。我們並不是一張白紙。有些差異的重點在於「發展時機」而不是「最終結果」。例如，我已經描述過女孩的大腦比男孩早熟得多，這也是教育方面性別落差的原因之一；但很多差異是持久的，男人通常比女孩和女人更具攻擊性、更敢冒風險，性衝動也更高[1]。當然這並不是全面性的清單，有些其他特質也是男性比女性更常展現，例如男性對「東西」比較有興趣，但女性對「人」比較感興趣；男人在車庫修東西時，他的太太則跟朋友閒聊[2]。不過，攻擊性、風險和性愛，是三個最明顯的差異，也是我會在這裡多做討論的面向。

在本章，我會描述關於先天性別差異的證據，尤其是攻擊性、風險和性衝動。接著我會主張，我們的「直接環境」和「更廣泛的文化」都非常重要，這兩者形塑了生物學差異的發展與表現方式。而職業選擇，尤其是所謂的「STEM矛盾」，剛好證明我們必須同時考慮直接環境和更廣泛的文化。先天和後天都很重要，而且也以重要的方式互動，我認為我們可以安心地把這個累人的爭論放一邊。最後，我會指出徹底無視生物學會造成什麼危險，尤其是心理學之類的應用領域。

然而，「性別差異是有先天基礎的」，這個概念受到政治面的指控。所以我最好立刻提出警告。第一，雖然某些特質跟其中一個性別更有關聯，但分配是重疊的，尤其是成人。心理學家史都華．利奇（Stuart Ritchie）與其共同作者利用ＭＲＩ掃描檢視性別差異，樣本為五千名以上的英國人（迄今同類研究中規模最大的）。他們得出的結論是：「即使是有著巨大性別差異的大腦數值，男女之間也都有重疊之處：即使在大腦總體積有巨大差異的情況下，還是有四八．一％的樣本重疊。」[3] 換言之，差異是雌雄二型性的（dimorphic）——雖有不同，但有重疊——而不是二元性的（請參考我在第二章提到的二分化直覺偏誤）。例如，一般男性冒風險的意願比一般女性更大（尤其在青春期），但仍有些女性比男性更愛好風險。大多數研究發現的最大差異，都是位於分配的尾端，而不是多數人都這樣。**最**具攻擊性的人大多數都是男性，但總人口的攻擊性差異則小很多。

第二，這些性別差異可能會因為文化而放大或減少。有些文化崇尚暴力，有些則沒有。假如我爸媽是幾千年前的斯巴達人，我肯定會更具肢體攻擊性，但這種特質在我現在工作的布魯金斯學會派不上用場。這些文化差異對於先天傾向怎麼透過行為表達、表達到什麼程度，都非常重要。文化和生物學並不是分開發展，而是共同演化的；無論生物學還是文化，都無法把整個故事說清楚，不過，若想要維持生物學的定位，去理解其角色是必要的。

盧安·布里森汀（Louann Brizendine）在她的著作《女性大腦》（*The Female Brain*）中寫道：「生物學確實代表了我們的人格和行為傾向，如果我們以自由意志（和政治正確）之名，試圖否認生物學對於大腦的影響，我們等同開始對抗自己的天性。假如我們承認生物學受到其他因素影響……就能避免它創造出一個固定的現實，使我們受到這個現實支配。」[4]

第三，這些性別差異對二十一世紀日常生活的影響通常都不大。現在有比這個大很多的行為驅動因素，不只包含了文化動力，還包含了個人動力。幸好現代社會有更多容許個性的空間，擺脫「怎樣才像個男人／女人」的狹窄定義，對社會和個人而言都是進步的象徵。但我們不必否認任何先天差異，而是要負責任地處理。神經科學家吉娜·里彭（Gina

Rippon）警告：「只要相信生物學，你對人類活動中固定且無法改變的本質，就會有一個特定的心態。」[5] 但我們完全有可能相信生物學、卻又不會盲目地假設「人性固定且無法改變」或「文化和環境無關」。針對生物學的問題，負責任的科學家通常既不是徹底的決定論者，也不是徹底的否定者。真正的爭論不是生物學是否重要，而是生物學**有多麼**重要，以及**什麼時候**很重要。

第四，平均性別差異，並不能成為性別不平等制度化的正當理由。有人害怕生物學會被用來提供性別歧視的智識基礎；這種恐懼是有充分理由的，看看我們的歷史就知道了。如果先天差異的證據握在錯的人手上，確實有可能被用來當成壓迫的正當理由，但全盤否定科學也無濟於事，真相最後肯定會反咬你一口。

有點無聊的真相是，男性氣質在某些背景下較有用，而女性氣質在其他背景下也較有用，而且任一組都沒有在本質上比另一組更好。

第五，群體之間的平均差異不應該影響我們看待個體的方式。這就是大多數人所說的「刻板印象」，而經濟學家稱之為「統計歧視」。即使平均來說，女性天生就稍微更具關懷心（她們確實如此），但這不代表我的兒子就無法成為優秀、有愛心和同理心的幼童教師（他確實是）。你應該也可以想到某些比較沒有關懷心的女性，假如你在招聘一個很需要關懷心的職位，你必須聚焦於個人，而非性別。

因此，重要的是正確看待生物學的角色，而且小心避免誤用。人們總有屈服於「自然主義謬誤」的危險，假設所有自然的事物必定是好的；但否定或摒棄先天性別差異的現實，並沒有幫助。「我希望我的女兒和兒子了解一件事：兩性之間有些差異並非文化塑造，反而更加基礎，根植於演化和生物學。」人類學家梅爾文．康納（Melvin Konner）在《畢竟是女人》（*Women After All*）寫道：「我不希望我的四個小孩——或我每年教的上百位學生、任何年輕人、或任何人——因為漏掉這項事實，而承受極大的劣勢。」[6]

睪酮和攻擊性，關聯有多強？

在多數宗教創作的神話中，男性都比女性早出現，這實在很諷刺。在生物學上，情況剛好相反：最早出現的是女性。最初所有人類、哺乳類的基因計畫都是為了女性而訂。在XY的組合中，短小精悍的Y染色體的工作，就是打斷那個謹慎擬定的女性計畫。

牛津大學的遺傳學家布萊恩．賽克斯（Bryan Sykes）表示：「男人基本上就是基因改造過的女人。」[7]

Y的第一項任務（受精後七週）就是讓睪丸成長。接下來，胚胎受到雄性素睪酮的洗禮，使其朝著男性發展。雄性素將大腦男性化。接著，在塞爾托利氏細胞中的SOX9命令下，兩個基因（染色體19p13.3上的AMH，以及染色體12上的AMHR2）聯手壓抑女性生殖器官的發展。然後男性荷爾蒙會休息幾年，直到青春期，當身體再度需要睪酮及其他東西讓陰莖和前列腺成長時再發動。

決定性別的過程異常複雜，而且幾乎每次都能依計畫進行，實在令人驚奇。我們幾乎所有人生下來都很確定是男性或女性。罕見情況下，XX胚胎會比正常狀況暴露於更多男性荷爾蒙（可能是基因異常，或懷孕期間服用特定藥物的結果），這可能會被定義成**雙性人**（intersex），而非男性或女性。

康納表示：「性發展光譜上的這一段，就像異國情調的玻璃雕像——雖然很小，但既美麗又奇特。」[8]然而在歷史上，大家通常把雙性人當成「奇特」而非「美麗」來看待，所以雙性人遭受迫害、非自願手術及羞辱[9]。就算是現在，他們的人權也經常受到侵犯。雙性人並沒有單一定義，其普遍程度也有各種不同估計值，但根據最廣泛的定義，合理的最高估計值約是每一百人就有一人[10]。擁有較多典型女性解剖構造的雙性人，出生時通常被歸類為女性，但許多人其實對男性身分比較自在，而且通常之後就會轉換[11]。這提供了重要的證據，證明性是由子宮內發生的事情敲定，而不是出生後才決定。

男性大腦的睪酮洗禮所造成的一個結果，就是讓男性有較大的肢體攻擊傾向，不只是人類，而是幾乎所有靈長類和哺乳類都這樣。在所有文化和年齡，人類男性都更具有肢體攻擊性[12]。男孩在十七個月大時（請注意，不是十七歲），頻繁出現攻擊性的比例是女孩的五倍[13]。這個落差會逐漸擴大，直到成年早期才會再度縮小[14]。放眼全世界，男性犯下了九五％的謀殺罪，以及壓倒性多數的其他暴力行為，包括性侵犯[15]。

但睪酮、男子氣概和攻擊性之間的關係很複雜，其中一個原因是，睪酮似乎不會直接觸發攻擊性，而是放大它[16]。至於放大到什麼程度，多半取決於客觀環境。卡洛爾・胡文（Carole Hooven）在其著作《睪酮：支配與區別我們的荷爾蒙的故事》（*T: The Story of Testosterone, the Hormone that Dominates and Divides Us*）中表明，男孩和男人的先天攻擊性傾向雖存在，但不一定會表現出來。我們不是細胞的奴隸。

還有一點也很重要：大多數社會的暴力程度已經隨著時間大幅降低，而且現今各國的犯罪率有很大的差異。「雖然這些因素都很重要，但不能用它們來證實睪酮和攻擊性之間的關係很薄弱。」胡文寫道：「這些因素是在告訴我們，這件事很複雜，而探討這段關係怎麼運作的研究也是如此。」[17]沒有人否定文化和社會化很重要，否則就很難解釋不同地區、不同時代之間男性暴力程度的巨大差異，但否定這裡提到的生物學因素（尤其是男女之間的差異）的話，其實也一樣傻。

「陰莖過剩」使男人鋌而走險

這些性別差異可不是由巨大的意外造成的。正如英國動物學家德斯蒙德・莫里斯（Desmond Morris）所說：「人類是崛起的猿猴，而不是墮落的天使。」[18]我們能夠遺傳下去的特質，就是在生殖方面有效的特質。這就是性擇[i]的目的。男性和女性的最佳生殖策略不同，因為我們的心理會產生長期的後果，例如，男性對風險的渴望更大。喬伊斯・貝南森（Joyce Benenson）在其著作《戰士與擔憂者：性的生存之道》（*Warriors and Worriers: The Survival of the Sexes*）中表明，這並不是社會建構，歷史上所有已知的社會都能找到其蹤跡[19]。「性差異幾乎存在於所有風險被研究過的領域，男性參與的高風險事務比女性多，」一群研究領導風格的學者寫道：「從狩獵採集者到銀行執行長都有類似發現。」[20]

就跟攻擊性一樣，風險愛好是有著明確演化史根源的男女心理差異之一。冒風險對男性來說更有意義。但是，為什麼？老實說，是因為男性生殖的比例比女性低很多。事實上，我們的女性祖先人數是男性祖先的兩倍[21]。你可能要花一分鐘才能想通這件事，畢竟就遺傳的角度來說，每個人都一定有一個母親和一個父親，但一個男人當然可能跟許多女人生小孩，而其他男人可能完全沒生。這正是歷史上發生過的事情，成吉思汗（如今每兩百人就有一人的祖先是他）或許是最有名的例子。禮貌一點的說法是：「男性生殖成功率的差異比女性更高。」[22]心理學家羅伊・鮑梅斯特（Roy Baumeister）則更加直言不諱：「為了讓生殖最大化，一個文化需要所有能找到的子宮，但能夠勝任這個工作的陰莖卻很少。通常都有陰莖過剩的情況。」[23]

再加上大多數人類社會都是一夫多妻制，男人可以有好幾個妻子，最後便會出現哈佛大學演化心理學家約瑟夫・亨里奇（Joseph Henrich）所說的「過剩男人的數學問題」[24]。於是風險就登場了。男人如果有被演化淘汰的危險，就會願意認真冒風險求偶，或許是犯罪以獲取更多資源，或是打一場有利可圖的戰爭。就算成功率只有一半，對男人來說也已經很棒了，否則他不太可能會有小孩。亨里奇寫道：「結果男人的心理就轉變了，激起更凶猛的男男競爭。」

關於這個說法的近期證據，來自一份中國一胎化政策的研究；這個政策在不同時間、不同省分推行過，提供機會給研究者檢視其影響。因為家庭偏好生男孩，所以一旦落實這項規定，性別比例就會急遽傾向男性。經濟學家莉娜・愛德倫德（Lena Edlund）表示，該政策在各地區推行十八年後，也就是過剩的男孩變成男人時，犯罪率就開始上升。而且不是稍微上升，逮捕率幾乎變成兩倍[25]。愛德倫德的研究成果凸顯了一個關鍵點：**即使男性心理上更愛好風險，但通常只有在競爭激烈的環境下，才會變成反社會形式的愛好風**

i 編按：sexual selection，首先由查爾斯・達爾文（Charles Darwin）提出，自然選擇的模式之一，雄性和雌性個體用以增加選擇配偶能力的適應變化。

險（像是犯罪）。

不必多說，男性對風險的態度帶來了許多不利因素。當我用中年父親的眼光，回顧我跟男性朋友在青少年時期玩的「遊戲」，居然感到不寒而慄。其中最勁爆的一個遊戲是：在高速公路上的卡車開過來時，比賽誰敢最後一個衝到對面（我從來不是最後一個），但男人這種賭命的意願也有一些好處。男人對於冒險拯救他人似乎展現出更大的意願，而這在演化方面非常有道理，因為女性的身體對生殖而言的重要性相對較大。

每年卡內基英雄基金會（Carnegie Hero Fund，成立於一九〇四年）都會頒發獎章給見義勇為的民眾，特別是冒著生命危險拯救陌生人的人。二〇二一年，七十一枚獎章中有六十六枚頒給男性[26]。那一年的得獎者包括盧卡斯·西爾弗里歐·門多薩（Lucas Y. Silverio Mendoza），當時十九歲，試著引導一位三歲小孩逃離失火大樓時死亡；以及十七歲的克里斯蒂安·亞歷山大·布爾戈斯（Christian Alexander Burgos），在拯救一位九歲男孩與其母親之後溺斃。

我們可以設法減少男性更願意冒風險的不利之處，但也要鼓勵並讚揚這麼做所帶來的好處。正如人類學家米德所寫：「未來的任務應該被如此組織，以至於一個人不太可能為國捐軀時，還是有可能為了所愛的事物冒險。」[27]（然而，正當我寫這段的時候，戰火肆虐的烏克蘭境內，為國捐軀的可能性實在太過真實。）

男女性衝動的表現差異

由於男女心理之間的差異，大部分都是透過性擇展現出來，所以男女之間的最大差異跟性本身有關，或許就不令人意外了。根據生物學上的事實，男人就是比女人精力旺盛——也可以說，男人的衝動性慾（driven sexuality，康納自創的名詞）比女人更強[28]。有人全面檢視了一百五十份研究，發現了壓倒性證據，能證實男人的性衝動較高：「這反映在對於性愛頻率的自發性想法以及各種性幻想、渴望的交媾頻率、渴望的伴侶數量、自慰、對於各種性行為的喜愛、放棄性愛的意願、主動邀請或拒絕性愛、為了性愛而犧牲以及其他指標中。」[29]正如電影《城市鄉巴佬》（*City Slickers*）中，比利・克里斯托（Billy Crystal）飾演的角色所說：「女人做愛需要理由，但男人只需要地方。」

而這種差異也有很合理的演化理由。男人無法留下後代的機率，比女人高很多，因此他們必須準備好掌握任何生殖機會。性別差異醫學基金會（Foundation for Gender-Specific Medicine）主任瑪麗安娜・萊加托（Marianne Legato）寫道：「生理上，處於壯年的男性，本能上會處於『近乎隨時都準備跟環境中任何可能受孕與生小孩的女性交配』的狀態。」[30]這也是為什麼萊加托等人會將勃起健康視為男性整體健康的指標。

男性性衝動的商業化，早在有歷史紀錄以來就出現了。在拉丁文中，「倡伎」[i]有二十五種說法[31]。買春的幾乎都是男性，而且現今美國有將近一百萬名倡伎，遠遠超過神父和牧師的數量[32]。紐約有一份研究發現，只要有一間脫衣舞俱樂部或是伴遊公司開張，周圍社區的性犯罪率就會下降一三%[33]。根據都市學會針對八座城市的研究，性交易的金流比毒品和槍枝加起來還多[34]。男性性衝動的現實，意味著無論我們喜不喜歡，性工作者將會永遠與我們共處。政策制定者應該認清這項事實，而不是異想天開地想要改變男性的性慾（賣淫除罪化是不錯的做法，尤其是改善性工作者本身的境況[35]）。

色情作品也不是什麼新東西。二〇〇八年，有人發現了一根可以追溯到約三萬五千年前的象牙製色情小雕像[36]。每次科技革命（從印刷媒體到攝影機和電影）都意味著色情作品變多。但網際網路更是推波助瀾。二〇二一年，兩個最大的線上色情片網站 PornHub

和 XVideos，光是在美國，每個月分別吸引了六億九千四百萬和六億四千萬名訪客，比Netflix（五億四千一百萬）或 Zoom（六億三千萬）還多。英國兒童委員辦公室（Office of the Children's Commissioner）做了一項全面性審查，其標題精準地總結了此情況：「基本上，色情片無處不在。」[37] 當然也有些女性會看色情片，但比男性少很多[38]。

《紐約客》（*New Yorker*）寫手、CNN評論員傑佛瑞．圖賓（Jeffrey Toobin），在一次漫長的 Zoom 會議期間自慰被看到，因而出名。我大多數女性朋友的反應是：「他到底在想什麼？大白天在開會的時候自慰？」而大多數男性的想法則是：「他到底在想什麼？不先檢查攝影機有沒有關起來？」我認為色情片之所以造成這麼強烈的負面反應，其中一個理由是它凸顯了男性性慾的本質。據說，一般年輕男性每週有二到三天會看色情片，幾乎一定會邊看、邊自慰，而且通常都撐不久（平均似乎是六分鐘）。男性如果有穩定的性關係，邊看色情片、邊自慰的次數就會少很多[39]。跟電玩一樣，問題只出在少數成癮的重度使用者。

i 編按：作者在此使用 prostitute，本書譯作「倡伎」而非「娼妓」，以包含各種性別的性工作者。

不必多說，無論好壞，文化大幅影響了男人衝動性慾的表現。年輕男性從周遭文化所學到最重要的事情之一，就是如何用適當的方式表現他們對性愛的渴望。但男性性慾較強是生活中的現實。

我們是文化動物

我希望我已經說服你，雖然生物學上的性別差異對行為並沒有決定性，但它們很重要，否定它幾乎沒好處。不過，我們的環境和文化也很重要，這不是先天「或」後天，而是先天「與」後天。

「我們沒有『免於演化的自由』。」都柏林聖三一學院的神經遺傳學家凱文・米歇爾（Kevin Mitchell）寫道：「但我們也不是肉做的機器人——行為可由幾個旋鈕或開關決定，獨立於任何社會力量之外。」[40] 此領域某些有趣的研究顯示，我們的直接環境（尤其是童年期間）會形塑遺傳傾向的表現方式。比方說，生長於有壓力或不穩定家庭環境，似乎會影響大腦代謝血清素，而血清素能協助減少攻擊性行為[41]。

一對雙胞胎如果有不同的人生軌跡，就會影響風險愛好相關基因的抑制或擴大程度[42]。父親坐牢的孩子，端粒（telomere，染色體末端）長度會變短，這會增加成年健康問題的風險。男孩的基因如果對環境很敏感，那麼當他們的親生父親離家時，他們的表現就會變差，但假如親生父親加入家庭，他們也能受到最多益處；這個例子告訴我們，擔任蘭花可能對自己有益，也可能有害[43]。物理生物學和社會環境之間既複雜又雙向的關係，還有數不清的例子。

生物學很重要，不代表文化就比較不重要。事實上，生物學讓文化變得更重要。文化決定我們怎麼管理、傳遞與表現許多先天特質（我已在這裡描述過）。生物學影響文化，但文化也影響生物學。正如心理學家亨里奇的主張，「先天和後天共同演化」的思維是最合理的，他說：「文化重接了我們的大腦，改變了我們的生物學，而且沒有改動隱含的遺傳密碼。」[44]比方說，當人類學會怎麼用火，我們就開始吃更多肉，而我們的消化系統就適應了。讀寫能力改變了許多人的心理，使他們變成亨里奇所說的WEIRD（西方〔western〕、受過教育〔educated〕、工業化〔industrialized〕、富有〔rich〕、民主〔democratic〕）。

一個驚人的例子，是婚姻所扮演的角色；亨里奇有點粗暴地形容婚姻是「睪酮抑制系統」[45]（我的婚姻已經維持將近三十年）。年輕單身男性的睪酮水準最高，而睪酮較高的男性，其實更可能成為父親。但男人只要跟妻小定下來，睪酮水準就會下降，而分擔較多育兒責任的男人下降得最多。有一群學者研究了這項證據，結論是：「人類男性有著演化過的神經內分泌結構，它是塑造來幫助他們擔任父親和照顧者的角色，而這個角色是生殖成功的關鍵因素。」[46]

這裡也有更廣泛的社會意涵，單配偶制婚姻制度普及之後，直接參與養家的男人就變多了。睪酮水準降低所造成的集體影響，就是大幅降低整體的男性暴力程度。關於生物學、直接環境和更廣泛文化之間的複雜互動，這就是個好例子[47]。

脆弱的男子氣概

人類學家全都同意：男性氣質很脆弱。女性氣質更穩固，因為女性在生殖方面的特定角色使其更堅定。女性主義人類學家雪莉・奧特納（Sherry Ortner）寫道：「事實很簡單，女性的身體空間有較大的比例、壽命當中有較多百分比的時間，都耗費在物種生殖的相關自然過程。」[48] **女性氣質多半由生物學決定，男性氣質多半由社會結構決定，這就是為什麼男性氣質比女性氣質更脆弱**。上一次發生「女性氣質危機」是什麼時候？沒錯，從來沒發生過。

男性氣質受到行為定義的程度，就跟生物學一樣。「我很早就學到，一名男性做了什麼……比他是誰更重要。」英國精神科醫師安東尼・克萊爾（Anthony Clare）在其著作《關於男人：男性氣質的危機》（*On Men: Masculinity in Crisis*）中寫道[49]。克萊爾特別提到現代資本主義社會的有薪工作，但這個總體觀察幾乎適用於所有已知人類社會。男性氣質是一種持續性的成就，而不只是一個里程碑。在許多文化中，成年儀式（通常涉及身體方面的威脅或風險）是表示男孩轉變成為男人的過程。正如美國詩人倫納德・克里格爾（Leonard Kriegel）所寫：「**在所有年齡層，男性氣質都必須被贏得**。」[50]

但有可能贏得的東西，就有可能失去，所以才會脆弱。男性氣質的形成，對任何社會（尤其是像我們這樣的社會迅速變化時期）都是重要的文化事務。「男性氣質是一份象徵性的劇本，一個文化結構。」人類學家吉爾摩寫道[51]；他同時也說：「真男人並不只是像蝴蝶一樣，隨著時間自然而然地從男孩子氣的蛹之中羽化；他們一定是從青春的殼當中，被別人千方百計哄騙出來，再被塑造、培養、勸告、督促成為男人。」[52]這並不是在暗示，男人的養成只有一份藍圖。「男人必須被養成」不代表指導方法只有一套，成為「真男人」的條件會因為文化而產生極大的差異。

人類行為受到各種先天（我們在生物學上的本能）、後天（周遭文化給我們的指示）以及動力（我們的個人主動性）的驅使。人類生活中大部分的戲劇性場面，都源自這三股力量之間的張力。正如威廉·莎士比亞（William Shakespeare）在《科利奧蘭納斯》（*Coriolanus*）中宣稱：「我永遠不會當個服從本能的臭小子，而是一個頂天立地、自己做主的男人，而且六親不認。」[53]

他試圖無視自身的天性——那如同雛鵝般的本能——以及對親人的社會責任，一意孤行地走自己的路。當然，他失敗了。沒人能夠擺脫生物學或文化，成為完全自主的原動力。就連受到啟蒙的現代人，骨子裡仍是動物，我們唯一能做的就是取得適當的平衡。好消息是，隨著社會進步，先是文化、再來是個體動力，都會變得越來越重要。我們的人生選擇變得更多采多姿，但我們不應該犯下科利奧蘭納斯的錯誤，認為自己能夠逃離文化。

鮑梅斯特在《文化動物》（*The Cultural Animal*）中主張，我們是為了文化而演化：「**人類是被塑造出來的——先被基因塑造，再被社會環境塑造，只為了活在文化中。**」[54]

文化扮演著特別重要的角色，將男人的精力導向正面的社會目標，尤其是教導他們照顧別人。但米德警告：「這種學來的行為很脆弱，在不再有效傳授它的社會條件下，可能會輕易消失。」[55] 我們應該聽從這個警告。

STEM的矛盾

我已經強調過，任何特徵的群體間平均差異，都沒有提供太多關於任何特定個體的資訊。但將所有人口加總起來，這些差異將會形成一些模式，例如職業選擇方面。有一股很強的動力，讓更多女孩和女人投入STEM生涯——科學、技術、工程和數學。而且這也很成功，女人占了這些職業的二七%，跟一九七〇年的八%相比真是巨大的進步，不過距離平等當然仍有很長一段路要走[56]。

但我們應該期望這些職業全都達成男女各半的性別平等嗎？可能不行。請記住，平均而言，男人較容易被東西吸引，女人較容易被人吸引[57]。就算在完全性別平等的條件下，想要選擇這些生涯的男性還是比女性多，這不是因為性別歧視或社會化，而是因為男女的偏好真的有差。

二〇一八年，研究人員吉斯伯特·史托特（Gijsbert Stoet）和大衛·吉爾利（David Geary）表示，在性別較平等的國家（像芬蘭和挪威），女性在大學選修ＳＴＥＭ科目的比例較低。史托特和吉爾利稱之為「性別平等矛盾」[58]。他們猜測，在高收入和福利較好的國家，驅使民眾追求ＳＴＥＭ生涯的經濟誘因可能比較低，讓女性在選擇課程和工作時，能夠更符合她們的個人偏好。有些相關研究也支持史托特和吉爾利的結論。

阿曼·法爾克（Armin Falk）和約翰尼斯·赫默爾（Johannes Hermle）研究了一些國家在幾個偏好上的性別差異，像是冒險的意願、耐心、利他主義、正面和負面互惠，以及信任。性別差異在較富裕、性別較平等的國家最大，而且每個差異都有獨立的影響。

他們的結論是：「**物質與社會資源更公平分配之後，男女皆能獨立表達其性別特定偏好。**」[59]有一份類似研究使用不同的資料來源，卻得到相同的結論。「有一個可能的解釋是，在比較進步且平等的國家，民眾有較大的機會去表達天生的生物學差異。」作者之一佩特里・卡喬尼斯（Petri Kajonius）說道：「另一個理論是，進步國家的人民更渴望透過他們的性別表達其身分差異。」[60]

值得一提的是，這些研究都沒有具備可以清楚解釋因果關係的設計，但至少，這些研究會使我們在堅持所有生活領域都要性別平等之前先三思。我們觀察到的某些差異，可能是出自有意識的個人施為——如果是這樣，那我們應該尊重這些選擇。雖然保守派有時會暗示，女性若不順從傳統角色，就是在否定自己的天性，但許多左派則堅稱，那些順從的女性必定是屈服於性別歧視。但我認為《大西洋》（*The Atlantic*）的寫手歐嘉・哈贊（Olga Khazan）說得很對：「這份研究的結果，既沒有特別偏向女性主義，也沒有特別令人難過。它的意思並不是『性別平等打消女孩追求科學的念頭』，而是『性別平等允許她們，沒興趣的話可以別追求科學』。」[61]

在這裡重提兩項重點，第一，群體之間的平均差異，絕對不該影響你怎麼看待個體。即使對工程職位有興趣的女生比男生少，這也不構成歧視任何特定女性的理由。第二，這些特質的分配仍然有很大的重疊，例如在一份關於「人對東西」的性別差異主要研究中，幾乎一半（四七％）的男女分配彼此重疊[62]。這表示，**就算某特定職業當中任一性別的**

圖 7-1　工作興趣與工作選擇上的性別差異

在選定的 STEM 領域中，預測與實際的女性比例

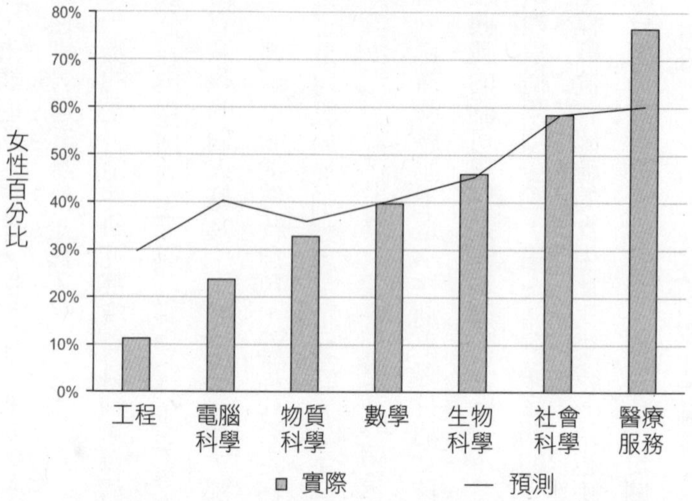

註：以 2022 年 2 月 1 日，與蘇博士私下交流後的更新表格為基礎。
來源：蘇榮、詹姆斯．朗茲、派屈克．伊恩．阿姆斯壯，「男人與東西，女人與人」。表 4 與圖 1，見本章附註 2。

代表性不足，也不能貌似有理地歸因於先天偏好。心理學家蘇榮（Rong Su）與詹姆斯．朗茲（James Rounds）做了一份有趣的研究，將人們預期的各職業女性比例（以興趣上的性別差異為基礎）與實際比例相比。有些結果重現於圖 7-1。[63]

蘇和朗茲發現許多領域的預期都頗為準確，例如數學（女性比例是四〇％）以及生物科學（四五％），但工程領域的女性的比例就明

顯低於預期：根據他們的估計，如果只憑興趣來決定職業，那麼工程師會有三〇％是女性，但女性工程師的實際數量只有預期的一半。而在尺度的另一端，從事醫療服務的女性（包括護理），比例遠高於預期。我將在第十一章強烈主張，有更多男性可以（也應該）從事健康和教育工作。

當男子氣概被視為一種病

美國心理學會的使命是「造福社會，改善生活」[64]。但在二〇一八年，這個學會為男孩和男人的相關事務擬定指導方針，卻沒有達到基準。這些指導方針的摘要宣稱：「傳統的男子氣概——表現於斯多葛主義（stoicism）、競爭性、支配性和攻擊性，整體來說是有害的。」[65]這份美國心理學會的報告，也描述了男子氣概意識形態的相關問題，將其定義為「一套特定標準，對許多部分的人口有著很大的影響，包括：反女性氣質、成就、避免示弱、冒險、風險以及暴力」[66]。

該學會很快就被保守派評論家抨擊，他們說這些指導方針等同於以前用來治療同性戀男女的「迴轉治療」[i][67]。於是學會發文澄清：「這些指導方針支持大家鼓勵『傳統男子氣概』好的一面，像是勇氣和領導力，並拋棄暴力與性別歧視等特質；同時告訴大家，大多數的男性都不暴力。」[68]這樣的澄清文未免也太假了，這些指導方針完全沒有提到男子氣概好的一面。

或許有些政治右翼人士確實反應過度，但美國心理學會這份文件很爛的確無庸置疑。這些指導方針完全沒有承認男性心理學的任何生物學根據，像睪酮就完全沒被提到。對美國心理學會來說，男子氣概似乎完全是由社會建構的，這份報告宣稱：「男人成年之後所展現的行為，通常是由他的種族、文化以及各種不同的男子氣概結構所決定。」

這份報告完全沒提到生物學，但學會另一份關於女孩和女人的報告卻剛好相反，非常實用地討論了青春期、分娩與更年期的潛在心理意涵[69]。所以女孩和女人被當成有血有肉的個體，男孩和男人卻被視作白紙。這顯然很荒謬可笑，但也很傷人，尤其當心理學家（八〇％是女性）試圖幫助男孩和男人時，學會提供的指南居然這麼糟。

在性別與生物學方面發展出規避科學之心態的機構，可不只有美國心理學會。二〇一五年，麥克阿瑟基金會（MacArthur Foundation）發表了一份長達四十七頁的報告，探討少年司法當中，關於青少年發展的最新科學[70]。這份報告成功引起世人對於種族不平等的關注。但儘管青少年男女在大腦發展方面有著巨大差異（尤其關於風險愛好和攻擊性），這份報告卻完全沒提到性或性別。在這些案例中，對於「性決定論」（sex determinism）[ii]的恐懼，導致學者不願意參考、甚至不願意承認天性對於行為的影響。如果連專業團體或研究機構都抱持這種偏狹態度，表示事態已經嚴重偏離正軌。

在舞會得體，在船難無價

英格蘭私立男校斯多中學（Stowe School）的首位校長J・F・羅克斯堡（J. F. Roxburgh）說，他的目標是培養出「在舞會中得體，在船難中無價」的男人[71]。他希望

i 編按：conversion therapy，試圖透過心理或靈性介入，使人的性傾向轉化至異性戀，或將其性別認同轉化為順性別，屬於偽科學的一種。

ii 編按：決定論為一種哲學觀點，即所有事件都完全由先前存在的原因決定，而「性決定論」在此則表達性被視為導致某些特徵、行為發生的決定因素。

男人能夠做出如同卡內基英雄獎章得主一般的犧牲。或許他心裡想的是鐵達尼號上許多男性的英勇行為；這艘船於一九一二年沉沒，男性乘客生存率只有一九%，相較之下女性是七五%[72]。但此構想的前半段更重要，「在舞會中得體」的男人，已經學會如何在社交場合舉止得當、怎麼尊重且平等地對待女人。簡單來說，他們已經很成熟。

人類文化其中一個最主要的功能，就是幫助年輕人成為負責、有自知之明的成人。除此之外，成熟意味著能夠校正你的行為，使其適合當下的情況。當個長大的人，表示要學會怎麼安撫自己的天性。我們學到要去上廁所、惱怒時不要攻擊彼此、不要衝動行事；我們學到同理心、克制、反省。這都需要時間，至少要幾十年，而且男孩需要的時間比女孩更長，不過，我們大多數人到最後都能辦到。男孩成為男人，甚至紳士。男孩依然在我們心中，只是他將不再做主。

第 4 部

政治僵局

POLITICAL STALEMATE

第8章

進步派的盲目

政治左翼在否定現實

The Political Left Is in Denial

我兒子就讀的學校有著「有害男子氣概文化」，但你應該想不到這間學校會有這種東西。貝塞斯達－切維蔡斯高中（Bethesda-Chevy Chase）的服務對象，是位於華盛頓特區外圍一個富裕、自由、高教育程度的郊區社區。這個社區的成人中，有三分之一擁有學士學位[1]，五分之四投給喬．拜登（Joe Biden）[2]；二〇一九年，這個校區替學生性別添加了男、女以外的第三個選項[3]。如果真有所謂的自由派同溫層（liberal bubble），那這間學校可說是同溫層中的同溫層。

但在二〇一八年，這所學校發生一起事件，引起許多媒體爭相報導，包括CBS的《今晨》（*This Morning*）、ABC的《早安美國》（*Good Morning America*）、NBC的《今日秀》（*Today*，報導標題是「性騷擾的報應」），以及《華盛頓人》（*Washingtonian*）雜誌和《華盛頓郵報》（*Washington Post*）[4]。就連英國的報紙《每日郵報》（*Daily Mail*）都有報導[5]。

以下是事件經過：學校有個男孩把女同學列成名單，依照她們的吸引力來排名，然後分享給幾位朋友，其中有些人還加上自己的意見。幾個月後，其中一位上榜的女孩，在一名男孩的筆電上看到這張名單，幾位女孩跟學校行政單位抱怨，結果製作這份名單的男孩遭到訓斥，還被留校察看。接著發生了一場抗爭，一位參與抗爭的年輕女性告訴《華盛頓郵報》：「這是壓垮我們女孩子的最後一根稻草，我們受夠這種『男孩子就是這樣』[i]的文化了。」[6]

校長室外的抗爭者發表一份聲明，其中一部分為：「我們的學習環境不該一直存在著物化女性和厭女的現象。」於是校方開了幾場大型會議來討論這種文化。製作這份名單的男孩，私底下向捲入此事件的女孩及《華盛頓郵報》道歉。校長和兩位女學生後來參加了一個討論此議題的座談會，並且由C-SPAN電視網轉播[7]。

這只是一起事件，在特定的時刻發生於一間學校。它之所以能夠引起我的注意，是因為這發生在我們當地的學校。

但這個事件的啟發性，在於它立刻被當成「有害男子氣概」的例子（尤其是在媒體報導中）。如果真的是這樣，就表示這個名詞的定義，已經廣泛到幾乎適用於男孩和男人的所有反社會行為。

---

i 編按：boys will be boys，男孩終究是男孩，指本性難移。

指出「男子氣概有些層面若透過不成熟或極端的方式表現出來，可能極度有害」是一回事，但暗示「男孩和男人的先天特質，本質上就是壞的」，又是另一回事了。

不分青紅皂白就替這種行為貼上有害男子氣概的標籤，絕對是錯的，不但無法吸引男孩共同討論能夠學到的教訓，反而更可能把他們推向網路上的男性圈（manosphere）[i]；而男性圈中的用戶和言論，將幫助他們確認自己並沒有錯，都是自由派在追殺他們。畢竟，**青少年女孩也會霸凌和不尊重別人**（通常是針對其他女孩），**卻不會被立刻解讀為「有毒的女性氣質」**。

發生於我們高中的這起事件，凸顯出政治左翼人士處理男性議題時的四大失敗之一：傾向將男性身分的先天層面當成疾病，而且通常是打著有害男子氣概的旗幟；第二個進步派缺陷是個人主義，男性問題被視為個人的某種缺點所導致，而不是結構性問題；第三是不願意承認任何關於性別差異的生物學根據；第四是堅信性別不平等只有單向，也就是女性處於劣勢。

我在這裡會逐一探討這四個進步派缺陷，接著在第九章，我會探討政治右翼的回應——它們同樣有害。

如何「發明」有害的男子氣概

直到二〇一五年左右，有害男子氣概一詞，只在學術界的幾個角落被人提到[8]。根據社會學家卡洛·哈靈頓（Carol Harrington）表示，二〇一五年之前，使用此名詞的文章數量從未超過二十篇，而且幾乎都是學術期刊提及。但自從川普和 #MeToo 運動崛起之後，進步派每天都在使用。

到了二〇一七年，這個名詞被提及數千次，而且多半是主流媒體。哈靈頓指出，這個名詞幾乎沒有定義，連學術界也沒有，它只是用來「表示不贊成」而已[9]。這個名詞缺乏任何連貫或一致的定義，現在是指使用者不贊同的任何男性行為，從悲劇到小事都有，包括大規模槍擊案[10]、幫派暴力[11]、強暴[12]、線上煽動性言論[13]、氣候變遷[14]、金融危機[15]、脫歐[16]、川普當選[17]，以及新冠疫情期間有人不願意戴口罩等[18]，全部都歸咎於它。此名詞把恐怖分子和不良少年混為一談，最終抹黑了男子氣概這個概念本身。

佩吉·奧倫斯坦（Peggy Orenstein）為了她的著作《男孩與性》（*Boys and Sex*）訪

---

i 編按：提倡男子氣概、厭女情結，同時反對女性主義的線上論壇、網站或部落格。

問了幾十位青少年和年輕男人，她問他們：男孩子這個身分，有什麼令他們喜歡的地方？她說大多數人都回答不出來。「真有趣，」一位大二學生告訴她：「我從來沒認真思考這個問題。畢竟更常聽到的問題是：『男生到底有什麼毛病？』」[19]

有害男子氣概是一個適得其反的名詞。聽說自己「心裡有病，必須根除」之後，反應還很正面的男孩和男人，真的非常少，而且他們大多數人都強烈認同自己的男子氣概。

每十位男性和女性中，就有九位形容自己「完全」或「多半」帶有男性氣質或女性氣質[20]；男性和女性的性別認同也非常強烈，將近一半的男性（四三%）說他們的性別對其身分「極度重要」；在另一份皮尤研究中心的調查中，有類似比例的男性（四六%）表示，別人覺得他們有「男人味或男子氣概」是非常或有點重要的[21]（兩份調查的數字都比女性高）。

換言之，大多數人都強烈認同自己有男性或女性氣質，所以，對著半數人口傳遞文化訊號、說他們本質上有問題，實在不是個好主意。

「有害男子氣概這個框架，疏遠了大多數既不暴力又不極端的男人，而且幾乎沒有解決他們的不滿，甚至適得其反，使得易受影響的個體倒向極右派。」[22]女性主義作家海倫・露易斯（Helen Lewis）如此主張。鑑於剛剛描述過的調查結果，這或許也不是好的政治風氣。根據公共宗教研究所（Public Religion Research Institute）的調查，半數的美國男性和將近三分之一的女性（三〇%）現在認為「社會在處罰男人，只因為男人的行為像男人」[23]。你可能已經預料到了，這裡有黨派分歧。共和黨員有五分之三同意，相較之下民主黨員只有約四分之一同意[24]。宗教也扮演很重要的角色，例如白人新教徒和黑人新教徒都有半數同意（分別是五〇%和四七%）。

將男子氣概當成疾病，甚至可能會削弱大眾對於女性主義的支持。如今形容自己是女性主義者的美國女性不到三分之一[25]。二〇一八年，市調公司 YouGov 調查了不認為自己是女性主義者的女性，有將近半數（四八%）表示「女性主義者太極端」以及「目前的女性主義浪潮不代表真正的女性主義」（四七%）。有四分之一（二四%）表示「女性主義者是仇男的」[26]。

這些發現應該會讓進步派稍微停下腳步。他們急著譴責男性特質的黑暗面，卻陷入一個重大危機——將這些特質當成疾病。許多女性對這種趨勢感到不安，而對於精力旺盛、焦躁不安的男孩或男人來說，他們接收到的訊息，無論含蓄或直接，幾乎都是「你某某地方有問題」。但根本就沒有，男子氣概不是疾病。正如我在第七章表明的，男子氣概是無法避免的事情。

千錯萬錯，都是你個性的錯！

進步派對於男人和男子氣概的看法，其中第二個重大缺陷，就是個人主義。有人出問題時，進步派通常不願意將太多責任歸於個人。假如有人身材肥胖、犯罪或失業，進步派的預設立場就是先找出結構性的外部原因。這是很寶貴的本能，因為人們很容易把結構性問題歸咎於個人；但是，當某一群人陷入困境時，進步派似乎願意歸咎於個人：那就是男人。YouTuber 娜塔莉．薇恩（Natalie Wynn）很生動地形容這種態度：「我們會說：『你看，有害男子氣概害你沒有空間表達你的感受，還害你覺得孤獨、不夠格。』這有點像是在告訴男人：『你很孤獨、想自殺，是因為你有病。給我停止這樣！』」[27]

哈靈頓認為，有害男子氣概一詞在這裡扮演了很重要的角色，因為它自然地將注意力集中在個別男性的性格缺陷，而不是結構性問題。如果男人很憂鬱，那是因為他們不會表達自己的感受；如果他們生病，那是因為他們不願意去看醫生；如果他們成績不好，那是因為他們不夠用功；如果他們早逝，那是因為飲酒、吸菸過量、飲食習慣差。因此，對那些政治左翼人士來說，如果對方是男性，那麼責怪受害者是被允許的。

新冠疫情充分說明了這種個人主義的傾向。男人遠比女人更容易受到新冠病毒傷害，以全球而言，男性感染病毒後的死亡率比女性高了約五〇%[28]。到二〇二一年底，美國國內死於新冠病毒的男性，比女性多了約八萬五千人；四十五歲～六十四歲的女性每過世一百位，就有一百八十四名男性過世[29]。結果，美國男性的平均預期壽命縮短了兩年，這是自第二次世界大戰以來的最大跌幅，相較之下，女性只減少了一年[30]。在英國，勞動年齡男性的死亡率是同年齡女性的兩倍[31]。然而，即使公共衛生官員或政策制定者有意識到這些差異，這些差異仍沒能留下深刻印象[32]。

較高的男性死亡率，也幾乎沒有受到健康機構或媒體注意。當此一事實被承認時，大家提供的主要解釋是男人比較脆弱，因為他們的既有身體狀況跟「生活風格」因素，像是抽菸或喝酒；要不然就是男人對於安全措施沒有責任感，例如不戴口罩[33]。簡言之，男人不斷死去，都是他們自己的錯。但這根本不對，死亡率的落差並不能用感染率或既有身體狀況的性別差異來解釋[34]。這個差異是生物學上的。

新冠病毒死亡率的性別差異，讓我們清楚了解到，我們需要更多女性主義健保提倡者敦促了幾十年的東西：更多性別特定藥物，包括臨床試驗，依照性別來細分結果和副作用。「過去二十年來，我們已經徹底修正進行醫療研究及照顧女性病患的方式，」萊加托寫道：「現在，就像我們學到該怎麼照料女性那樣，我認為是時候把焦點放在男性特有的問題上了。」[35]

好的第一步應該是設立一個「衛生及公共服務部男性健康辦公室」，仿照既有的女性健康辦公室——此單位表現優異，獲得三千五百萬美元的資助[36]。《平價醫療法案》（*Affordable Care Act*）[i]也應該擴大範圍；如果女性可以每年免費健檢一次，男性也應享有同樣的權利。鑑於新冠病毒對兩性的影響如此迥異，我們真的要問這個問題：此時不做，更待何時？

說起男子氣概，左翼和右翼都落入了個人主義的陷阱，但是角度不一樣。對保守派來說，男子氣概是解方；對進步派來說，男子氣概是問題。但他們雙方都同意問題出在個人，也就是心理學領域，而不是經濟學、人類學或社會學。這個知識還真是錯得離譜。

鑑於最近幾十年來的文化轉變，如果只是對著男孩和男人說教、要他們接受現況，實在不是好方法。《衛報》（*The Guardian*）評論員路克．特納（Luke Turner）寫道：「這個論點有矛盾。一方面宣稱男人的特權、資格和父權制度，是人類所創造出最強大的壓迫力量；另一方面卻希望男人迅速改進、不准抱怨（雖然這種要求是可理解的）。」[37]

科學是真的——至少我相信的是

現代政治左翼的號召之一是「科學是真的」。保守派屈服於迷思和錯誤資訊，但進步派帶著理性啟迪人心——至少，他們是這樣想的。但真相是，雙方都有否定科學的人。許多保守派否定氣候變遷的環境科學，但也有許多進步派否定性別差異的神經科學，而這就是進步派立場的第三個主要弱點。

有強力證據證明，性別之間的一些心理和偏好差異有其生物學根據，正如我在第七章

---

i 編按：簡稱ACA，俗稱歐巴馬健保（Obamacare）。

所表明。遺傳心理學家凱瑟琳・佩姬・哈登（Kathryn Paige Harden）寫道：「人類生活中的基因差異是科學事實，就跟氣候變遷一樣。遺傳和環境因素交纏在一起，就是現實的寫照。」[38]但對許多進步派人士來說，「任何成果或行為上的性別差異，完全是社會化的結果」，這是不言自明的真理。

說到男子氣概，政治左翼所傳遞的主要訊息就是「男人適應了某些行為模式」（但左翼當然覺得這些模式都很糟），因此可能被這些模式社會化。但這是錯的。男人的性衝動比較高，並不只是因為社會增強了男人的性慾（即使真的是這樣），而是因為他們的睪酮比較多。攻擊性也一樣，還記得嗎？兩歲以下的男孩，攻擊性是女孩的五倍[39]，這肯定不是因為一歲小孩從周遭環境得到性別暗示。

說句公道話，有些人擔心這種科學會如何被使用，而這種擔憂是很合理的。哲學家凱特・曼恩（Kate Manne）擔心的是，如果把男女之間的任何不平等當成「很自然的事情」，就可能會「讓這些不平等好像無法避免一樣，或是讓試圖反抗的人像是在做無謂抵抗」[40]。她對這種危險的看法，原則上是對的。

男女之間的先天差異，經常被當成性別歧視的正當理由，但這種恐懼多半已經過時。

最近幾年，大多數辨識先天差異的科學家，似乎都更強調女人的優越性[41]，但就連那些持續主張生物學應占有一席之地的謹慎科學家，都被諷刺成「過於簡化」或散播「性本質主義」（sex essentialism）。

關於這個問題，有個解決之道，就是採納人類學家康納在《畢竟是女人》中採取的態度，並做出這樣的結論：雖然生物學事關重大，但只對女性有利。事實上，有些證據顯示，假如天性差異是女性占優勢，那麼一般來說大家就會比較安心[42]。愛麗絲．艾格利（Alice Eagly）和安東尼奧．姆拉迪尼奇（Antonio Mladinic）稱之為「WoW（women-are-wonderful，女人很完美）效應」[43]。

例如在性衝動方面，康納寫：「如果你認為這些差異只是因為文化安排所導致，那太天真了。」但這句既直率又真實的陳述，後面接了一句說教：「無論男人天生的性需求如何，我不覺得那些相異的偏好都同樣值得讚賞。」[44]

這種方法的受歡迎之處顯而易見。它允許大家討論生物學差異，但特別強調男性的病態（pathologies），從而確保自由派學者和評論家更能欣然接受。但從某些方面來說，這是最危險的訊息：男人天生就跟女生不一樣，但不一樣的地方都是壞的。例如，康納顯然鄙視較高的男性性衝動，這等於倒向「性的原罪」這種禁慾概念，非常危險。**宣稱男性或女性天生就比另一邊更好，真的沒有幫助。我們只是平均上有某些地方不一樣，至於是正面還是負面，取決於客觀環境以及差異的表現方式。**

性別平等，絕對不是單向的

政治左翼的第四個主要失敗，是無法認清性別不平等可能是雙向的，而且越來越是如此。二〇二一年，拜登總統成立白宮性別政策委員會（White House Gender Policy Council），承接之前的婦女與女孩委員會（Council on Women And Girls）——後者被川普廢除。但是，雖然名字換了，使命卻沒換，這個新委員會的正式職責是引導與協調那些影響婦女和女孩的政府政策[45]。二〇二一年十月，委員會發表了「性別公平與平等國家策略」（National Strategy on Gender Equity and Equality），這是美國史上第一次[46]。

此策略完全不對稱，完全沒提到跟男孩或男人相關的性別不平等。雖然有提到大學的女生比男生更多，但只是為了強調女生的學貸負擔比男生重，這實在很荒謬，就像在抱怨

「男生繳比較多所得稅，是因為他們賺得比較多」。

策略中也完全沒提到K－12教育中巨大的性別落差，而且是有利於女孩。雖然其中有強調必須改革學校的訓導政策以幫助黑人女孩，卻沒提到黑人男孩的特有挑戰（即使他們被停學或退學的比例是黑人女孩的兩倍）[47]。而儘管策略中指出了「為女性增加健保管道」這個目標，卻沒提到男性沒保險的風險比女性高（一五％對一一％）[48]。

我可以繼續說下去，但你應該明白情況了。你可能想知道，這種不公平的情況有多麼嚴重，特別是當你很懷疑白宮策略報告能有多大影響的時候。但這份報告將會驅動政策，此策略會指示所有政府部門與機關「建立至少三個目標，並將其視為優先事項，以促進本策略所確定的目的，並在一份實行計畫中，詳細列出達成這些目標所需的計畫和資源」。有缺陷的思維，就會導致不良政策。

白宮在介紹新策略時宣稱：「新冠疫情已經釀成健康危機、經濟危機和看護危機，這些危機放大了婦女和女孩長期面對的挑戰。」[49]這跟幾乎所有全球趨勢一樣——強調疫情對女性的負面意涵，卻忽略它對男性的負面意涵。性別故事的主軸已經是疫情對於女性進步的災難性影響。「新冠病毒其中一個最驚人的影響，就是讓許多夫妻倒退至一九五〇年代。」[50]露易斯在二〇二〇年三月的《大西洋》寫道。接著她補充：「世界各地女性的獨立性，將會成為疫情的沉默受害者。」艾莉希亞·薩瑟·莫德斯提諾（Alicia Sasser Modestino）在《華盛頓郵報》發表了一篇悲觀的文章，標題是「新冠病毒育兒危機將使婦女倒退一個世代」[51]。二〇二〇年十二月，阿斯彭研究所婦女與女孩論壇宣稱：「新冠病毒已經侵蝕了我們在性別平等上取得的微小進步。」[52]

世界上幾乎所有主要智庫和國際組織，都報告了疫情對於女性的負面影響，而且許多是以誇張的語氣撰寫。相較之下，男性的新冠肺炎死亡率高很多，卻幾乎沒人提及，也沒人提到男性的大學註冊率暴跌。當然，疫情對於各方面幾乎都是壞事，但女性受其所害，男性也受其所害，只是形式不同。我們可以同時抱持兩種思維。

「性別落差是單方面的」此一假設，甚至深植於評估不平等情況的數據指標中。世界經濟論壇（World Economic Forum，簡稱WEF）每兩年都會製作一份全球性別落差報告。對於性別平等進步這個議題，此報告是最具影響力的國際研究，但就跟白宮的策略一樣，它被非對稱思考扭曲了。

為了彙編這份報告，研究人員替每個國家算出一個性別平等分數，介於零（完全不平等）到一（完全平等）之間。這個分數的計算方式是基於橫跨四個領域（經濟、教育、健康、政治）的十四個變數（此指數中的每個變數也是用零到一的範圍來計算）。二〇二一年，美國得了〇・七六分，世界排名第十三；第一名是冰島，得了〇・八九分[53]。

但是，關鍵在於，它沒有記述女性表現比男性好的領域。WEF的計算人員解釋道：「男女平等的國家及女性已超越男性的國家，這項指數會給予相同分數。」十四項指標中，美國女性現在有六項的表現比男性更好或一樣好，例如高等教育的實際性別平等分數是一・三六，反映出女性在這個領域大幅領先男性。但是計入指數以算出美國總分數的數字並非一・三六，而是一。

「性別不平等只有一個方向重要」此概念，已經深植於WEF的方法論中。但這個假設站不住腳，尤其在先進經濟體內。我和我的同事法里哈・哈克（Fariha Haque）重新計算了WEF的排名，同時考量了兩個方向的性別不平等[54]。我們也移除了十四個變數的其中一個（一項關於薪資落差的主觀調查，品質可疑），並均等地權衡所有領域（WEF給最大的落差較多權重）。

我們的雙向方法使美國的分數提高到〇・八四分，冰島提高到〇・九七分。正如我們的論文所示，它也改變了國家排名，而且在某些情況下變化非常明顯。

這裡的重點不是要貶低性別政策委員會、WEF或其他組織為改善女性地位所做的努力。女孩和女人落後的地方要設法縮小落差，這依然是很重要的政策目標。但鑑於女性近十年來的進步，以及許多男孩和男人現在面臨的重大挑戰，把性別不平等當成單行道實在沒道理。在實務層面上，這導致政策面沒有注意到男孩和男人的問題。不過我認為，如果忽略了另一方向的明顯性別落差，也等於是抹殺了這些平等主義道德力量的努力。

「如今廣泛的共識是，性別不平等並不公平，也浪費了人類的潛能。」倫敦政治經濟學院不平等研究阿馬蒂亞．森主任（Amartya Sen Chair）法蘭西斯科．費雷拉（Francisco Ferreira），對於教育落差做出這樣的評論：「無論處於劣勢的人是男孩還是女孩，這項共識依然屬實。」[55]

我在這裡要求大家在心態上做一個單純改變，認清性別不平等可能是雙向的。我說的是「單純」（simple），不是「簡單」（easy）。為了性別平等而戰，在歷史上就等同女孩和女人為自己而戰，而且對抗的理由非常充分。但我們已經走到這個地步，現在男孩和男人的性別不平等，必須被認真看待。許多政治左翼人士似乎很害怕，連承認男孩跟男人的問題，都會削弱大家對女人和女孩付出的努力，這等於是進步派版本的零和思維。男孩和男人分到額外好處，就必定意味著女孩和女人分到較少，但這在實務上完全錯誤，還創造出很危險的政治動態。許多男孩和男人面臨真正的問題，這些問題必須被處理，假如進步派忽視它們，就一定會有其他人來嘗試解決。

如今，我們的政治風氣非常敗壞，以至於左翼人士幾乎不可能討論男孩和男人的問題，更別說構思解方了。他們錯失了這個機會。我們需要最有力的性別平等擁護者，而且其中有許多人必須位於政治光譜的自由派，觀點才能更平衡，否則男孩和男人就會找別人求助，這樣反而危險。「如果想扭轉數千年的歷史，注定要承受許多痛苦，」羅森說道：「這就是我們為什麼要團結度過這個難關。」[56] 她口中的「痛苦」是對的，但「團結度過」是錯的。事實上，我們因為性別議題而不斷與彼此分裂，結果男孩和男人的問題，依然沒人處理。

第9章

保守派的怒火

政治右翼想倒轉時間

The Political Right Wants to Turn Back the Clock

二〇二一年十一月一日，參議員喬許・霍利（Josh Hawley）在全國保守主義大會（National Conservatism Conference）上演講。聽眾預期他又會把他的那一套搬出來：經濟民族主義、愛國主義、自由市場的力量等。但霍利嚇了他們一跳——他只聚焦在男人的問題，強調我在這裡描述過的一些挑戰，包括教育、就業和家庭生活。

然而，對霍利來說，這些問題並不是社會和經濟變化的附帶後果，而是左翼的針對性政治攻擊所造成的結果。霍利將此形容為「左翼試圖給我們一個超脫男性的世界」，並宣稱「針對男性的攻擊，已成為左翼對美國更廣泛攻擊的先鋒力量」[1]。他繼續說道：「左翼想要將傳統男子氣概定義為有害……對社會構成危險……大家都說男人有問題、他們的男子氣概有問題，所以越來越多男人退縮到無所事事的狀態、沉迷於色情片和電玩，我們還能感到意外嗎？」

霍利主張男孩和男人過得如此掙扎，是因為左翼恨他們。這是很強力的政治訊息，因為前半段是真的，而且後半段聽起來也很有道理，畢竟左翼人士確實傾向把男子氣概當成疾病。這場演講引起了大量關注。但是說起解方，霍利幾乎一籌莫展，他頂多只能提供一個模糊的承諾：恢復製造業的就業機會，以及結婚可以節稅。

然而，幾週後，他確實在政治上贏了小小的勝利，導致一場十一小時的行動，讓《國防授權法案》（*National Defense Authorization*）一項條款被裁定為非法；這項條款讓女性有資格接受軍方徵召。他說：「強迫我們的女兒、母親、妻子和姊妹替我們打仗，這是不對的。」[2]但這句話的弦外之音是：霍利不認為強迫兒子、父親、丈夫和兄弟去打仗是錯的。

保守派比進步派更關注男孩和男人面臨的越來越多問題，但他們提出的議程同樣沒幫助。他們的方法有三大弱點。

第一，許多保守派為了自己的政治利益而煽動男性的不滿，但此舉只會產生更多怒火和不滿；第二，就性別角色來說，他們過度重視生物學上的性別差異（進步派剛好相反，傾向於完全摒棄）；第三，他們認為男性問題的解方存在於過去而非未來，形式則是恢復男性提供者與女性照顧者之間的經濟關係。**保守派並沒有幫助男性適應新世界，而是用舊世界的承諾哄騙他們**，這麼做或許能提供一些短暫的心理慰藉，但我們不需要止痛藥，我們需要解藥。

不滿和憤怒，讓美國再次偉大

川普於二〇一六年當選美國總統，男性票數領先二十四個百分點，這是出口民調五十年來最大的性別落差[3]。在白人當中（占選民三分之二），川普的票數贏了三十個百分點（六二％比三二％）[4]。女性傾向支持民主黨，但跟上一次選舉的程度差不多。「今年的性別落差擴大，跟川普入主白宮的原因相同。」《華盛頓郵報》如此報導：「男性，尤其是白人男性，大批湧向右翼。」[5]同一年，男性選票也讓英國脫離歐盟[6]。

這份激起民粹主義的怒火，跟各種事情有關——人口變化、世俗化、貿易、勞動市場衝擊等，但也跟性別有關。這裡提一下，川普即使輸掉二〇二〇年選舉，還是贏得大多數男性選票，而且支持他的黑人和拉丁男性其實變多了。當川普說「這對美國年輕男性來說是很可怕的時期」時，他被進步派鄙視[7]，但也引起許多男性及一些家長的共鳴。

川普的訴求很懷舊：「讓美國**再次**偉大。」[i]而且他發現了一個很大的政治市場；他的選民多半都認為，自從一九五〇年代之後，生活每況愈下，而性別在此扮演了重要的角色[8]。他們祈求能夠回到過去，其實心裡隱含的想法，就是想回到傳統的女性和男性氣質的概念。

在川普的造勢活動中賣得最好的T恤之一，上面寫著：「我支持唐納・川普。我愛自由。我喝啤酒。我轉扳手。我保護我的家人。我吃肉、我有槍。假如你不喜歡，就滾蛋。」[9]這是對於「川普軍團」這個身分的最佳描述，很純粹地表現出作家潘卡吉・米什拉（Pankaj Mishra）所描述的頑抗大男人主義（rear-guard machismo）[10]。

但不只美國這樣，這其實是國際現象。世界各地的男性都比女性更支持右翼或抗議團體[11]。例如瑞典在二〇一五年一份民調當中，有四分之一的男性支持極右派的瑞典民主黨（Sweden Democrats），支持率是女性的兩倍[12]。在德國（尤其是東部），男性已經一面倒支持政治右翼；二〇一七年，三分之一的德國薩克森男性投給極右派的德國另類選擇黨（Alternative for Germany）。「東部出現了男子氣概危機，而它正在餵養極右派。」薩克森邦整合部部長佩特拉・克平（Petra Köpping）說道[13]。

南韓的年輕男性也倒向極右派，他們受到反女性主義情緒的激發。二〇二一年四月的首爾市長選舉，二十幾歲的男性中，有七三%投給保守派候選人，相較之下，同年齡層的

i 編按：Make America Great Again，簡稱MAGA。

女性只有四一%[14]。年輕人的壓倒性支持，也協助推動保守派總統候選人尹錫悅在二〇二二年三月險勝[15]。尹錫悅已承諾要廢除女性家族部[i]。

印度首相納倫德拉・莫迪（Narendra Modi）吹噓自己有五十六英寸的胸肌。巴基斯坦大男人主義者伊姆蘭・汗（Imran Khan）曾說「女性主義完全貶低了母親的角色」；土耳其反女性主義者雷傑普・塔伊普・艾爾段（Recep Tayyip Erdo an）曾說「女性不如男性」；菲律賓毫不掩飾的厭女者羅德里哥・杜特蒂（Rodrigo Duterte）則說：「只要世上有很多漂亮女人，就會有更多強暴案。」[16]這些政客對於男性無所適從的情況並沒有周延的理解，或任何正面的補救方法，他們只是為了政治目的而利用這個情況。正如川普的前顧問史蒂芬・班農（Stephen Bannon）所寫：「這些男人，這些無根的白人男性，擁有怪物般的力量。」[17]

有些保守派甚至宣稱有人在「對男人宣戰」或「對男孩宣戰」[18]。這種語言不但有效，還激發了一種受害者心態。如今南韓二十幾歲男性相信「男性面臨的歧視更嚴重」的比例，是相信「女性面臨的歧視更嚴重」的兩倍[19]。美國有三分之一的男性（不分政治立場）相信他們被歧視，而在共和黨支持者中，這一比例正在上升[20]。這是錯的。**雖然**

男孩和男人的問題真實存在，但這些問題源自經濟和更廣泛文化中的結構性變化，以及教育體系的缺陷，而不是源自任何刻意的歧視。但政治右翼就跟左翼一樣，面對性別議題，都選擇無視事實。

保守派在此議題的目標，是激出黨派基本盤，以對抗霍利所描述的：「左派想要透過攻擊性別概念來解構美國。」他用來證實這項聲明的其中一份資料，就是跨性別女性被納入女性競技體育中。如今，「喚起民眾對於跨性別權利的恐懼」，已經成為保守派的標準戰術之一。就連民眾該用哪間廁所這種問題，都已變成政治攻防（這裡稍微稱讚一下川普，他在二〇一六年面對廁所議題時如此回答：「跨性別人士覺得哪間廁所比較合適就用哪間。」[21]）。就算涉及這些爭議的人數很少（畢竟跨性別者只占人口的〇・六％），這依舊是一個可以拿來當武器，以捍衛傳統的性和性別概念的議題[22]。

保守派社運人士認為，跨性別議題可以讓大家關注自己眼中的偏激性別意識形態——

---

i 編按：女性家族部的前身為總統直屬女性特別委員會，宗旨為負責婦女政策、促進婦女權益等；在當選後，尹錫悅宣布暫緩廢除女性家庭部一事。

也就是試圖抹消所有基於生物學的性別差異。他們並不是真的擔心跨性別人士是否能從軍或依照自己的選擇使用廁所，重點在於「男性和女性的類別與特徵，基於生物學而明確分隔」的概念。但他們抗議太多了，絕大多數人（至少九九％）都是順性別，代表他們認為自己是男性或女性，跟出生時的性別一致；有些人不符合簡單的二元分類，但這並不會威脅到分類本身。跨性別人士比較像規則中的例外，而規則和例外都是沒問題的。

好消息是，總體趨勢還是朝向更加包容和保護跨性別人士，尤其是美國最高法院在二○二一年六月做出的指標性決定，確保ＬＧＢＴ人士在《民權法案第七章》（*Title VII*）的保護下免受職場歧視。川普任命的最高法院大法官尼爾．戈蘇奇（Neil Gorsuch）寫下清楚易懂的主流意見：「雇主如果只因為一個人是同性戀或跨性別就開除他，那就是在蔑視法律。」[23] 美國護照現在已經增加了第三性選項（以「X」代稱）[24]，美國二十一個州和華盛頓特區也將駕照按此修改[25]，但顯然，許多保守派在更廣泛的性與性別文化戰爭中，很可能會繼續把跨性別議題當成武器。

不再抱持幻想的男人，受到網路搜尋演算法的誘導，可能會逐漸陷入男性圈之中，而這個圈子之中包含搭訕專家[i]、非自願單身者[ii]、甚至還有一些男性分離主義者

——MGTOW[iii]。此時吃下「紅藥丸」的男人，開始組織起來、互相取暖，而且全部都痛恨女性主義者。紅藥丸一詞源自《駭客任務》（*The Matrix*），它跟一個抉擇有關：要不要看見真正的世界。而紅藥丸在這裡的意思是，認為我們的社會根本就沒有高壓父權，反而還被女性主義者支配，她們試圖誘騙和剝削男性。

男性圈中比較理智的人，會爭論男孩和男人所面臨的真正議題，像是學校紀律、ADHD（注意力不足過動症）的過度診斷、自殺率、職業傷亡等；但不滿的年輕男性，很容易看完一部影片之後，又點選下一部，一部接一部地看下去。

女性主義社運人士蘿拉・貝茲（Laura Bates）在她的著作《痛恨女人的男人》（*Men Who Hate Women*）中如此描述：「失落的男孩，跌落社會刻板印象的裂縫中，直接落入

---

i 編按：pickup artist，簡稱PUA，常自稱約會教練、把妹達人，以男性為主要參與者，其目標是誘惑女性並與之發生性關係。

ii 編按：incel，involuntary celibate 的簡稱，指在現今社會基於經濟條件或其他非自願的原因，而無法找到伴侶的人。

iii 編按：Men Going Their Own Way（男人自行之路），簡稱米格道。

準備好招募他們的社群的懷抱；這些社群說他們的男子氣概和生計都受到威脅，貪婪地灌輸這種恐懼。」[26] 本來只是合理的擔心或正常的焦慮，卻轉變為厭女。女性可能被視為心理上的獵物，或可以藉由操弄而提供性愛，這就是PUA的意思。而最極端的是非自願單身者，他們甚至覺得連「費盡心機騙女人做愛」都不公平，他們宣稱男人有做愛的權利，而女人有責任跟他們做。這種厭女心態可能會從聊天室滲漏到社群媒體，最終甚至導致肢體暴力。

MGTOW剛好相反，他們不想搭訕女人或在網路上騷擾她們，反而想要完全擺脫女人。這個社群當中被激起的最大恐懼之一，就是被誣賴強暴，所以最好離女生遠一點。MGTOW有一個很實用的等級制度，跟電腦遊戲的等級異常相似。一旦男人吃下紅藥丸並選擇MGTOW這條路，步驟依序是「拒絕長期關係」（等級一）；拒絕任何性關係，也就是「出家」（等級二）；切斷經濟聯繫，只賺夠養活自己的薪水（等級三）；最後，徹底脫離社會，也就是「變成幽靈」（等級四）。許多年輕男性在某些時點都會涉足這個領域，這甚至還成為某種成年儀式，有些人會在此找到一種真正的社群感，這是他們在現實生活中所缺乏的。但大多數男性長大之後都會離開這個領域，只有極少數人最後會做出各種可怕的行為。

這一切的底下，暗藏著由困惑與迷惘組成的深井，而且總是有人打算剝削它。我不是說霍利或其他民粹主義的保守派人士，是這些網路男性圈運動的罪魁禍首。真要說的話，進步派更像是罪魁禍首，因為他們徹底忽略男性議題、責怪男性有著有害男子氣概；但霍利跟這些社群共享的世界觀是反動的，他們相信唯一能幫助男人的方式，就是恢復傳統的性別角色和關係。他們想要回歸舊世界，男人和女人都安分守己，但我們不可能從過去找到解方。

龍蝦與平等的關聯性

二〇一六年，川普幾乎推翻所有政治預測，贏得總統大選；同年，喬治梅森大學經濟學家兼 Podcast 主持人泰勒·科文（Tyler Cowen）說，有一位加拿大心理學家不再是無名學者，反而成為「目前西方世界最具影響力的公共知識分子」[27]——喬丹·彼得森（Jordan Peterson）。彼得森因為他對於人格特質的研究成果而受學者尊崇，他出名的原因是拒絕使用一位跨性別學生偏愛的代名詞，以抗議加拿大關於跨性別權利的新法律。他在二〇一八年推出的著作《生存的十二條法則》（*12 Rules for Life*），以一篇 Quora 問答網站上的貼文為基礎，再伴隨一次全球巡迴演講，總共賣出五百萬本以上[28]。

如果想認真理解年輕男性發生什麼事，彼得森的訴求是很重要的參考資料。根據彼得森自己的估計，年輕男性占了他受眾的八〇%。男人湧向他是因為他跟許多人不一樣，他沒有嘲笑或瞧不起他們，反而讓他們感到自己的心聲有人傾聽。彼得森剛好挖到一個大寶庫，裡頭充滿了未滿足的人類需求。他對於年輕男性困境的真誠憐憫，使他既非左派（想要撻伐年輕男性）也非右派（想要剝削年輕男性）。他是真正的知識分子，奮力對付真正的重要議題。

但他就跟許多保守派人士一樣，把生物學看得太重。彼得森就跟所有成功的現代公共知識分子一樣，開了一家線上周邊商店，不只賣書，也賣貼紙、襪子和裱框藝術品。還有一個特別的「龍蝦區」，主打T恤和帽T，上頭印著彼得森最愛的甲殼動物的紅色小圖案——現在還多了一個用龍蝦圖案點綴的口罩。彼得森的粉絲已經把這隻龍蝦當成社群忠誠度的象徵，你可能很想知道為什麼。「龍蝦存在於等級制度中，」他解釋道：「牠們的神經系統對這個等級制度很敏感，而這個神經系統是靠血清素運作，就跟我們的神經系統一樣。龍蝦的神經系統跟人類太相似，以至於抗憂鬱劑對龍蝦有效。」[29]彼得森這套哲學的主要綱領，就是社會階級是自然秩序的一部分。哺乳類天生就是守本分的。

但這種概念並沒有太多科學證據。其實龍蝦根本就沒有大腦。這樣講不知道有沒有道理，但我覺得最好把彼得森的龍蝦比喻當成他說故事的風格就好。我認為彼得森是男性運動「神話般詩意的部分」最新的化身，他利用寓言（龍蝦社會）喚起更古老、更深層的男子氣概。

羅伯特．布萊（Robert Bly）在一九九〇年推出的暢銷書《鐵約翰》（*Iron John*），也提供了類似的簡介，主張男人已被過度馴化成「軟男」（soft men），因此必須重新發現自己內在的「多毛男」（hairy man）[30]。社會學家丹奇在一九九六年的著作《轉型男性》中，把男性比喻成青蛙，努力穿越森林尋找公主[31]。丹奇、布萊、彼得森的筆下，寫了一大堆巫婆、鯨魚、城堡、高塔、國王，這應該不令人意外。布萊是詩人，而彼得森的早期著作《意義的地圖》（*Maps of Meaning*）則是既濃厚又廣受讚譽的神話學術研究。

如果只是龍蝦，彼得森過度重視生物學可能沒什麼大不了。但不幸的是，他對性別的觀點也扭曲了。他指出女人比男人更和藹可親、細心、對人感興趣、懂得養育小孩；男人更有攻擊性、地位意識和性衝動。這些都是真的，但真正的問題是，**我們在解釋目前社會的性別不平等時，這些差異有多少可以作為依據？**彼得森似乎認為這些差異很重要。

進步派的錯誤是否認性別差異的任何生物學根據，但彼得森這樣的保守派（他是這一方的代表人物）犯的錯剛好相反，他們以天性為訴求，替目前的性別不平等作出辯解。最後他們只是把不平等的情況正當化而已，但不平等太過廣泛，無法全部歸因於先天因素。

職業選擇的問題就是個好例子。在一次訪談中，彼得森說：「如果你讓男人和女人照自己的意思挑職業，他們不會挑到同樣的類別。」到目前為止他說得都對，但他接著又表示，工程師的男女比是二十比一，護理師的比例則剛好相反，這是「男女自由選擇下的結果……這些差異根深蒂固」[32]。因此，當「彼得森式」保守派人士看到工程師只有一五％是女性、護理師只有九％是男性，他們會覺得這只是反映出先天性別差異（畢竟這些差異的比例比「一比二十」高太多了）。

但你還記得我在第七章引用了蘇和朗茲的研究嗎？這份研究顯示，假如職業選擇實際上符合潛在偏好，那麼女性工程師和男性護理師的數量至少要是兩倍。還有一個危險是，後天行為上的性別差異，被人用來當成家庭生活傳統分工的正當理由，彼得森曾經呼籲：「我們應該別再跟十九歲的女孩子說，她們的首要前途就是職業生涯。」[33]

說到特定政策，事情又變得更棘手了。保守派學者查爾斯．莫瑞（Charles Murray）在其著作《人類多元性》（*Human Diversity*）當中描述了性別差異的證據。這本書算是一本既仔細又大致平衡的概要，但問題在於，他用這些資料作為性別主義政策的正當理由。關於這一點，管理兒童監護權的法律是個好例子。莫瑞主張：「關於哪個性別比較適合養育幼童，無論任何數據指標都有巨大的效應值有利於女性，而且還有非常多演化個案，證明女性這方面的優勢是基於生物學。」[34]因此，他主張法院應該將監護權預設給母親，以取代目前根據個案情況來考慮「最大利益」的預設法律。

莫瑞寫道：「如果法官沒有明確證據證明父母哪一方比較有利，而且無濟於事的第三方福利制度又有風險，那麼有原則的自由派立場，就應該承認男女之間有著很重要的先天差異。」但這是錯的。假如法官真的沒有明確證據能證明兩位家長的育兒能力差異，那麼只憑性別就把監護權判給其中一方，實在是既武斷又不公平。莫瑞列舉證據，證明育兒能力**某些**方面有著真正的**平均**差異，藉此主張應在家庭法中納入帶有性別歧視的原則。父親們光是保住自己的角色就很掙扎了，莫瑞的提議又讓事情更糟糕。他對於女性從事軍事戰鬥職業也提出類似主張，所以當霍利成功阻止女性被徵召入伍時，莫瑞一定很高興。

這裡更廣泛的問題是，保守派用生物學解釋來合理化性別不平等，這些解釋並非完全**錯誤**，只是過於薄弱，無法承受他們想賦予的重量。當然，保守派對於人類行為中生物學重要性的主張，似乎比進步派更合理（進步派是徹底否定這些因素）。當一個人的死對頭徹底否定真相，你就很難看出這個人誇大真相的程度。這是關於性和生物學的文化戰爭當中，最令人遺憾的動態之一。左派越強烈反對任何先天性別差異，許多右派人士就越堅持其重要性，反之亦然。因此，細微差異的空間就變小了。

放女人自由，男人才能自由

保守派犯下的最後一個、也是最嚴重的錯誤，就是他們假設幫助男孩和男人的唯一方法，就是恢復傳統性別角色，這代表要逆轉女性在經濟獨立方面的一些收穫。在這個零和世界中，女人表現比較好，必定是男人表現比較差的原因。這可不是極少數人的看法，有將近五分之二（三八%）的共和黨男性，同意「女性在社會上的收穫，都是由男性付出代價」這種說法[35]。

二〇一六年大選之前有一項有趣的研究，費爾里．狄金生大學（Fairleigh Dickinson University）教授丹．卡西諾（Dan Cassino）在投票意向調查中，追加了一個不尋常的問題：「你賺得比配偶多、少或一樣？」有半數應答者是在調查早期遇到這個問題（在被問及投票之前），另一半則是在聲明自己的投票意向之後遇到這個問題。這個問題的用意，是讓男性「事先思考他們的性別角色會遇到的潛在威脅」[36]。

結果很驚人，較早被問及配偶收入問題的男性中，說自己會投給川普的人，比會投給希拉蕊．柯林頓（Hillary Clinton）的人更多。這份民意調查的規模很小，大概只有七百位已登記選民，但此實驗等同在暗示政客，去挑起並剝削男性對於失去地位的焦慮。

許多保守派知識分子的主張是，假如男性失去他們的傳統角色，就會與社會脫節或開始發洩出來。川普前顧問班農所說的「怪物般的力量」，就會傾注於反社會行為。這種擔憂並不新，保守派數十年來都很擔心女性運動帶給男性的危險。保守派知識分子吉爾德在一九九二年著作《男人與婚姻》（*Men and Marriage*，算是他一九七三年著作《性自殺》（*Sexual Suicide*）的更新版）當中，主張女性主義會使男性成為累贅[37]。他警告，一旦女性能夠「同時成為提供者和生育者」，男性的婚姻需求就會減少，使他們成為「法外之徒」或「流亡者」。

較年輕的讀者可能不熟悉吉爾德的作品。但對於那個時代的女性主義者而言，他的名字會激起強烈的反應。作為經濟學家，吉爾德後來影響了隆納·雷根（Ronald Reagan）的經濟政策；在另一方面，他被《時代》（*Time*）雜誌和全國婦女組織列為「年度男性沙文主義豬」（Male Chauvinist Pig of the Year）時還感到很驕傲[38]。吉爾德的世界觀有很多討人厭的地方，但重點在於，他並非完全錯誤。

吉爾德就像我在第七章引用的多數人類學家（包括米德、康納、吉爾摩、奧特納），看見了男性角色的脆弱性。「男人跟女人不同，他的體內沒有刻著文明的角色或目的，」他寫道：「**因此男性在家庭中的角色是可逆的，女性的角色則是無庸置疑的，**而且就算男性離去也依然會持續下去。**沒有女人的男人，內心會深深覺得自己可有可無。**」[39]

丹奇也寫過類似的話，他認定「女性主義分析的基本弱點」在於無法「理解男人需要主要供給者角色的地位，以給他們一個充分的理由，完全並持續參與家庭生活的長期乏味事務」[40]。

保守派擔心男性被剝奪傳統角色之後，會有道德淪喪和疏離的危險，這種擔心是對的；但他們認為解方是倒轉時間、讓女人再度變得依賴男性，才能重新賦予男人目的，這種想法就是錯的。

根據皮尤研究中心的社會價值調查，在所有熱切盼望「想像中的過去」的人當中，二〇一二年說「女人應該回到傳統社會角色」的美國人少於五分之一（一八％），比一九八七年的三〇％更少——而且對這個問題的回應，並沒有因為性別、年紀、政治傾向或種族而產生巨大差異，這是很不尋常的[41]。

保守派宣稱女性主義已經顛覆了自然秩序，而我們（尤其是男人）正在付出代價，因此解決方法就是恢復傳統的家庭和角色。這個分析是錯的。女性主義顛覆的是父權制度——這種**特有的**社會秩序有著「極度不公平」這個致命缺陷。女性主義造成的顛覆是真

i 美國共和黨籍政治人物，第四十位美國總統。

的，必須認真看待。

男人確實需要幫助，但我們不必妨礙女人或試圖倒轉時間，就能幫助男人。尤其父親身分可以再造，以適應更平等主義的世界。

美國歷史學家小亞瑟・斯勒辛格（Arthur Schlesinger Jr.）在一九五八年的散文〈美國男子氣概的危機〉（The Crisis of American Masculinity）中寫道：「**恢復男子氣概的關鍵，不在於任何留戀過去的希望——想要羞辱積極進取的女性，並恢復舊有的男性優越主義**。男性優越主義就跟白人優越主義一樣，是不成熟社會的精神官能症。放女人自由，對男人和女人來說都是好事。無論如何，這個過程都是不可逆的；這個精靈永遠無法塞回神燈裡。」[42]

如果一九五八年便是如此，那麼現在顯然更是如此。這就是為什麼，建議「我們可以逆轉現況」非常沒有幫助。

保守派並沒有幫助那些在適應全新平等世界時，遇到困難的男孩和男人，而是鼓勵他們抵抗女性的進步。抵抗或許感覺很好（至少可以感覺良好一陣子），或許比「適應現況」這個艱鉅任務更讓人開心，但這樣既白費功夫又沒意義。

離心的性別政治

「男人和女人的角色都在改變。女人感到壓力……認為她們過去的地位是男性壓迫所導致的。」一位敏銳的文化觀察者寫道：「與此同時，男性……被指控為壓迫者——而且是憤怒的壓迫者。整個變化過程發生於情緒最壞的氣氛之中，因此產生了大量的間接敵意，此事本身就可能妨礙達成良好的結果。」

這是米德在一九七五年所寫的[43]。儘管女性運動非常成功，敵意依舊存在，這多半都要歸咎於政治人物。左翼和右翼都未能回應男孩和男人日漸增加的問題，這已經在我們的政治生活中產生了危險的真空。在文化戰爭政治的離心動態中，右翼越走向一個極端，左翼就越走向另一個極端，反之亦然。左翼摒棄生物學，右翼太傾向生物學；左翼看到有人對女孩和女人宣戰，右翼看到有人對男孩和男人宣戰；左翼把男子氣概當成疾病，右翼把女性主義當成疾病。

與此同時，在文化戰爭前線的遙遠距離外，男孩和男人在現實世界遭遇的問題，大部分都沒能處理，而這樣的風險很高。美國猶太委員會跨大西洋研究所（American Jewish Committee's Transatlantic Institute）主任丹尼爾・施瓦門塔爾（Daniel Schwammenthal）

說：「政治的鐵則是，假如負責任的黨派沒有處理社會上的真實問題，那麼不負責任的黨派就會撲過去。」[44]

第 5 部

我們能怎麼做

WHAT TO DO

第 10 章

為男孩披上紅衫

男孩必須在教室多待 1 年

Boys Need an Extra Year in the Classroom

我跟我太太難以做出抉擇。我們的第二個兒子布萊斯快要上小學了，但無論在社交或智力方面，他似乎都沒有準備好，他的學前班老師也同意這一點。所以，我們決定讓他暫緩幾個月，等到一月再幫他註冊當地的學校，而不是九月就註冊。

當時我覺得好像做過頭了，延後四個月似乎是個錯誤。但現在，我覺得我們做得遠遠不夠，我們應該等上一整年才對。布萊斯在學業方面始終不斷掙扎，尤其是高中的時候，而且他未被診斷的睡眠呼吸中止症[i]占了很大部分的原因（對，沒想到小孩也可能得這種病）。他很勉強地取得高中文憑，在他的畢業典禮上，正當周圍大多數家長都在交換意見、討論他們的小孩要讀哪間大學時，我流下了眼淚；這眼淚帶著喜悅以及強烈的驕傲——儘管歷經重重難關，我的兒子還是成功讀完高中了。

布萊斯的教育經歷並沒有那麼罕見，尤其是對男孩而言。我們認識的家長當中，有許多人在解釋青春期小孩很難維持正軌時（尤其是學業方面，但生活上也大致如此），都發展出一種簡略的解釋：「因為他是男生。」一天晚上，我朋友的十五歲兒子爬到十層樓高的起重機上，然後在 Snapchat 貼了一張自拍照，附上這段訊息：「嗨，老媽！」（他下來的時候警察正在等著他。）這是前額葉皮質跟風險偏好惹的禍。

米德在一九七四年寫：「在任何方面都不同的群體之間，唯有為了差異做好準備，才能獲得真正的平等。」[1] 米德對於「真正的平等」之概念，現在或許可稱為「公平」（equity）。當起始條件有差異時，用相同方式對待所有人（也就是平等）並不等於「公平對待所有人」。

有一種常見的視覺闡述，是三個身高不同的小孩，想從籬笆上探頭往外看。想要讓他們一樣高，你就必須讓較矮的小孩站上較高的箱子。考慮種族正義時，從平等換成公平心態，是一股很強大的力量，在美國尤其如此。但這裡也有性別含意，比方說，公平的教育體系應該要認清先天的性別差異，尤其是「男孩在學校教育的關鍵點上，和女孩相比有著發展劣勢」此一事實。

為了讓教育體系對男性更友善，本章提出幾項建議。具體而言，我主張三大改革：男孩必須在學前班多待一年再去上學；舉辦招募活動，讓男性教師走進教室；以及大量投資

---

i 編按：睡覺時上呼吸道反覆性塌陷，堵住呼吸道，造成呼吸變淺、變費力，更嚴重會造成氣道完全堵塞，吸不到空氣及窒息。

於職業教育，包括設立更多高職。我明白這些提議的某些部分似乎很激進，但假如我們要認真看待性別平等，就必須激進一點。

男孩最需要的禮物：時間

晚一年才開始上學，又被稱為「披上紅衫」（redshirting）。這個名詞借用自大專院校體育，選手延後一季才參加定期賽事的制度[i]。這個概念在二〇〇八年曾得到關注，當時麥爾坎·葛拉威爾（Malcolm Gladwell）在其著作《異數》（*Outliers*）中提出證據，證明比同學較年長的小孩，在學術測驗和整體生活上都表現更好。他主張班上較年長和年幼的小孩，最後會演變成「成績好」和「成績不好」，以及「受到鼓勵」和「感到洩氣」這樣的模式，而且這會延續好幾年[2]。

值得一提的是，披紅衫是很常見的合理做法。二〇二一年，商業智慧公司 Morning Consult 和基金會 EdChoice 的一項調查當中，一二%的學齡兒童家長說，他們至少有一個小孩延後上幼兒園，相較之下，小孩現在超過十八歲的家長只有六%這樣做[3]。延後的三大理由是：小孩太年幼、情緒上沒有準備好、學業上沒有準備好。有趣的是，家裡有學齡兒童的**老師**，披紅衫的比例就高了一點，是一五％[4]。這些數字比二〇一〇／二〇一一學年的官方數字更高（這是公開資料當中最近期的），當時只有七％的男孩和五％的女孩延後上幼兒園[5]（當然，新冠疫情可能是影響二〇二一年的因素之一）。

但有些小孩披上紅衫的機率比別的小孩更高。父母富裕的小孩，延後就學的機率是低收入家庭的兩倍，白人和黑人小孩之間也有類似落差；而男孩披上紅衫的機率比女孩更高，家長是教師時更是如此[6]。小孩如果在自己的學年中較年幼，也更可能延後一年。當這些因素結合在一起，機率就變很高了。

根據西北大學經濟學家黛安．惠特莫爾．沙辛巴赫（Diane Whitmore Schanzenbach）和史蒂芬妮．霍華．拉爾森（Stephanie Howard Larson）對於二〇一〇／二〇一一學年資料的分析，夏天出生、且父母有大學學位（就是會讀《異數》的那種人）的男孩，披紅衫

i 編按：由於選手參賽季數有限制，選擇「披紅衫」意指某一賽季不參加正式比賽，藉此保留該賽季參賽資格，延長至未來賽季。在這段期間，選手仍可參加訓練，以提升技術或恢復健康。

的機率是二〇％[7]。據說，披紅衫在私立學校也比較常見，而且披紅衫的小孩跟最具教育劣勢的小孩相差甚遠，當他們決定披紅衫的時候，讀寫能力和數學分數就已經略高於平均值了[8]。換言之，最可能披紅衫的男孩，反而受益最少。

我提議，所有男孩都該被預設要披上紅衫。只要納入為期一年的實際年齡落差，就能減少男孩和女孩之間的年齡發展落差。換言之，這樣會比較公平。我在第一章已經表明，學習方面的性別落差很早就開始了，但大腦發展方面的最大差異，出現於青春期。讓男孩延後入學的主要理由，並不是讓他們比幼兒園的女同學大一歲，而是讓他們比國、高中的女同學大一歲。

披上紅衫會有用嗎？

讓男孩延後入學就能夠縮小性別落差嗎？我不確定。像這樣的教育政策重大改變很難事先評估，但來自披紅衫研究的證據，讓我覺得它或許能幫上大忙。許多關於披紅衫男孩的研究都顯示，這樣做會大幅減少男孩在小學時過動和不專心的情況、提高生活滿意度、降低以後留級的機率，以及提高測驗分數[9]。

最近期的高品質披紅衫研究，由學者沙辛巴赫和達特茅斯學院的伊莉莎白・卡西歐（Elizabeth Cascio）所做，他們使用田納西州的資料。樣本中的小孩收入低到不成比例，而且種族多元，其中有一半的小孩在幼兒園是吃免費或減價的午餐，且三分之一是黑人。整體而言，沙辛巴赫和卡西歐發現，小孩如果比同學大一歲，對於八年級的測驗分數會有正面影響、減少高中之前留級的風險，也增加高中畢業後參加SAT和ACT的機率。但是，根據八年級所有數據結果顯示，這麼做對男孩的效益至少是女孩的兩倍，而且到了高中之後，只有男孩有獲益。卡西歐和沙辛巴赫也發現，低收入學生的獲益最大，他們表示：「這跟我們觀察到的模式（高收入小孩披上紅衫的機率高很多）形成對比。」[10]最後，他們還指出，披紅衫的小孩對於年紀較小的同學沒有負面影響。真要說的話，反而還有一點正面的「外溢」效應。

所以，披紅衫對男孩特別有長期的正面效益（尤其是家境貧窮的孩子），而且對於他們的同學沒有不良影響。重要的是，這些結果並不是**相對**年齡效應造成的，而是**絕對**年齡效應造成的——這也是我的紅衫政策試圖產生的效應。這項研究最鼓舞人心的發現之一，是**披紅衫會大幅降低之後留級的風險**。留級的情況會依種族、性別、經濟背景不同而產生極大差異：四分之一的黑人男孩（二六%）在高中畢業之前，至少會留級一次[11]。只要讓男孩一開始就披上紅衫，我們就能降低他們之後留級的風險。

沙辛巴赫和卡西歐的發現，與一份菲利普・庫克（Philip Cook）和姜宋滿（Songman Kang）的研究一致，後者使用北卡羅來納州的資料[12]。他們的分析顯示，三年級結束時，披紅衫的小孩在閱讀和數學的表現都明顯較好。他們觀察種族群體之間的性別落差之後，發現白人小孩披紅衫的機率是一〇%，而且這使三年級白人學生的整體性別落差降低了一一%。

關於此主題，也有一些質性證據。科林學院（Collin College）的蘇珊娜・史塔特勒・瓊斯（Suzanne Stateler Jones）做了一項深度研究，發現夏天出生的青春期男孩，只要披上紅衫，生活滿意度就會比同儕高很多[13]。至於那些在指定年齡入學的男孩，嘴裡總是掛著一句話：「我總是在試著追上同學。」但瓊斯說，比較年長的男孩所傳達的整體訊息是：「他們很喜歡這樣，喜歡比同學更年長的感覺，沒有問題，想不到這樣有哪裡不好，這樣有益無害。」瓊斯也訪問家長，問他們假如還有另一個夏天出生的小孩，會怎麼做？

他們都立刻回答：「我們會替他披上紅衫。」然而，值得一提的是，這個小群體多半都是富裕的白人，原因很簡單：這個群體是目前最可能替小孩披上紅衫的人。

總的來說，這些研究結果都指向一件事：**讓所有男孩晚一年入學，可能會有很大的助益。獲益最大的將是目前最不可能披紅衫的男孩，尤其是低收入家庭和黑人男孩**。我也預期其他成果指標會有更大的收穫，像是GPA，現有的研究無法深入這個部分，例如高中成績就跟執行功能技能有關——這也是女孩成績比較好的原因之一[14]。多出一年的發展時間，雖然不太可能完全消除這些技能的落差，但肯定有幫助。

反對披紅衫的意見

當然，有一些很好的論點能夠反駁此提議。我會在這裡提及五個。第一，延後入學使家長要多照顧小孩一年，造成他們的壓力；這很可能也是低收入家長替小孩披紅衫的機率低很多的原因之一。這種擔憂有其根據。我的提案是讓男孩跟同齡女孩註冊一個共用的學前計畫，但給男孩多一年的時間再入學。換言之，男孩要接受兩倍的學前教育。所以對家長來說，這項政策應該不會影響到育兒成本。

第二，有人擔心延後入學的男孩，之後可能會在高中時輟學，因為他們在完成高中教育之前，就可以合法退出正式教育。我們很難知道這個問題有多大。經濟學家大衛・戴明（David Deming）和蘇珊・戴納斯基（Susan Dynarski）分析後發現，男孩延後一年入學並沒有大幅影響高中畢業率，不過確實會延後畢業[15]。但正如我們所見，這個群體沒什麼代表性；如今披紅衫的小孩都是來自較具優勢的背景，無論如何高中輟學率都低很多。關於這個問題，有個方法很有幫助，就是把合法離校年齡提高到十八歲——美國約有一半的州已經這樣做了[16]。

第三，有個相關反對意見是說，男孩成為男人之後，在勞動市場會損失一年的時間，這有可能減少他們的終身收入。這是戴明和戴納斯基的主要擔憂之一。「在同樣的退休年齡下，延後一年入學的人，在勞動市場就會少花一年時間。」他們指出：「延後一年入學的經濟損失，包含了一整年的勞動市場收入，以及一整年勞動市場經驗所帶來的終身報酬。」[17]這種恐懼也很合理，但它適用於**任何**在學校多待幾年的政策，例如去讀兩年社區大學，卻沒有拿到任何證書，結果也是如此。

事實是，現在已經很少有年輕男性，離開中等教育後就直接踏入勞動市場。將近五分之一的年輕男性並沒有準時念完高中[18]。至於那些就讀社區大學的年輕男性，三年後拿到合格證書的人不到三分之一[19]。十六歲到二十四歲之間的年輕男性，有超過十分之一都「失聯」（disconneted，既沒有從事有薪工作，也沒有受教育）[20]。我的重點在於，我們不應該假設多讀一年書就會少一年收入。如果這樣能協助改善男孩的成果（我相信可以），那同時也能改善勞動市場的前途。

第四，這項改革該怎麼分階段會是個問題。假如我們突然讓一整群男孩留級一年，那麼教育體系內就出現「一整群女孩卻沒有男孩」的情況，這樣顯然很奇怪，對她們來說尤其如此。我的建議是，將這項政策分成幾個階段、橫跨數年，先從最年幼的男孩開始，再每年逐漸擴大年齡範圍，直到所有男孩都被政策覆蓋。例如第一年或許應該讓三分之一的男孩披紅衫，第二年三分之二，第三年延展至所有男孩（這樣一來也等於做了一個自然的實驗，讓社會科學家評估披紅衫對於不同年齡男孩的助益）。

最後一個質疑是，這樣做合法嗎？想像一下，假如有一個校區或州採用了我的計畫，這樣可能要面臨一些法律問題，或許是來自美國公民自由聯盟（ＡＣＬＵ）。他們將會引用一九六四年《民權法案第七章》——禁止基於性別的歧視，而且還可能會引用《憲法第十四修正案》（*14th Amendment*）的《平等保護條款》（*Equal Protection Clause*）[21]。而我的辯詞是，女孩和男孩在發展方面不同，教育政策可以在不違反《民權法案第七章》的情況下，將這樣的差異納入考量。

在此，我肯定會引用維吉尼亞軍校（Virginia Military Institute，男校）的知名案例。於一九九六年，最高法院強迫該校完全開放女性就讀，由大法官露絲·貝德·金斯伯格（Ruth Bader Ginsburg）寫下這個主流意見[22]。重要的是，法院沒有否認「平均而言，男孩和女孩的學習方式是有差異的」這個主張。然而，正如金斯伯格所寫，這個主張並不是排除「那些天賦和能力不同於一般描述」的女孩（也就是那些學習能力更接近典型男孩的女孩）的正當理由。如今這間軍校有一二%的學生是女性[23]。

法院規定，如果要將一個性別完全排除於公立教育機構之外，該州必須提供「非常有說服力的正當理由」[24]。但我的提議並不是要將任何性別排除在任何機構之外，而只是因為男孩和女孩的發展軌跡不同，想要稍微錯開他們從學前班升幼兒園的預設年齡。家長可以自由否決這個預設年齡，讓女兒晚讀或讓兒子早讀，就跟他們在現有體系裡一樣。總而言之，如果擺明要基於性別差異推行一項政策，就會面臨明顯的法律問題，所以在設計和實施方面都要考慮這些問題。

有人對我的「替男孩披紅衫」計畫有合理的擔心，而我也有合理的回答。唯一能夠確定這樣做是否正確的方法，就是去做看看，一開始先推一些實驗性計畫，或許挑選幾個不同背景的校區來試試。我期望這些計畫，能夠在減少教育性別落差方面取得好的結果與投資報酬率；但我當然可能是錯的，這就是為什麼評估研究這麼重要，讓我們拭目以待吧。

男老師遠遠不夠

目前男孩跟學校真的合不來。根據OECD在二〇一五年委託的調查，世界各地的男孩表示「上學是在浪費時間」的比例是女孩的兩倍[25]。在美國，男孩被退學的比例是女孩的三倍，被停學的比例是女孩的兩倍[26]。有一些改革或許能替男孩改善校園環境，包括更多體育教育、更晚的上課時間，以及更好的食物。運動、食物、睡眠：總而言之，教育體系必須更深刻體會到學生是血肉構成的，而不只是插著大腦的一根棍子。當然，這些

圖 10-1 男老師不夠多

美國教師性別，依照學校等級分類

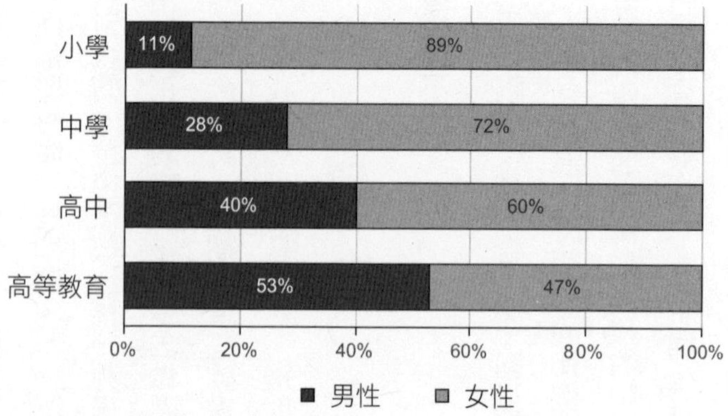

註：高等教育的數字代表授予學位的機構內的全職教師。
來源：國家教育統計中心（IPEDS，2021 年 3 月）：K-12 的數字是 2017 ～ 2018 年；高等教育的數字是 2017、2018、2019 年。

改革也將對女孩有益。

但有一項學校改革，會讓上述改革相形見絀，那就是增加男性教師。美國男性教師比例很低，而且正在下降。現在K-12教師的男性比例是二四%，比一九八〇年代初期的三三%更低[27]。小學和中學的男老師又特別稀少，正如圖10-1所示。在其他國家也能觀察到類似趨勢[i]，包括英國和南韓[28]。

「如果這個趨勢繼續下去，或許有一天，美國每十位教師就有八位是女性。」教育社會學教授理查·英格索爾（Richard Ingersoll）

與其同事在一份賓州大學二〇一八年的報告中寫道。他們補充：「沒有男老師的小學比例將會逐漸增加。由於教師是很重要的榜樣，甚至是一些學生的代理家長，所以肯定會有人將這個趨勢視為問題和政策關切重點。」[29]

老實說，我認為怎麼可能會有人認為這個趨勢沒問題？但說清楚「為什麼」還是很重要。其中一個原因是，假如小孩在成長過程中，把照顧或教育當成女性的工作，就會強化世代之間的性別刻板印象。女性主義者斯泰納姆在一九九五年說過：「我們對男性氣質和女性氣質的錯誤概念，源自小時候看到的一切。」[30]

也有明確證據顯示，男老師能夠增強男孩的學業成果，尤其是英文等科目，這樣做的潛在好處很大。教育研究者湯馬斯・迪伊（Thomas Dee）估計，假如六到八年級的英文老師有一半是男性，「那麼到了中學畢業時，男孩和女孩之間的閱讀成績落差會縮小三分之一左右」[31]（值得一提，女孩的英文表現似乎不受教師性別影響）。芝加哥有另一項

i 編按：根據臺灣行政院的國情統計通報，一〇九學年國中小學女性專任教師占七〇・九%、高中占五八・六%、大專院校占三六・四%；根據教育部統計處，一〇五學年幼兒園女性教師占九八・七%。

研究發現，如果班上有男老師，九年級GPA的性別落差幾乎減半[32]。

芬蘭小學的男性執教比例，因為訓練課程的四〇%保障名額而有所提升，結果男孩跟女孩的學業表現都變好[33]。這個保障名額在一九八九年廢除，結果進入小學任教的男性比例就減半了。一九八七年性別歧視法通過之後，這項政策也跟著中止。但在二〇〇五年，芬蘭政府對所有國營企業提出法律要求，它們的董事至少要有四〇%是女性[34]。我承認我對芬蘭法律制度的錯綜複雜之處缺乏專業知識，但我很確定這裡有哪裡出錯了。

不過我離題了。雖然證據顯示男老師很重要，但沒人充分了解確切的機制。態度可能是其中一個因素，女老師比男老師更加認為班上的男孩是搗蛋鬼，但男老師對於男孩與其能力的看法都更正面[35]。男老師也可能具有榜樣的效果。值得一提的是，老師的種族也很重要，而且白人老師偏多的程度甚至比女老師還嚴重，黑人男孩由黑人老師來教，似乎獲益最多[36]。「老師男女皆有，對學生很可能是好事，就跟他們受益於種族多元的教師群同理。」進步派的美國進步中心（Center for American Progress）教育學者莉塞特・帕特洛（Lisette Partelow）寫道[37]。

這裡需要的是大規模且急迫的招募活動。在理想狀態下，我們的男女教師數量應該差不多，而且從學前班到博士班都這樣。大學校園已經有了巨大進步，現在女性占全職教師將近半數（四七%），如圖10-1所示[38]。大學和學院部門的主管也有超過一半是女性，院長有四〇%是女性，大學校長有三〇%為女性[39]。美國教育理事會已經設下目標，要在二〇三〇年達成大學主管的完全性別平等。鑑於最近上升的趨勢、以及「目前有半數大學校長說他們計畫在接下來五年內離職」這項事實，這個具企圖心的目標看起來可以達成[40]。理事會稱之為「移動指針」（Moving the Needle）[i]倡議。因此在高等教育中，我們看見所有層級都有邁向性別平衡的真正進步，並設立明確的未來目標。與此同時，K–12卻每過一年就離性別平等更遠，而且沒有設立目標。所以，移動這裡的指針，至少跟移動大學的指針一樣重要。作為第一步，我們應該設立目標，讓男性占K–12教師的三〇%。政府應該要求校區誓言達成目標。

此外，也要特別付出心力招募更多男性（包括黑人男性和男性英文老師）進入早期教育。早期教育已經接近全女性環境了，學前班和幼兒園的男老師只占三%，這應該算是國

---

i 編按：英文慣用語，意象為移動測量儀表的指針，意指做出可見的進展。

家之恥[41]。如今駕駛美國軍機的女性比例，是幼兒園男老師的兩倍[42]。

曼哈頓社區學院的克斯汀．科爾（Kirsten Cole）與其同事，深入研究四十六位在紐約學前班和幼兒園任教的男性教師，發現這個領域的男性招募門檻很高[43]。其中一項主要挑戰是「汙名」。許多男性都被建議，最好永遠別跟小孩獨處，而且還要提防身體接觸（在寫這一章的時候，我的兒子打電話來，說他有個育兒工作沒被錄取，因為家長不放心讓男性跟他們的小孩待在一起。他說：「至少他們很誠實。」）

往好處想，這些教師當中有許多人說，他們很自豪能成為幼童的正面男性榜樣，據說許多家長對於小孩有男老師都感到很高興。科爾和其共同作者力勸大家推行一致政策，以吸引並留住早期教育的男老師。他們寫道：「由於目前這個領域的男老師很稀少，針對他們面對的特定情況，如偏見和孤立，他們可能也需要刻意的支持。」他們的建議是具針對性的招募男性進入此領域，可仿效「紐約市教師會」（NYC Teaching Fellows）這類型計畫；此計畫支持專業人士轉換跑道，在教師需求高的科目領域任教，像是數學、科學及紐約學校尚未滿足的特殊需求。認真推動性別平等的慈善基金會，應該要用慷慨的大學獎學金「淹沒」教育市場，提供給那些想要投身於早期教育的男性，就像曾經支持女孩投入

STEM生涯一樣。

第二優先事項，是招募更多黑人男性教師。「身為黑人男老師，有時我覺得自己好像珍禽異獸。」華府公立學校的藝術兼法文老師查爾斯・尚－皮耶（Charles Jean-Pierre）說道[44]。這並不令人意外，黑人男性只占了全美國教師的二%[45]。我在前面提過，黑人老師對於黑人男孩特別有助益。現在有各種新措施（多半是城市層級）想增加黑人男性教師的人數，包括紐約市男教師（NYC Men Teach）、「全國黑人男教師協會」（National Association of Black Male Educators）、「有色男教師倡議」（Male Teacher of Color Initiative）、「黑人男教師集會」（Black Male in Educators Convening）等。但是其中許多措施都是靠著拮据的預算在運作，急需支持。

在南卡羅來納州哥倫比亞市，學校管理人貝倫・戴維斯（Baron Davis）已設立明確目標，要多雇用一百位有色人種男老師（尤其是黑人），這樣就能讓其校區的有色人種男老師比例提升至一〇%。我們正需要這種意向性和明確性，替男老師擬定全國皆肯定的行動計畫。「你不能只是一直說黑人男老師不夠多，」戴維斯說道：「問題在於，你能怎麼做？」[46]我覺得這句話適用於教育界中的普遍男性。

第三優先招募對象是英文男老師。男孩的讀寫和言語技能遠遠落後女孩，偏偏這些技能對於教育前景很重要。一項研究發現，美國九年級學生的英文成績只要提升一級，他們的大學註冊率就會增加一〇%[47]。男孩因為披紅衫而多讀一年，肯定對此有幫助。不過，更多男老師來教適合的科目也有益，尤其是英文。

還記得嗎？英文男老師能夠改善男孩的成果，但不會對女孩產生負面影響，所以能有越多男性教英文越好。目前男性占中學英文老師一二%，以及高中英文老師二三%[48]。教師招募方面的政策，多半都聚焦於吸引更多老師（無論男女）執教STEM科目。這當然很重要，但我認為，現在「增加更多英文男老師」是同樣迫切的需求。有一個選項，是從STEM領域借用一個概念，提供機會給主修英文的大學生，讓他們同時取得教師認證，減少修習年數。顯然，這樣能夠同時吸引男性和女性。

少說話，多「動手」做

我提出的第三大政策改革，是大量投資於對男性友善的職業教育和訓練。我們的教育體系傾向於標準的學術軌跡，直到且包括四年制的大學學位。我在之前幾個章節已經寫過很多關於大學的事情。但有許多人沒有四年制大學學位也過得很好。事實上，據喬治城大學的安東尼・卡內瓦萊（Anthony Carnevale）與其共同作者的研究顯示，一六％的高中學歷人士及二八％的副學士，職涯中賺到的錢比中位數的學士還多[49]。他們表示：「只建議高中生讀大學，已經不再足夠了。」卡內瓦萊認為，高中需要更多生涯顧問，因為他們的技能和資訊能夠幫助學生發現各種選項。有時這個職銜是「大學與生涯顧問」，但通常焦點都放在「大學」上（這方面我們也應該要努力達成性別平衡：目前就業顧問只有四分之一是男性[50]）。

如果只聚焦於傳統教育途徑，就會傳遞強烈的訊息：有些技能比其他技能更寶貴，那些讓你「準備好讀大學」的技能更是如此。我可以談很多該領域背後根深蒂固的階級歧視和「聰明崇拜」（cult of smart）現象[51]，但它們造成的後果，就是職業教育一直不被重視。這對所有人都有害，但對男孩和男人特別有害。

平均而言，如果學習方法更偏向「動手做」和實作，男學生的表現會比較好，所以職業取向的方法對他們最有助益[52]。但美國學校的技職教育（career and technical education，簡稱CTE）已經急遽衰退，原因是「一定要讀大學」的迷思，和怕某些學生被「分流」（tracking）至非學術課程的殘餘恐懼。一九九二年到二〇一三年（最新的公開資料只到這一年）之間，美國高中生修得的CTE學分下跌了一七%[53]。過去幾十年來，聯邦政府的支出也減少了[54]。

高中課程需要更多「動手做」要素。這不代表要讓男孩去上工藝課以學習交易，然後女孩繼續潤飾她們的大學申請論文。但這確實意味著，要在一般課程中納入更多實作和職業要素（也就是CTE），尤其是開設更多獨立的技術學校。這裡的廣泛目標，比較接近哲學家約瑟夫．費許金（Joseph Fishkin）的機會多元主義（opportunity pluralism）[55]，他將僅有一條狹窄途徑的方式稱為「單一機會結構」，但我們應該要替學生準備許多不同的成功途徑。

CTE對男孩有多少幫助？這方面的證據不多，但少數證據看起來是很振奮人心的。有幾份高品質的研究特別引人注目，第一份研究檢視了職涯學院（職業導向的小型高中）的影響力，這種學院全美估計有七千間，不過教學方式都差很多[56]。這份由MDRC進行的評估研究，觀察了紐約的九間學院，在傳統的教育指標方面（如成績、測驗分數、大學入學率），它們算是失敗的；但從這些學校畢業的男學生（多半是西語裔人和黑人），在接下來八年的追蹤研究期間，收入增加了一七％，等於多了三萬美元[57]。這種工資增加，類似於讀完兩年社區大學的學生。驚人的是，從這些學院畢業的年輕女性，在任何成果指標上都沒有獲得明顯的助益，這算是教育介入措施的整體法則（我在第六章描述過）的例外——而且更加證實CTE是對男性特別友善的教育方法。

第二份研究檢視了康乃狄克州十六間CTE學校組成的全州體系，有多大的影響力。這些學校總共教育了一萬一千名學生，占了整個學校體系的七％[58]。這些學校的男學生畢業率比傳統學校高一〇％，而且到了二十三歲，他們的工資比同齡者高三三～三五％。同樣的，女學生沒有明顯的差異。這些美國研究呼應挪威一份研究的類似發現：高中新設立的職業班，增加了該班男學生的收入。該研究作者貝特朗、馬涅·莫格斯塔（Magne Mogstad）與傑克·蒙喬伊（Jack Mountjoy）寫道：「關於職業教育的政策對話，必須考慮到政策的助益會因性別而產生差異。」[59]

事實上，近年來，政策制定者很樂意投資CTE，而我們也樂見這種跡象。有幾個州已經增加了資金，內華達州的CTE投資增加至三倍[60]。二〇一八年，《卡爾·柏金斯技職教育法案》（*Carl D. Perkins Career and Technical Education Act*）重新受到批准，每年提供十三億美元讓州政府資助ＣＴＥ[61]。這樣的發展很好，但相較於資助大學教育的一千五百億美元，還是不算多[62]。

另一個問題是，即使最有力的證據顯示，ＣＴＥ要藉由全校推行的方式才能產生效益，但幾乎所有對於ＣＴＥ的投資，都只挹注到校內的某些課程上。當然，每間學校都需要更多ＣＴＥ，但更重要的是，我們需要更多ＣＴＥ學校。根據我的估計，美國目前有大約一千六百間高職，占所有公立高中七％左右[63]。這些高職都聚集在東北部都市或城郊的校區[64]。全國只有一二％的校區有ＣＴＥ學校。我們的目標應該是：到二〇三〇年為止，全國至少增設一千間高職。假如聯邦政府提供各州每位學生五千美元的補助，那麼每年花四十億美元左右就能達成目標[65]。這些新學校當然男女學生都會收，但鑑於評估研究的結果，以男學生為行銷對象會比較合理。

除了高中之外，增加學徒也有其充分理由。二〇二一年，眾議院通過《國家學徒法案》（*National Apprenticeship Act*），將會在五年內投資三十五億美元，創造將近一百萬個學徒職缺[66]。人們迫切需要這種投資，真希望參議院也這麼想。儘管近期有所成長，美國的成年學徒人數依然處於國際的後段班，只有六十三萬六千人[67]。社區大學也提供能夠提高就業機會和收入的職業課程，尤其是健康、商業和ＳＴＥＭ方面。這些大學也是美國青年最普遍的高等教育終點（相較之下，文科副學士就不是很棒的投資，因為在勞動市場不吃香）[68]。政府應該要透過新的聯邦撥款計畫，每年至少轉投兩百億美元給社區大學，搭配更多確保學生完成學業的誘因，尤其是那些最有職業前途的科目[69]。

上述這些改革全都要花時間。立場中間偏右的智庫美國指南針（American Compass）領導人歐倫·凱斯（Oren Cass）寫道：「轉移教育改革的焦點，不再執著於大學、而是尊重其他引導年輕人步入勞動市場的途徑，這段過程將會既漫長又緩慢。」[70]所以我們最好早點開始。

這裡我聚焦於職業途徑，但我對大學有一個請求。我想看到更多國家（或美國的州政府）跟隨蘇格蘭的腳步，蘇格蘭的性別行動計畫（Gender Action Plan）已經設下目標，要將大學註冊率的性別落差降低五％。這將是個挑戰，因為目前的差距是一七％[71]。但蘇格蘭政府突出的地方在於，它清楚聲明性別不平等**無論哪個方向**都事關重大，而且還設立具體目標來處理。

最後，我應該要提到一個我不贊同的政策提案：更多單性別學校。大家討論怎麼幫助男孩的時候，常常想到這個解方。有幾份研究顯示這樣做很有效，包括一份對於千里達及托巴哥[i]二十間學校的研究[72]。但整體而言，這份研究並沒有顯示出男女分校有多大的效益[73]。或許是單性別教育對特定群體有益，包括黑人男孩；關於這個問題，不管怎麼解釋都欠缺有力證據。

麥可·古里安（Michael Gurian）有一本著作叫做《男孩和女孩的學習方式不同》（*Boys and Girls Learn Differently*），這個書名肯定是正確的[74]。但如果要處理這個差異，最好是修訂教師的教育課程，以納入一些性別差異的科學證據，正如古里安所呼籲的（目前沒人這樣做）。

如今男孩和女孩之間的差異主要在於，從發展角度來看，女生相對「年長」得多。我們可以讓男孩和女孩念同一間學校，只是男孩要晚一年。

i 編按：位於中美洲加勒比海南部、緊鄰委內瑞拉外海的島國。

第 11 章

男人可以 HEAL

讓男人走進未來的職場

Getting Men into the Jobs of the Future

卡麥隆約六歲時，我帶他去看醫生，結束後開車載他回家。「爸，我不知道男生可以當醫生耶。」他說。我困惑了一會兒，接著才想到，他之前遇到的兩、三位醫生剛好都是女生；由於英國的基層醫療醫師有一半以上是女性，所以這並不奇怪。既然只遇過女醫生，他當然會懷疑男生能不能當醫生。我跟他保證，男生的確可以當醫生，但我很謹慎地補充一句：「當然也可以當護理師。」我兒子上的小學，教職員也全是女生，所以我花了一些時間才說服孩子，男生也可以當老師。

為求平衡，我們刻意雇用男保母來照顧兒子。這當然不容易，畢竟當保母的男生很少。其中有一位叫做麥可（Michael）的澳洲人更是特別，他會搭好帳棚，說這是「家庭作業營」，然後在寫功課的空檔，帶孩子們去踢橄欖球。麥可本能上就知道，該怎麼讓家庭作業更像在玩遊戲，而不是坐牢（我有時會想，這是不是布萊斯後來從事育兒和教育工作的原因之一）。

在第十章當中，我針對男孩在教育體系內面對的結構性問題，提出了一些解方。而在本章，我會探討男性在職場內面對的問題。我在第二章已經表明，傳統上屬於男性的高薪工作已經大幅減少，像是製造業和重工業。新的中產階級工作都屬於所謂的「粉領」領域

——這個名詞形容的是女性占壓倒性多數的職位。雖然女性已經堅定地走進許多以前男性居多的職業，包括藥房、法律和會計，但男性卻沒有走進以前女性居多的職業。勞動市場的性別隔離已經廢除，但幾乎是完全單向的[1]。

尤其，HEAL職業（健康、教育、行政、讀寫）的男性比例還是難以上升。「女人總說：『男人能做的我們都能做。』」女性主義者斯泰納姆說道：「但男人不說：『女人能做的我們都能做。』」[2]一定有更多男性能做HEAL領域工作，而且鑑於勞動市場的趨勢，他們一定要做。

在本章，我會先描述並定義HEAL職業。接著，我會提出充分理由，讓更多男性走進HEAL職業之中。總共有三大理由：第一，由於傳統男性職業減少，所以男性急需在這些領域找工作；第二，這些職業的多元化，也能協助滿足它們逐漸成長的勞工需求；第三，這樣一來，男孩和男人將更容易找到這些服務的男性提供者。因此，讓男人走進HEAL職業，對於男人、職業和客戶都是好事——可謂「三贏」。

接著，我會提出一些政策，讓更多男性走進HEAL領域；以前我們成功讓女性走進STEM，因此可以從中汲取一些知識。我的「男人可以HEAL」計畫的三大要素，就是在教育體系中建立一條管道、提供經濟誘因，以及減少男性在這些領域工作時須承受的社會汙名。

STEM的反義詞——HEAL

永遠別質疑一個好縮寫的力量。二十年前，國家科學基金會教育與人力資源副主任茱蒂絲・A・拉馬利（Judith A. Ramaley）接到一項任務：推廣科學、數學、工程和技術。她接到這份工作時，縮寫是「SMET」。她不喜歡這個字聽起來的感覺，於是改用STEM[3]。到了二〇〇五年，國會有一個STEM黨團會議，從此以後這個名詞就變得很常用。一開始，STEM的動力源自大家擔心經濟成長和國家安全，但近年來，目標已經改成性別平等，具體來說就是讓更多女性走進男性居多的STEM職業——結果這樣做獲得了巨大的成功。

廣義來說，HEAL可以視為STEM的反義詞。它們更注重「人」而非「東西」，而且要求的讀寫能力比算術能力還多，因此，L（讀寫）取代了M（數學）。職銜是數學家或統計學家的壯年工作者（二十五至五十四歲）僅有約十二萬人，儘管如此，還是有很多工作注重數學技能[4]；同理，儘管只有十五萬名作家、寫手、編輯，但世上有更多工作強調讀寫和溝通技能。

在HEAL中，我納入了一些廣義的職業類別，像教育（如老師、圖書館員）、醫療保健（如護理師、醫生、牙醫）以及醫療保健支援（如家庭健康助理、醫學助理）[5]。此外，我還納入一些特定的工作，像是社工、心理健康顧問、訓練和發展經理和專家、教育和兒童保育行政人員、編輯、法庭書記官等。二〇二〇年，STEM工作占了美國壯年工作者就業的九％，但HEAL工作者占了二三％。醫療保健和教育是非常大的部門，占了所有工作的一五％左右。

近十年來，從事STEM工作的女性已經增加，舉例來說，女性已經占美國生命科學家和物質科學家將近一半（四五％），相較之下，在一九八〇年可是不到五分之一[6]。工程師當中的女性比例則從四％上升到一五％。

至於近十年來的科技產業，增加的女性人數就少很多，比例一直停在二五％。整體而言，女性現在占了STEM工作者的二七％，比一九八〇年那時的一三％還多，如圖11-1所

圖 11-1　STEM 的女性增加，HEAL 的男性減少

STEM 和 HEAL 職業的性別比例，1980 年和 2019 年

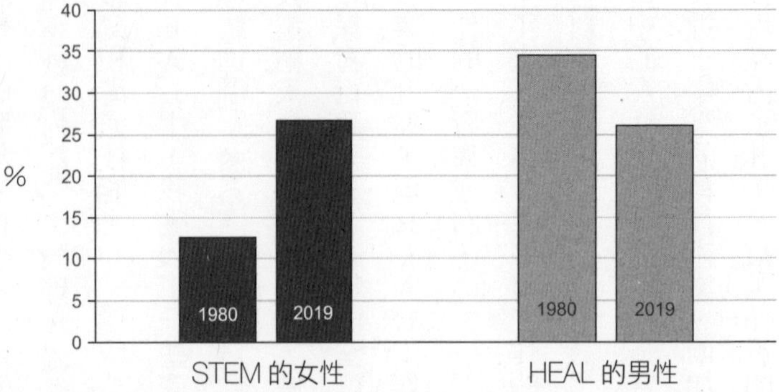

註：全職、全年、平民、受雇工作者，年齡 25 ～ 54 歲，收入為正。HEAL 和 STEM 皆按照 1990 年的職業代碼來分類。

來源：史蒂文．拉格爾斯（Steven Ruggles）等人，IPUMS USA：版本 11.0，2021 年。

示。但HEAL工作的男性比例卻呈現相反趨勢，二〇一九年，男性占二六%，比一九八〇年的三五%還低（我應該再次註明，這邊所有數字指的都是二十五至五十四歲的全職工作者）。

為什麼HEAL領域需要更多男性？

假如HEAL工作繼續由女性占多數，這是很嚴重的問題嗎？畢竟鑑於男女之間的性別差異，如果這些職業吸引到的女生比男生還

多，我們也不意外。然而，問題在於「還會再吸引到多少女生」。我已經盡力指出，男女先天偏好和興趣的分配大幅重疊，目前女性在工程或領導職位的代表性不足，並不能貌似合理地歸因於先天因素；同理，社工的男性比例只有一八％，但這也無法代表男性對這份工作真正感興趣的程度，尤其這個比例從一九八〇年以來已經減半[7]。如果某些職業被大家視為「男性止步」，男性的選擇就會受限，如同女性之於「女性止步」的職業。

HEAL部門充滿了工作機會。為了改善男性的就業前景，我們必須讓更多男性從事這種工作。根據哈佛大學大衛．戴明（David Deming）的計算，在一九八〇到二〇一二年之間，「需要高度社會互動的工作占美國勞動力的比例，成長了一二％」；與此同時，「重視數學但社交較少的工作，在同一時期縮水了三．三％」[8]。的確，STEM職業更常被形容成有未來的工作，身穿實驗服的聰明年輕人的浮誇照片，肯定更加深了這種概念。但是說到創造就業機會，HEAL正在超越STEM；根據我的計算，到了二〇三〇年，STEM每創造出一個就業機會，HEAL就會創造出三個以上[9]。

確實就平均而言，STEM工作的薪水比HEAL更高，這反映出一項事實：有些人數最多的HEAL職業薪資很低。比方說，約有六十一萬名家庭健康和個人護理助手（全職，年齡二十五至五十四歲），年薪中位數是兩萬六千美元；但也有許多HEAL工作的薪水相對較高，像是專科護理師（十萬美元）、醫療保健服務經理（七萬一千美元）、教育與兒童保育行政人員（七萬美元）或職能治療師（七萬兩千美元）[10]。即使在經濟衰退時，許多HEAL工作依然有著很高的職業穩定性，畢竟就算經濟衰退，我們還是需要護理師和老師。

讓更多男性從事HEAL工作的第二個理由，就是協助護理和教師等職業，滿足其成長的勞動需求。將近半數的註冊護理師現在都超過五十歲，這表示有許多人在接下來十五年內很可能退休，假如他們工作壓力較大，那就更有可能[11]。與此同時，護理師和註冊護理師的人數，到了二〇三〇年預計必須增加四十萬人[12]，甚至在新冠疫情之前，護理師過勞就已經是日漸嚴重的問題[13]。

「在疫情之前，醫院就已經很難找到護理師填補職缺，」美國護理師協會高級政策顧問肯德拉．麥克米倫（Kendra McMillan）說：「疫情期間的醫療保健體系需求，使長期以來的預測更加惡化，對我們的護理勞動力是一種負擔。」[14]

二〇二一年九月，美國護理師協會力勸聯邦政府宣布「全國護理師缺工危機」[15]。

根據查蒂斯鄉村健康中心（Chartis Center for Rural HEALth）在二〇二一年末做的調查，九九%的鄉村醫院都說自己缺工，其中有九六%說他們最大的挑戰就是招募和留住護理師。四分之一的醫院表示因為缺少護理師，他們被迫中止某些服務，包括接生、化療和大腸鏡檢查[16]。有人建議一些解決方法，包括加薪、增加工時彈性、提供簽約獎金、改善職場文化以及擴大護理教育[17]。這些都是好主意，但有個解方幾乎沒人提到：讓更多男性從事護理工作。

教職也面臨類似的挑戰。根據教育平臺 Frontline Education 在二〇二一年對一千兩百位學校與校區主管的調查，三分之二的校區說自己缺教師，而其中受害最深的又是鄉村地區[18]。根據教育主管的說法，這個問題的主要來源是缺乏合格教師，以及薪資低於其他工作。根據調查者的說法，整體而言「前景堪憂」。

二〇一四年，民眾對於教職的意見跨過了一個不祥的里程碑。對於「你希望你的小孩成為公立學校教師嗎？」這個問卷問題，大多數家長都回答「不希望」，這是有史以來頭一遭（這些家長占五四%，比二〇〇九年的二八%還多[19]）。教師訓練計畫的註冊率在二〇〇〇年和二〇一八年之間，下降了三分之一以上，而且男性比女性下降更多[20]。新

圖 11-2　護理職業的男性不夠多

幾個 HEAL 職業的男性比例

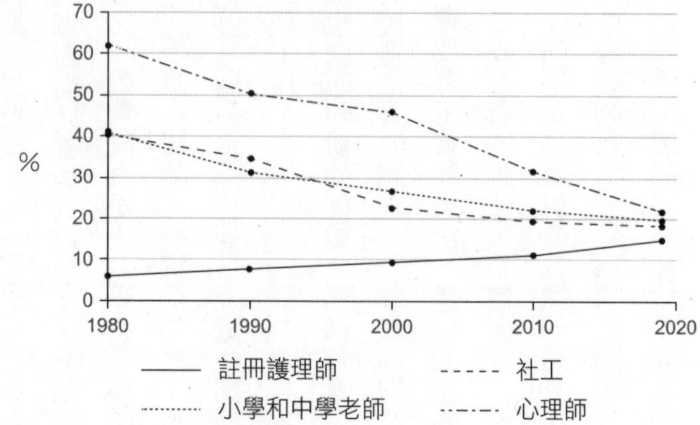

註：全職、全年、平民受雇工作者，年齡 25 ～ 54 歲，收入為正。職業按照 1990 年的職業代碼來分類。

來源：史蒂文·拉格爾斯等人，IPUMS USA：版本 11.0，2021 年。

冠疫情又讓事情變得更糟，而有些地方正在採取猛烈行動，新墨西哥州已經徵召了國民警衛隊士兵作為代課老師；明尼亞波利斯有個校區請家長義工去考代課老師執照；而佛羅里達州的波爾克郡從八個國家引進六十位老師，全都有J-1簽證[21]。但是當大家討論長期解方時，還是沒人講到吸引更多男性從事此職業的可能性。

我們的經濟有兩個最大、最重要的部門面臨缺工——醫療保健和教育，但我們只用一半的勞動力就想解決這個困境。

第三個、也是最後一個讓更多男性從事HEAL工作的主張，是改善許多重要服務的提供者和使用者之間的性別配對，尤其是護理職業。我在第十章提過，男性教師比例持續下跌，現在已經跌到四分之一以下，而且從事早期教育的男性也少得驚人。但心理健康和相關護理職業的男性比例也大幅下降，男性只占社工的一八％、心理師的二三％，都是少數，而且性別失衡的情況越來越嚴重，如圖11-2所示。這些職業就跟教職一樣，巨大的性別落差是嚴重問題。對於許多人來說，求助可能很困難，對男生而言通常更為艱難[22]。我們都知道，比方說，男人比較不會尋求心理健康諮詢[23]。

這裡可能有個惡性循環在作祟。男人可能更不情願對女性顧問或治療師敞開心胸，如果令他們掙扎的問題跟攻擊性、高風險行為、成癮或性愛有關，那就更不情願了[24]。這件事沒有好的資料可以佐證，所以我們無法確定（以我自己這個單一案例來說，男治療師令我自在很多）。但我要在這裡要提出一個「逆風」意見：假如大多數藥物濫用顧問是

---

i 編按：交流訪問學者簽證，簽發給前往美國做教育、藝術及科學方面學術交流的人士。

女性（七六％）、但大多數藥物濫用者是男性（六七％），或者大多數特教老師是女性（八四％）、但大多數特教學生是男性（六四％）[25]，那還真的是不理想。我不是說我們的目標是讓這些職業達到完全的性別平等，但是縮小客戶和提供者之間的性別差距，是很合理的目標。

十億美元，讓男性走進HEAL

我國應該設立兩個目標：到了二〇三〇年，女性占STEM工作的三〇％、男性占HEAL工作的三〇％。若要達到這個「三〇年、三〇％」的目標，就表示要讓三百萬名以上的男性走進HEAL職業。如同增加STEM的女性人數一樣，這得花錢。

二〇一九年，梅琳達．蓋茲（Melinda French Gates）[i]保證會斥資十億美元，促進女性在美國的工作機會。她的三大重點領域之一，是改善STEM職業的女性比例，而這對於已經很強盛的美國「女性走進STEM」運動而言，可說是錦上添花[26]。二〇一九年，國會通過《STEM積木法案》（*Building Blocks of STEM Act*），指示國家科學基金會將更多K-12 STEM資金（大約每年一億六千萬美元），投入小學和學前教育，同時也投入女孩，例如「性別包容的電腦科學充實計畫」[27]。二〇二一年，國家科學基金會宣布在二〇二一年和二〇二二年，將會撥款兩千七百萬美元給「STEM學術職業之性別平等組織性變化」（Organizational Change for Gender Equity in STEM Academic Professions）計畫，此計畫會支持一些新措施，增加STEM科目女教師的比例[28]。

讓更多女性從事STEM工作，總共要花多少錢？我們不可能準確估計，尤其有這麼多機構參與，更是困難。但我舉個具體的例子：女性工程師協會（Society of Women Engineers）有三十六名總部員工，資產一千九百萬美元，每年支出一千兩百萬美元[29]。這個協會的表現非常出色，提供演講節目、透過獎學金在財務上支援學生、提供職業發展機會，以及有效的倡議和遊說。相反的，「男性走進HEAL」運動基本上不存在，雖然有幾個組織試圖讓更多黑人男性和西語裔男性從事教職，但預算都很拮据；護理師方面，

i 編按：美國慈善家、前電腦科學家和前微軟（Microsoft）總經理，於二〇二一年與比爾．蓋茲（Bill Gates）離婚。

就只有美國男性護理師協會（American Association for Men in Nursing）獨撐，沒有員工，資產四萬美元，年收入十八萬三千美元[30]。

現今社會已認清，我們需要讓更多女性從事STEM工作，因此投資於其中。如今男性和HEAL也是一樣的道理，我提議國家在接下來十年至少投資十億美元，以達成這個目標。這筆錢（來自政府與慈善事業）應該花在三個地方：第一，在學校替未來的男性HEAL工作者打造一條管道；第二，對HEAL男性學生和工作者提供財務支援；第三，舉辦社會行銷活動，讓這些生涯選擇更能吸引男孩和男人。

建造一條全男性管道

首先是管道，我們必須讓更多男孩和年輕男人早點開始考慮HEAL生涯。成功的STEM措施讓我們學到一件事，就是管道真的很重要。這就是為什麼會有個「她可以STEM」（She Can STEM）活動，以中學生為目標，包括學習資源、線上演唱會及活躍的社群媒體頻道。那麼何不舉辦一個類似的「他可以HEAL」活動？

在高中內，我們必須提供更多服務學習機會給對ＨＥＡＬ有興趣的男孩，像是早期童年教育以及學校新措施，提高男性從事這些工作的意願。這裡有個很棒的模範，叫做全國女孩合作計畫（National Girls Collaborative Project），會撥出小額款項（至今已撥出七百八十一筆）來建造一個網路，以「創造ＳＴＥＭ性別平等的轉折點」[31]（這項合作計畫獲得國家科學基金會資助超過四百萬美元[32]）。另一個模範是百萬女孩登月計畫（Million Girls Moonshot），其使命是：「重新想像誰能當工程師、誰能建造、誰能製作，讓一百萬個女孩子，透過接下來五年的課後和夏季計畫，把握ＳＴＥＭ的學習機會。」[33]這也很棒，但我們也需要一百萬個男孩把握ＨＥＡＬ的機會。

這種措施應該能增加選修ＨＥＡＬ課程的男大生人數。按照目前情況，男性只占醫療保健領域學士學位的一六％、註冊護理師學士學位的一二％[34]。教師的男性比例也很低，只占教育學位的一八％、小學老師的八％。許多男孩和年輕男人其實只是沒想到他們適合做這些工作。二〇％的高中女孩希望自己在三十歲時從事醫療保健工作，相較之下男孩只有四％[35]。只有十分之一的男社工說，他們在讀大學之前就考慮要進入這一行。由於這些職業現在都是女性居多，所以這不令人意外。男生必須親眼看到男生做這一行，才會覺得自己也適合。

也有許多HEAL工作不需要四年制學位，所以開放職業訓練機會給男孩和男人也非常重要。比方說，考取健康科學資格證明的女性人數是男性的三倍。在一份二〇一七年的報告中，全國婦女與女孩教育聯盟（National Coalition for Women and Girls in Education）提到：「有人會打消男性修習非傳統課程的念頭，包括那些成長率和薪資相對較高的領域的課程，像是護理師和律師助理。」[36]接著，此聯盟力勸政府利用財務誘因，增加男性導向CTE（技職教育）課程的女性受訓者人數。沒問題，但不妨也增加女性導向CTE課程的男性受訓者吧？

不過，說句公道話，這個聯盟只是在做符合自己宗旨的事。增加男性受訓者的主張，應該要由「全國男性與男孩教育聯盟」提出才對，但根本就沒有這個組織。

另一個重要步驟，就是讓更多男性在大學和學院傳授這些科目。護理教授有九四%是女性[37]，所以你很難說服年輕男性，他們適合這一行。有些證據顯示，女性修習女教授的STEM課程，成績會比較好，而且更可能在往後幾年修習更多STEM課程，並在取得STEM學位後畢業[38]。我不曉得關於HEAL科目的男教授有沒有類似研究，但既然女教授可以提升女學生的成績，那麼男教授應該也能提升男學生的成績才對，尤其又有關於中學男老師的資料可以佐證。

我們必須打破「女性教導女性去從事女性職業」的循環。關於這方面，是有正當理由去採取一些堅決果斷的行動。我建議所有健康和教育方面的教職候選人，男女比例應為二比一。在你向公平就業機會委員會檢舉我之前，你應該先知道，我這個數字不是隨口說說。溫蒂．威廉斯（Wendy Williams）和史蒂芬．塞西（Stephen Ceci）的一份研究顯示，目前STEM領域的終身教授職位，女性人數其實就是男性的兩倍。他們表示：「這些結果等於在暗示，現在正是女性投入學術科學生涯的大好時機。」[39] 這真是好消息，但我們也必須設法增加投入HEAL學術生涯的男性人數。

砸錢，可以解決很多問題

有時砸錢解決問題是個好主意，這就是為什麼有好幾百筆大學獎學金，會頒給從事STEM研究的女性；提供獎學金的則是各種基金會、社群團體及高等教育機構。網站

scholarships.com是高等教育獎學金資訊的龍頭，它表示：「假如你是女生，剛好對主修或專攻科學有興趣、且表現優異，那這對你而言是很棒的機會。」[40] 比方說，瑪麗·居禮獎學金（Marie Curie Scholarship）提供八萬美元，給在聖瑪麗學院（College of Saint Mary，內布拉斯加州奧瑪哈市的私立天主教女子學院）研究生物學、化學或數學的年輕女性。這筆獎學金也受到國家科學基金會支持，到目前為止已經投資約五十萬美元[41]。

一定會有懷疑者質疑這項支出，畢竟瑪麗·居禮獎學金所涵蓋的科目，女性已經占了全國學士學位的很大比例：生物學（六四％）、化學（五〇％）和數學（四三％）[42]。但我的主張並不是「少吸引一點女性投入ＳＴＥＭ」，而是應該也要多鼓勵男性投入ＨＥＡＬ，兩個想法是並行的。

儘管高等教育的女性人數已經超過男性，但幾乎沒有專為男性設立的獎學金，更別說鼓勵他們走進ＨＥＡＬ了。美國男性護理師發展協會提供五筆獎學金，加起來只比一萬美元多一點，而且這些獎學金多半都是頒給「已經」從事護理師工作的男性。

還有一些獎學金是頒給追求教職的黑人和西語裔男性，尤其是參加「請叫我先生」（Call Me MISTER）計畫的那些人。這項措施起源於南卡羅來納州，如今已經參與了喬治亞州和德州的教育學系，提供財務和學術支援。但我們不只需要黑人男老師，也需要更多西語裔男老師。拉丁裔女性是K-12教師中成長最快的群體（僅次於白人女性），在加州等地更是如此。而且根據芝加哥社會學家格倫達．弗洛雷斯（Glenda Flores）所述，如今教師已經是受過大學教育的拉丁裔女性的職業選擇[43]；但是，拉丁裔男性並沒有同等增加。我們現在需要更廣泛的活動，以「請叫我先生」這種成功計畫為基礎，但要擴及至所有種族的男性。

資金也應該投資給HEAL雇主，鼓勵他們雇用更多男性。這方面我們又可以向「女性走進STEM」運動學習。我們已經有一個很棒的現成政策框架——勞動力創新與機會法案（Workforce Innovation and Opportunity Act，簡稱WIOA）。它會分配資金給勞動力發展計畫，尤其幫助失業或缺乏技能的勞工，在快速成長的經濟部門中找到工作[44]。二○二一年，它總共支出五十五億美元[45]。有一些支援女性的計畫（包括STEM領域）是透過這個立法資助的，如德州勞動力委員會（Texas Workforce Commission）就強調，它將WIOA的資金用於一個女性賦權高峰會（Women Empowered Summit），其目標為「賦權、激勵和啟發參加者，並充實她們的職業生活」；以及用於程式設計營（Camp

Code），其重心為「透過參加夏令營，提高中學女孩對於電腦程式設計和電腦科學的興趣」[46]。這樣也很棒，但我找不到任何幫助男性走進ＨＥＡＬ的ＷＩＯＡ計畫，這是很嚴重的政策盲點。

有些專用的基金也應該分配給這項任務。關於這方面，《STEM RESTART 法案》（*STEM RESTART Act*）提供了很好的模範；二〇二一年，此法案在兩大黨支持下，被國會重新採用[47]。RESTART 的意思是「透過針對性的援助，恢復就業技能、重新進入職場以及訓練」（Restoring Employment Skills through Targeted Assistance, Re-entry, and Training）——我覺得他們是真的很想用這個縮寫才硬湊的。

這個法案將會修訂ＷＩＯＡ，每年額外提供五千萬美元，讓勞工能「重返職場」（returnship）或進行生涯中期實習；這些勞工可能是之前離開了ＳＴＥＭ工作、或想要轉行到此領域的人。這筆款項將會支援為期十週的計畫，提供指導和訓練管道，而且特別聚焦於「代表性不足的人口」，尤其是女性和少數種族。我很喜歡這個主意。但我也希望能稍微修訂一下這個法案，將其重新命名為《STEM 與 HEAL RESTART 法案》，並額外分配五千萬美元，讓勞工（尤其是男性）轉行到ＨＥＡＬ工作。

我們也有充分理由，能增加這些關鍵職業的薪資水準，包括社工、顧問和教師。較高薪資很可能吸引更多男性擔任這些職位，但也能幫助已經從事這些工作的女性。現在K-12教師的薪資跟這個世紀初時一樣[48]，經過一連串的教師罷工之後，時任總統拜登在二〇二一年告訴教師們：「你們值得加薪，而不只是讚美。」[49]他希望透過《第一條》（*Title I*）計畫，每年額外支出兩百億美元，提供資源給收了貧困學生的學校。其實，只要有一百五十億美元，我們就能替每位在高貧窮程度學校任教的老師加薪一萬美元[50]，對我來說，解答看似顯而易見。

想像一名護理師

二〇〇〇年，瑞秋．克蘭頓（Rachel Kranton）和喬治．艾克羅夫（George Akerlof）創造了一個新的學術領域，叫做「身分經濟學」（identity economics）。他們表示，個人決策不只由成本效益分析的數字而定，也會受更多人類身分個人層面的影響。「在這個存在社會差異的世界中，個人所做出最重要的經濟決策之一，或許是『成為哪一個類型的人』，」他們寫道：「這個選擇的限制，也會成為經濟行為、機會和幸福的關鍵決定因素。」[51]比方說，個人如果打破規定的性別認同規範，就要付出代價。這等於是一種嚇阻作用，人們會創造一個均衡來維持這個規範、以及打破這個規範的代價；兩位學者稱之為「**Ij = Ij(aj,a_j;cj,ej,P)**」。

克蘭頓和艾克羅夫將他們的模型應用於勞動市場的隔離，以及家中的無薪工作。他們主張，選擇從事傳統男性工作的女性，以及從事粉領工作或家管的男性，都因為女性主義而減少了「身分損失」。但是到目前為止，只有前半段是對的。克蘭頓和艾克羅夫發表論文的那一年，喜劇《門當父不對》（*Meet the Parents*）上映了。這部電影的主題之一，就是班・史提勒（Ben Stiller）飾演的主角是一位護理師。「像這樣回饋社會很好啊，」另一位角色跟他說：「我也想找時間做義工。」

二十年後，男護理師的比例已經稍微上升，從一〇%上升到一五%[52]。但從事護理工作的男性，經常遭汙名化、必須承受刻板印象。科羅拉多州丹佛市護理師肖恩・羅傑斯（Shawn Rodgers）說道：「他們會問：你為什麼要當護理師？為什麼不讀醫學院？」[53]這是很典型的經驗。男護理師也經常被當成娘娘腔或同性戀，或只是失敗的醫師[54]。

英國護理師佛蘿倫絲・南丁格爾（Florence Nightingale）從一開始就設定了這個基調，自她在十九世紀有效的創立現代護理制度時，她就反對男性從事這個職業，理由是「他們的雙手又硬又粗，不適合碰觸、清洗、包紮受傷的四肢，無論他們的內心有多溫柔都一樣」[55]。

從事教職的男性（尤其是教幼童的），可能面臨更嚴重的汙名化。一位華盛頓特區的幼兒園老師說道：「有些人覺得教小孩的男生，都是戀童癖或性變態怪人。」[56]吉兒・雅沃爾斯基（Jill Yavorsky）在二〇一九年做了一份研究，發現「反對雇用男性從事女性居多的工作」之雇主的性別偏見，比反過來的情況更普遍[57]。

HEAL職業在流行文化依然遭受高度的性別偏見，電視節目和廣告都在強調某些職業和女性之間的連結。有一份研究發現，就職業形象而言，電視廣告中的性別角色最不平衡[58]。我們必須減少經濟學家戈丁所說的「性別光環」（auras of gender）——它們依附在特定職業上，尤其是女性居多的職業[59]。但該怎麼做？

榜樣非常重要，你沒親眼看到別人做的話，就不會想去做。流行文化在這方面扮演著重要的角色。好萊塢和紐約對於電視節目、廣告和電影所做的決策，能影響數百萬消費者，其對於行為的影響，可能比華府通過的任何法律更大。《威爾與格蕾絲》（*Will and Grace*）替婚姻平等鋪路[60]，MTV頻道的《十六歲當媽媽》（*16 and Pregnant*）大幅降低青少女懷孕率[61]。如果男性在節目或廣告中擔任HEAL職位的比例變高，就能協助減少想從事這些職業的男孩和男人的身分損失。

我們也應該舉辦全國性的社會行銷活動，鼓勵男孩和男人走進HEAL，尤其是男性工作者特別少的地方和領域[62]。根據法律學者凱斯・桑思汀（Cass Sunstein）和經濟學家羅伯特・法蘭克（Robert Frank）所述，這裡的目標是要創造「規範逐層傳遞」（norm cascades）或「行為傳染」（behavior contagion）[63]。一旦達到足夠的文化動力，規範和刻板印象就可能迅速改變。STEM領域的女性是我在這方面的焦點之一，理由顯而易見，但你也可能聯想到民眾對於LGBTQ族群和同婚的態度轉變。

HEAL雇主也應該確保招募活動是看重男性的。回到二〇〇三年，奧勒岡護理中心（Oregon Center for Nursing）製作了一張驚人的招募海報，上頭問：「你們男生夠資格當護理師嗎？」這則廣告的主角是九位護理師，而該中心的黛博拉・伯頓（Deborah Burton）解釋：「他們體現了我們社會中的男性特徵。」他們當中有一位前海軍海豹部隊士兵、一位自行車選手、一位空手道冠軍、一位橄欖球選手、一位滑雪板選手，以及一位前消防隊員。

這個活動引起媒體關注，這肯定是大膽的舉動，而且有著正確的意圖，但似乎沒有改變該州的男性招募率[64]，而且它似乎也太過於強調「護理師的刻板印象」和「男人的刻板印象」之間的對比。後續的研究則表明，這種方法可能會適得其反，因為它強調了男子氣概和護理師之間的「角色不協調」（role incongruity）[65]。阿姆斯特丹大學行為科學家瑪西・科廷漢（Marci Cottingham）深入研究那些吸引男性從事護理工作的行銷素材，發現更常見的方法是結合一些更符合傳統男子氣概的要素（像是男人參加體育競技或使用科技設備的圖片），並強調經濟上的報酬，但也有其他圖片，強調這份工作「養育、以人為中心」的本質[66]。

南加州大學心理學家珍妮佛・博森（Jennifer Bosson）研究過男性對傳統女性工作的態度，她告訴NPR電臺的尚卡爾・維丹坦（Shankar Vedantam）：「你可以把護理師扭轉成非常男子氣概的職業。這職業很危險，而且會把身體累垮。我們對護理師的刻板印象——你知道，你可以修正這些刻板印象，把護理師變成具有男子氣概或適合男性的職業。」[67] 我認為「**適合男性**」是正確的思維，**目標不是讓護理師、社工、心理健康和教師等職業，變成具備男性而非女性氣質的工作，而是強調這些職業能同時提供各種機會給男性和女性**。我們不必讓男人覺得當護理師可以增強他們的男子氣概，只要讓他們覺得不會減損男子氣概就好[68]。

我在這裡提出的所有建議，都需要機構的支持。有些可以交給公家機關，既然國家科學基金會可以支持各種讓女性走進STEM的措施，那麼衛生及公共服務部也可以支持男性擔任護理師，教育部也可以支持男性成為教師。但我們也需要致力於性別平等的慈善基金會，投入一些資源來吸引男性投入HEAL領域（梅琳達・蓋茲，你意下如何？）。我們需要企業贊助大會、指導計畫及行銷活動。我們需要全新、資源豐富的非營利組織和倡議組織，就像那些非常成功讓更多女性走進STEM的組織。

簡言之，我們需要全國一起努力。正如我在這裡的主張，讓更多男性從事HEAL工作，對他們自己的經濟前景而言事關重大，因為許多傳統男性工作機會減少了。但我也希望能說服你，這樣對社會也有益。男人可以HEAL。

第 12 章

新老爸

父親這個獨立社會制度

Fatherhood as an Independent Social Institution

當小孩的小學打電話過來，無論你正在做什麼都會接起來。有幾次我太太為了要接這些電話，必須暫時離開巴黎或紐約的商務會議。對方跟她說，我們其中一個兒子生病或受傷了，需要有人接回家，而她會禮貌地提醒對方，她老公是這種情況下的第一聯絡人。畢竟我是待在家裡的家長，而且距離學校只有一英里（其實到了第三、第四次的時候，我太太可能也不耐煩了）。最後，學校終於搞懂了。

但這也提醒了我們，即使我們已經走了很長一段路，但說到更新社會上的父親模範，我們仍有很長一段路要走。「**職業母親如今已是常態，**」作家羅森說道：「**但是家庭主夫依然是會上頭條的反常現象。**」[1]

我在第十章和第十一章提供一些解方，解決男孩在學校、男人在勞動市場面對的結構性問題。現在我要來談最大的挑戰，也就是重新建構男人在家庭中的角色。本書自始至終，我都試著不把事情講得太誇張。我大致上認為別人宣稱的「危機」幾乎都是誇大其辭，而且炒這些話題通常是為了達到政黨的目標。但我確實認為，家庭失去傳統男性角色是巨大的文化衝擊，而且令許多男人暈頭轉向。舊的父親模範非常狹隘，僅建立於經濟供給之上，並不適合性別平等的世界。它必須換成更廣闊的父親角色，不但要包含更多育兒要素，立足點也要跟母親平等。

這當然不表示父親不再肩負提供物質的責任，而是這個責任該跟母親一起承擔。不過同樣的道理也適用於照顧小孩，這件事父母可以、也應該一起做。因此，雖然這方面有很大的挑戰，但也有巨大的機會能夠拓展父親一詞的定義。

可惜的是，父親身分不但沒有受到文化面的認真關注，反而還變成文化戰爭的另一個受害者。進步派抗拒「父親有明確的角色要扮演」這個概念，因為他們害怕這樣會削弱母親或貶低同性伴侶，所以他們厭惡任何帶有「父親權利」意味的提議。與此同時，保守派對於「無父親狀態的氾濫」感到悲痛，但他們只想恢復傳統婚姻，男女各自有涇渭分明的角色。

就連父親身為養育者這個概念，對於政治右翼來說都是威脅。二〇二一年十月，福斯新聞主播塔克・卡森（Tucker Carlson），抨擊運輸部長彼特・布塔朱吉（Pete Buttigieg）請了「他們所謂的陪產假」[2]。英國電視主持人皮爾斯・摩根（Piers Morgan）也曾這樣抨擊過飾演詹姆士・龐德（James Bond）的丹尼爾・克雷格（Daniel Craig）；當克雷格被拍下抱著嬰兒的照片時，摩根在推特上寫道：「不會吧007……連你也這樣?!!! #嬰兒揹帶#龐德被閹了」[3]。

相比之下，金斯伯格對於平等社會的眼界更進步。一九七五年，她在最高法院辯贏了溫伯格訴維森費爾德案（Weinberger v. Wiesenfeld）。在大法官一致決定之下，法院宣判「社會安全福利只提供給養育小孩的寡婦，卻拒絕提供給鰥夫」是違憲的。金斯伯格說，這是她所辯論過的案子中最為自豪的，因為它提供機會推廣「由兩位慈愛的家長共同照顧小孩，而不是只讓一個人顧」[4]。對於金斯伯格大法官而言，**身為女性主義者，就要支持父親享有平等的權利**。

在本章，我會列舉父親對小孩很重要的證據，其中包含某些方面，跟母親是有區別的。接著我會描述一種新的家庭模範，父親與小孩之間的關係和與母親之間的關係是獨立的，也就是「直接老爸」（direct dads）。

最後，我會概述一個政策議程以支持直接父親身分，包括平等與獨立的育嬰假、現代化的兒童支援體系，以及對父親友善的就業機會。

這些政策的用意是支持全新父親模範的發展，適用於「母親不需要男人，但小孩仍然需要老爸」的世界。

獨特又不可或缺的育兒角色——老爸

大約五十萬年前，人類的大腦急速成長時，父親真的充分展現出自己的價值。為了餵養新母親和她們的嬰兒，食物的需求（尤其是肉）大幅增加。人類學家莎拉・布萊弗・赫迪（Sarah Blaffer Hrdy）指出，從此刻開始，將一名人類從新生兒養到營養獨立，需要一千三百萬卡路里的熱量。「這遠遠超過一名女性自己所能提供的。」她說[5]。如果父親想要小孩活下去，他們就必須留下來提供食物給小孩，於是他們就這麼做了。

父親身分是演化選擇下的產物。因此，《老爸的人生》（*The Life of Dad*）作者、人類學家安娜・梅欽（Anna Machin）寫道：「父親不只是母親的附屬物，偶爾充當保母、幫忙提袋子。他們是五十萬年演化的後果，而且他們依然是人類故事當中不可或缺的部分。」[6]梅欽說道，雖然很多事情父親和母親都能做，但老爸天生就會做出兩種明顯的貢獻：保護和教導。當然，他們的表現方式會隨著社會背景而不同，在二十一世紀的紐約「保護」你的小孩，跟在五十萬年前的大草原截然不同。

父親對小孩的福祉很重要，雖然重要的地方跟母親不一樣，但重要程度相同[7]。有參與育兒的父親，跟各種成果密切相關，從心理健康、高中畢業、社交技能、讀寫能力，到降低青少女懷孕、青少年不良行為和吸毒的風險，都有關聯[8]。三歲小孩只要有一個專心照顧他、支持他的老爸，認知發展測驗分數就會高很多[9]。一份喬治亞州的研究發現，如果小孩的出生證明書（算是父母有參與育兒的代表物）上沒有父親，嬰兒死亡率會是其他小孩的兩倍（此數據已考慮過健康狀況與社經背景的差異）[10]。

你很難去確認這方面的直接因果效應：我們很難以社會科學的名義，隨機「移除」或「添加」孩子生活中的父親；但哈佛大學學者馬克・格勞－格勞（Marc Grau-Grau）和漢娜・瑞利・鮑爾斯（Hannah Riley Bowles）寫道：「父親參與育兒的重要性，現在已經無法摒棄了，跟幾十年前不一樣。」[11]

二〇一六年，教育學者威廉・傑尼斯（William Jeynes）研究了父親的關係和成果，在概要中做出結論：「父親的育兒角色很獨特，而且跟母親的育兒角色有所區別。」[12]這對大多數人而言都不是新聞。根據皮尤研究中心的調查，大多數人（六四％）都認為男性和女性的育兒方式不一樣，而且幾乎所有人（八九％）都認為這樣是好事、或不好不壞[13]。

我想到一九七〇年代，寶琳・杭特（Pauline Hunt）針對一座英國小鎮的家事勞工的經典民族誌研究；她發現男人都在屋外洗窗戶，但女人都在屋內洗，而且沒有例外[14]。分工可說是涇渭分明，但是也很公平，工作當中或許還帶有一定程度的專門化。但是到最後，最重要的是窗戶變乾淨了。

對青少年而言，父親尤其重要

許多人認為，無論對青少年還是家長來說，青春期只要設法活過去就好。但現在越來越多人認清，青少年歲月其實是非常重要的發展時期。美國國家學院（National Academies of Sciences, Engineering, and Medicine，簡稱NASEM）在二〇一九年的報告中提到：「青春期的適應力和可塑性，使其成為機會之窗；透過它就可能產生韌性、恢復和發展的機制。」[15]

父親在這段時期扮演的角色尤其重要。跟養育和依附是關鍵的幼年時期相反，青春期的小孩會站穩腳跟、測試極限、開始走自己的路。德拉瓦大學人類發展與家庭研究教授羅布・帕爾科維茲（Rob Palkovitz）表示：「父親扮演著重要的角色，刺激小孩對世界敞開心胸……鼓勵他們冒風險並自立自強。」[16]

比方說，父親若用心照顧青少年兒女，就能協助減少有害的高風險行為。受到父親關懷的青少年兒女，犯罪率比較低[17]，而且這些效果似乎也會持續下去。十六歲女孩若是跟父親很親近，到了三十三歲時心理會更健康[18]。父親如果有照顧小孩，他們在青春期的學術成果也會比較好[19]。父親的教導角色在這段歲月似乎真的發揮了作用。梅欽寫道：「西方國家有許多老爸，在孩子的童年晚期和青春期確實投入自己的角色，在教導小孩的時候尤其如此。這個角色極為重要，讓小孩準備好走進又大又寬廣的世界。」[20]

整體而言，正如社會學家凱文．謝弗（Kevin Shafer）在其著作《如此親密，卻如此疏遠：加拿大與美國的父親》（*So Close, Yet So Far: Fathering in Canada and the United States*）中所寫：「父親從孩子出生到青春期都參與其中的話，會有極大的助益。」[21]當然，這裡有個很重要的問題是，父親的貢獻跟母親或任何性別的另一位家長角色相比，有多大程度的不同？

社會學家大衛．艾格賓（David Eggebeen）運用全國青少年至成人健康之縱貫性研究（National Longitudinal Study of Adolescent to Adult Health）來處理這個問題；這份研究調查了兩萬名美國青年，具有代表性。艾格賓解釋了父親和母親的參與，如何影響其青少年子女的心理健康、不良行為和公民參與。家長的投入有四分之一沒有影響力，其他家長貢獻則分為累加（additive）、多餘（redundant）或獨特（unique）。這邊所謂的「累加」，意思是父母雙方的貢獻皆為正，而且完全相同，有四二％落在這個分類；「多餘」指第二家長的投入沒有額外助益，占了一二％；剩下二二％是「獨特」，也就是正面貢獻**只**來自父親或母親。

艾格賓很明確地做出結論：「父親顯然會特別透過他們的人力資本，對孩子的福祉做出獨特的貢獻；母親則透過對孩子的陪伴和親密度，做出獨特的貢獻。」[22] 老爸負責教導，老媽負責照顧。艾格賓的研究結果很具說服力。他表明父母對於青少年子女的福祉所出的貢獻，是有巨大重疊的，而且兩個家長通常會比一個更好。但他也表明，父母的育兒之道也各自有獨特之處。

這裡要提及一個重點，就是上述研究都在測量親子關係的品質：時間、參與、涉入、親密程度等。從這個角度來看的話，把父親二分成「在場」或「缺席」就不太合理，因為這樣就好像在說「父親有在場就能扮演好他們的角色」。真正重要的是親子關係[23]。

男性氣質學者威廉．馬爾希格里奧（William Marsiglio）和約瑟．普列克（Joseph H. Pleck）表示：「如果你把『缺席』的概念從生理擴大到心理，那麼『缺席的父親』這整個概念就變得更複雜。」[24]有一份研究發現，沒有與父親同住但關係親密的青少年，表現會比與父親**同住**但關係不親密的青少年更好；前者的自尊心較高、犯罪率較低、心理更健康[25]。好父親不一定要跟兒女同住，親子關係才是重點所在。

形塑一個「直接老爸」

無論父親是否跟母親維持關係，他們都對子女很重要。因此，目標是鞏固父親身為「直接提供者（照顧小孩）」的角色，無論他們是否與母親結婚或住在一起。政策在這方面是有職責的，我等一下會提到這點，但首先，文化方面很顯然需要極大的轉變，無論男女都要。

社會學家艾汀和提摩西．尼爾森（Timothy Nelson）花了七年訪談一百一十位父親，他們多半未婚，住在費城和紐澤西州肯頓市的低收入社區。兩位學者在二〇一三年的著作《盡我所能：市中心貧民區的父親》（*Doing the Best I Can: Fatherhood in the Inner City*）中表示，大多數父親都想參與子女的生活，但他們受到妨礙，包括自己的問題（貧窮、精神疾病、犯罪）、以索取金錢為主的子女撫養制度，以及把自己當成「子女守門員」的母親[26]。

就許多方面來說，黑人父親在這方面可是「領先者」。他們被歸類成非同住父親的比例較高（四四％，相較之下白人父親只有二一％）[27]。但他們在各方面也比非同住的白人父親更投入子女的生活，包括幫忙家庭作業、帶他們去參加活動，以及關心他們的日常生活[28]。有一份研究推斷：「比起非同住的西語裔和白人父親，非同住的黑人父親會更頻繁地分擔責任，並展現出更有效的共同養育關係。」[29]

正如我在第三章所表明，以傳統家庭角色為基礎的過時心智模型與現代社會和經濟的現實之間，存在著嚴重的失聯。**在女性經濟獨立的世界，父親身分比以前更重要，但形式必須再造**。好消息是，父親可能會有更充實的職責，與小孩的關係也會親近很多。壞消息是，距離扮演「新老爸」這個角色，社會上大多數男人還有很長一段路要走。

支持這個全新「直接父親模範」的政策議程，將包含三個關鍵要素：第一，平等且獨立的有薪假資格；第二，改革過的子女撫養制度；第三，對父親友善的就業機會。我會按照順序說明。

給父親的有薪假

法律應該規定，父親和母親每生一個小孩都享有六個月的有薪假。在理想狀況下，這個假期將會提供一〇〇%的工資替代率（上限是收入中位數）；要支付這筆錢，就必須提高來自雇主和員工的社會安全捐。我整個生涯都在主張父母平等休假，但我在這裡做出的特定提議，非常符合學者珍妮特·戈尼克（Janet Gornick）和瑪西婭·邁耶斯（Marcia Meyers）在二〇〇九年散文〈支持父母與就業性別平等的制度〉（Institutions That Support Gender Equality in Parenthood and Employment）中的提議。戈尼克和邁耶斯的目標，是創造一套制度，讓父母能好好花時間照顧小孩，同時促進性別平等。她們的目標是一個「雙重收入／雙重照顧」的社會，包括「父母在家中的對稱貢獻」[30]。我認同這些抱負。

這項提議似乎很激進，原因有三。第一，六個月似乎是很長的有薪育嬰假，只有少數歐洲國家有這種條款；第二，工資替代率等於或接近一〇〇％，實在太慷慨了；第三，特別給父親（也就是母親不能休父親的假）六個月的「不休就拉倒」假期，比目前任何國家提供的休假還多。我會簡短地針對以上幾點辯護。

六個月的假期非常必要，讓家長能花費有意義的時間跟小孩相處，卻不會因此與勞動市場完全失聯。由於雙薪夫妻現在已是常態，我真心認為六個月已經算是很客氣的提議了。勞動市場已經因為女性大量加入勞動力，而有了根本性的改變，但我們的福利制度進步得很慢，好像什麼事都沒發生一樣。經濟學家鮑希寫道：「職場和家庭需求似乎總是有衝突——而且已經這樣幾十年了。」[31]

如果父母雙方要真的能夠休假，那麼慷慨的工資替代率也是必要的。父母不休有薪假的最常見理由，就是他們負擔不起收入減少[32]。經濟資源最少的父母，儘管通常很想照顧自己的小孩，他們重回職場的經濟壓力也最大。州政府層級有一些振奮人心的舉措，奧勒岡州的全新十二週有薪假計畫，提供一〇〇％的工資替代率給勞工，上限是州平均收入的三分之二[33]。值得一提的是，如今有十五個ＯＥＣＤ國家提供九〇％替代率以上的父親專用休假，只是都比我提議的六個月還短很多[34]。

最後，給父親不可轉讓的育嬰假，將能鼓勵並允許男性成為家庭中的平等伴侶。為了支持更直接的父親模範，我們必須把育嬰假想成個人福利，而非家庭福利。證據顯示，提供父親專用的「不休就拉倒」有薪假，能夠大幅提高父親的福利接受率[35]。但重要的是，要坦誠面對這方面的權衡取捨。如果父母雙方都接受才能把假休滿，就會牽涉到挪威社會學家阿恩勞格．萊拉（Arnlaug Leira）所說的「輕度結構性脅迫」（mild structural coercion）[36]。

另一個提案是給予十二個月的有薪假，並讓父母自行分配。折衷一點的做法，是讓父親的專用休假比母親短，而這就是挪威等國家及加拿大魁北克所採取的方法。在我的生涯當中，我對於這個議題已經改變過兩次想法，所以我非常清楚雙方的主張。有個具體的恐懼是，父親幾乎或完全沒接觸子女的家庭，也能夠享有六個月的假期，而且這些家庭多半是低收入戶。

但我現在相信，假如我們認真想要拓展父親的角色，那麼平等的休假就是必要的。**政策制定者必須傳達的訊息是，父親的照顧跟母親的照顧一樣重要**。任何事情只要沒有完全平等，就會減弱這個訊息。我也相信，除非父親開始從勞動市場撥出更多時間，否則縮小性別薪資落差的進展將會非常慢[37]。這件事是無法逃避的：**假如我們想要職場平等，我們就需要家庭平等**。

但這種平等不必每天、甚至每年測量一次。當你有幼年子女時，人們會說：「他們在你察覺到之前就長大了。」我無意冒犯我兒子，我非常愛他們，但我並不覺得這句話是對的。有時感覺就像時間整個靜止了，育兒是一條很漫長的路。每對夫妻平均有兩個小孩，彼此差兩到三歲，這表示從他們出生到長大成人，總共要養育二十年左右。

因此，我想修改一下戈尼克和邁耶斯的計畫，讓父母直到子女十八歲生日前都可以休無薪假，而不是兩位學者提議的「直到子女八歲為止」。這有一部分是因為，我有證據（之前已經概述過了）證明青春期作為關鍵發展階段非常重要，而這段時期太常被公共政策忽視。大家討論有薪假或彈性工時的時候，太常假設小孩開始上學之後，育兒的主要工作就結束了。

我同意戈尼克和邁耶斯，目標是「父母在家中的對稱貢獻」。但重要的是，這種對稱可以經過幾十年後才達成，而不是幾年——你可以說這是「非同步對稱」。線上市場和產品發現平臺 Grommet 共同創辦人兼前執行長朱爾斯．皮耶里（Jules Pieri），形容家庭生活就像芭蕾舞，而她跟老公輪流帶舞[38]。我跟我太太也是這樣做（但我感覺一點都不像芭蕾舞）。

就算父母同樣能放有薪假，多半還是母親會選擇多照顧非常年幼的小孩。就算最近幾十年來女性就業率大幅提升，大多數有三歲以下小孩的母親，仍會離開勞動市場或從事兼職工作[39]。整體來說，這似乎是個人選擇；超過半數兼職的母親（五四%）說，這是她們在人生此刻的偏好，而一四%說她們偏好完全不做有薪工作[40]（剩下三三%則寧願從事全職工作）。

我的觀察是，當子女還非常年幼時，就算父親的直接養育工作做不到一半，母親也很少會覺得煩，只要父親在其他方面很努力就好。可是許多年之後，如果父親仍然沒有分擔足夠的養育工作，母親就會很惱怒。母親擅長替三個月的嬰兒餵奶，並不代表她們也擅長替十三歲的子女預約牙醫。

女性主義作家瑪麗．戴莉（Mary Daly）禮貌地稱之為「家庭時光的性別政治」[41]。我已經呈現證據，證明父親或許在養育青少年方面，有一些實際上的獨特長處，而且我能想像一個社會規範正在發展：父母對於養育子女的貢獻大致相等，只是並非同時發生。老媽負責照顧幼兒，老爸負責照顧青少年，這樣如何？

他想當父親，不是「乾爹」

「幾乎所有治理父親生活的法律與制度安排，都告訴他們：他們只是一張薪水支票，僅此而已。」艾汀和尼爾森在《盡我所能》中寫道：「**每當未婚男人想要好好當個父親、而不僅是個『乾爹』，都會遭到制度斷然拒絕；這個制度用一隻手把他推到旁邊，另一隻手卻伸進他的口袋裡。**」[42]

治理家庭生活的法律，根本沒有跟上社會的腳步。如果父母有結婚，他們對子女的權利和責任都有清楚的定義。假如他們離婚，就會有準備妥當的法律制度來決定監護權安排、探視權和財務義務。離婚夫妻之間當然通常會有衝突，但至少他們對於子女各自都有法律上的資格。

最近幾十年來，家事法在離婚方面已朝更平等主義的方向發展。如今法院在決定監護權時，有義務公平對待母親和父親，而且如今普遍的法律標準都以孩子的最佳利益為中心。結果，共同監護權的安排就有了劇烈的轉變，在一份威斯康辛州的個案研究中，瑪莉亞·坎森（Maria Cancian）等人表示，母親獲得單獨生活監護權[i]的比例，從一九八六年的八〇%，下降到二〇〇八年的四二%；同等監護權（equal custody，也就是父母雙方花在子女的時間一樣多）的比例，從五%上升到二七%。

坎森與其共同作者寫道：「遠離母親單獨監護權、朝向共同監護權（shared custody）的趨勢非常劇烈。」[43]如今全國的父親在分居或離婚之後，能夠分到約三分之一的子女相處時間[44]，這些趨勢是極為正面的。法律應該預設為共同監護，讓子女跟父母雙方相處的時間盡可能相等。

問題在於，未婚父母並沒有類似法律。美國每個州的未婚母親都是預設的單獨監護家長。未婚父親必須先證明自己是孩子的爸爸（如果是夫妻就不必證明），接著才能申請探視權和監護權。對許多父親來說，這可能是很困難的流程。與此同時，母親可以選擇阻擋所有管道；然而，無論是否有探視權，未婚父親通常都有義務支付子女撫養費，而且通常是低收入父親難以負擔的金額[45]。

離婚夫妻的安排通常是單一流程的一環，但對未婚父母來說，子女撫養費由誰支付，跟監護權和探視權完全是分開裁定。已婚父親被視為活生生的人，未婚父親卻被當成會走路的提款機。

二〇二〇年，總共收到三百八十億美元的子女撫養費，而且估計有一千一百五十億美元逾期未付[46]。從父親那裡收到的錢，有些甚至沒有拿來養他們的小孩。政府拿這筆錢來協助抵銷福利成本，具體來說就是貧窮家庭暫時性救助金（Temporary Assistance for Needy Families，簡稱TANF），削弱了整個制度的支柱。

如今有三個州（科羅拉多、明尼蘇達、佛蒙特）的子女撫養費是全額支付給家庭而非政府，其他州也該跟進了[47]。一位掙扎的父親告訴尼爾森：「無論我賺了什麼，我都會交出去。我試著當個最棒的老爸，盡可能提供最好的東西，甚至犧牲我自己。我祈禱並希望事情能改變，但在底層待太久、以至於再也看不到山頂，令我很厭倦。」[48]

決定子女撫養費由誰支付的時候，應該要更留意父親的支付能力，並且考慮他們的非

---

i 編按：physical custody，生活監護權指的是孩子每天居住的地方，包括孩子每日作息、用餐、著衣與就寢時間等。

貨幣性貢獻，包括直接照顧小孩。舉例來說，奧勒岡州就有「育兒時間獎勵」（parenting time credit），假如沒有監護權的家長花更多時間照顧小孩，他們必須支付的子女撫養費就會減少[49]。長期目標應該是將「決定未婚父母的子女撫養費」融入「決定監護權和探視權安排」的法律流程。艾汀和尼爾森寫道：「如果我們真心相信性別平等，就必須設法獎勵那些努力和子女建立關係的父親，就跟我們對待母親一樣——同時分配權利和責任給父親。」[50]

對父親友善的工作

在一九七三年的著作《對稱家庭》（*The Symmetrical Family*）中，社會學家彼得·威爾莫特（Peter Willmott）和麥可·楊（Michael Young，因發明菁英政治〔meritocracy〕一詞而聞名）寫道：「到了下個世紀（一九七〇年的先驅們已經站在最前面了），社會將從夫妻各做一份吃力的工作（a），歷經妻子做兩份吃力的工作、丈夫做一份（b），最終變成夫妻各做兩份吃力的工作（c）。對稱就這樣完成。」[51]

嗯，這個論點是有幾分正確。我認為許多女性會爭論，進入二十世紀已經二十年了，我們還卡在b步驟。這有一部分是因為勞動市場制度並沒有適應「沒有妻子」的世界——這裡的妻子指的是家庭主婦。值得一提的是，楊和威爾莫特的對稱烏托邦中，每週標準工作天數減為三天，剩下四天留給家人和休閒。你大概已經察覺這尚未成真，其實，美國平均工時在過去五十年幾乎沒有減少[52]；其中有三分之二的家庭，父母都從事有薪工作[53]。

無論我們喜不喜歡，家庭現在已經是一種勞動市場制度，而勞動市場也是一種家庭制度。但是到目前為止，只有家庭改變而已。男人、小孩和女人都要委屈自己的生活和行程表，才能符合勞動市場的不變需求、「標準」工作日和典型的生涯路線。我支持有人去努力增加兒童保育管道、並提供課後中心等[54]。但**我擔心的是，公共政策的目標似乎普遍是創造對職場友善的家庭**、**而非對家庭友善的職場**。「我們已經達到男女之間在經濟方面空前平等的時代，」經濟學家戈丁寫道：「但我們的工作和育兒結構都是過去的遺物，那時只有男人同時擁有職涯和家庭。」[55]

母親現在痛苦地困在這個陷阱裡，但我們不該假設父親會同意這種取捨。說自己陪小孩的時間太少的父親人數，是母親的兩倍（四六％比二三％）[56]。我提議有薪假是希望能進一步緩和這些緊張氣氛，但工作也必須改變，提供更多選項，如彈性工時、兼職或在家工作，至少能夠緩和賺錢和照顧小孩之間的取捨。新冠疫情期間，批發商改成遠距工作，這代表著將工作現代化的空前機會，只是大家能不能掌握這次機會，還有待觀察；我希望能掌握，尤其是為了老爸們——有三分之二的父親說疫情讓他們更親近子女[57]。令人意外的是，一份研究表示，疫情期間，彈性工時的機會對男性的助益似乎大於女性[58]。

除了日常工作本質要有更多彈性，生涯階梯也必須現代化。對許多父母來說，放棄有薪工作不只代表收入會暫時減少，也會對生涯前景產生永久傷害。這個問題對於「貪婪工作」（greedy jobs，戈丁自創的名詞）來說更嚴重；這種工作的工時長、難以預測，但會提供豐厚的財務報酬，法律、金融和管理顧問都是好例子[59]。假如你想往上爬，你就不能休假，在這些情況下，一名家長留在階梯上讓收入最大化，另一名家長從職場抽身、做更多家務事，是很合理的做法。通常前者是老爸，後者是老媽。

這些職業的生涯結構，不只鼓勵了父母明確分工，幾乎算是強迫他們分工；所以毫不意外，這些職業的性別薪資落差也最大。從事法律和金融工作的女性，薪資只有男性的七七%。以法律學位從密西根大學畢業後的十五年，有五分之四的男性每週至少工作四十五個小時，相較之下女性只有一半這麼做。將近四分之一的女性兼職，男性則只有二%如此[60]。

但事情不必是這樣。「非貪婪」職業也可能有高薪，包括工程、科技和藥學。而且也有性別薪資落差小很多的職業，這並不是巧合。考慮到工時的話，女性藥劑師的收入是男性的九四%[61]。所以藥學領域做對了什麼？法律和金融工作做錯了什麼？關鍵的改變，就是讓藥劑師更容易相互替代。我們有多少人在乎下次拿藥時，是不是同一位藥劑師？但如果是律師或財務顧問，我們的感覺就不一樣了。然而重點在於，藥學領域以前也是這樣，有著必須縮小的性別薪資落差。企業合併、加上科技進步，讓藥劑師在換班時能夠轉移資訊。重要的是，這意味著藥局的兼職工作幾乎沒有時薪罰款。薪資幾乎是隨著時數線性上升。這就是為什麼戈丁說藥劑師是「最平等主義的職業」[62]。

法律、金融和顧問工作能夠仿效藥局嗎？科技可以幫上忙，它能夠大幅減少面對客戶的職員們轉移資訊的成本。有些金融公司、顧問和法律公司，已經稍微往正確的方向移動，像是減少週末的工時、堅持要職員把假休完，以及允許更多兼職選項，像是一週工作四天[63]。二〇一六年，亞馬遜（Amazon）宣布成立團隊，團隊所有成員（包括領導人）

皆可每週工作三十小時，薪水變成目前的七五％[64]。關於這一點，「兼職選項的薪資率不變」是很重要的——但關鍵在於確保發展和升遷的機會不會損失。在貪婪工作和「母親路線」之間，存在一種工作方式（我們稱它為「正常人路線」好了），讓自己在職涯路線的各種時點，既能夠保留彈性給家庭責任，又不會錯失未來的大好機會。

但我認為，我們應該務實看待一件事：改變這些對家庭不友善的職業需要付出多少心力？有才華的勞工如果不開心就會離職。大雇主[i]發現，在許多調查中，勞工（尤其是年輕人）對於提升工作／生活平衡的期待正在迅速提高，僅次於薪水[65]。女性人才的流失，已經引起一些補救行動。但只要男性一直願意投入漫長且常常難以預測的工時，結構性改革的前景就依然黯淡無光。很多人討論改變職場文化的必要性，這當然很重要；大多數的美國男性都說職場有個不成文規定：父親不應該把陪產假休滿[66]。

但是貪婪工作職業需要的不只是新的價值觀，還需要再造。我已經將這些改變形容成促進「對父親友善」的就業。當然，把它們形容成「對雙親友善」會更準確。短期內它們其實對母親最有幫助，但我是刻意選擇「對父親友善」這個標籤的。要求男人拉長工時才能賺大錢，對父親並不友善，至少不符合我對現今父親身分的定義。即使這讓男人能夠勝任養家者的角色，卻犧牲了他的育兒角色。新美國基金會（New America）執行長安妮－瑪麗・斯魯特（Anne-Marie Slaughter）便警告，假如我們繼續把「育兒問題」定義成「女人的問題」，進步的速度會很慢[67]。

對於有幸成為老爸的人來說，父親是構成身分的核心要素。我已經主張，父親現在也需要成為更大的社會角色，跟母親不同，但是平等。**有益社會的男子氣概，不再意味著必須結婚、或必須成為主要養家者，但的確需要男人完全投入父親的角色。**

---

i 編按：major employers，在特定地區或行業，對就業市場具有顯著貢獻的組織或公司。

後記

當你跟別人提到你在寫書，他們通常會問你在寫什麼。當你描述這個企劃的時候，有時你會發現他們很後悔問這個問題（很遺憾的是，當我極度熱情地說起我替十九世紀哲學家彌爾寫的傳記時，就經常發生這種情況）。但這本書從來沒發生過這種情況，一次都沒有。通常在我有時間把整體論點講完之前，對方就已經忍不住，開始分享自己的經驗和意見——以及焦慮。我發現許多人真的很擔心男孩和男人，包括他們生活中的那些男性。太太擔心先生找不到好工作、青少年的母親組成非正式互助會，幫助彼此度過艱難的高中時期、年輕女性對於約會市場中群龍無首的男人們感到失望……。

我尤其驚訝的是，就連我所遇過最堅定的女性主義者，似乎都更加擔心兒子，而不是女兒。我不禁懷疑這是普遍的現象嗎？

二〇二〇年，我得以在美國家庭調查（American Family Survey，樣本三千人以上的年度民意調查）中追加幾個問題來查明真相，結果還真的是這樣。比起女兒，父母普遍更擔心兒子是否能夠「成為成功的成人」[1]，但最擔心兒子的是自由派父母。大家私底下對於男孩和男人感到焦慮，卻找不到有成效的公眾宣洩管道，而本書的目標之一，就是消除私人和公眾之間的落差。**我們對男孩和男人的擔憂是正確的，因為他們身為學習者、勞工和父親，都面臨真實的挑戰**。父母希望孩子能夠茁壯成長，我們也希望所有同胞能夠茁壯成長。

為男孩和男人做更多事情，並不需要放棄性別平等的理念。事實上，這是性別平等的自然延伸。**女性主義作為解放運動的問題，並不是它「太超過」，而是它還做得不夠**。女人的生活已經被重塑，但男人的生活沒有。正如我在引言說的，在一個後女性主義的世界，我們需要對於男子氣概的正面眼光。我們的文化也必須夠成熟，才能認清大改變（即使是正面的）仍會產生壞影響。這些壞影響不僅可能被處理，也必須被處理；這就是自然的過程。這意味著改革不再對男孩有效的教育體系，並協助男人調整因為失去傳統男性角色，而產生的真正無所適從的心態。我們必須應付兩個方向的性別特有的挑戰和不平等。

現在，這個領域顯然缺乏負責任的領導人。政治已變成壕溝戰，雙方都寸土不讓。老爸和老媽擔心他們的小孩，但領導人受制於各自的黨派立場，進步派認為任何對男孩和男人提供更多幫助的舉動，都會讓大家不再關注女孩和女人；保守派則認為任何對女孩和女人提供更多幫助的舉動，動機都是要打壓男性。我希望我們能夠遠離黨派政治的怒火與喧囂，達到共同的認知：許多男孩和男人真的遇上了麻煩，而且不是他們自找的。他們需要幫助。

致謝

本書提到的對話和論點已經持續幾十年，牽涉到無數朋友、親戚和同事，我不會把所有名字都列在這裡，名單太長了，他們知道我在講誰就好。我也感謝數十位學者回答我的疑問、閱讀本書的段落（甚至整本讀完）並給予回饋，你們知道我在講誰，感謝你們。

但我必須特別提到幾個人。第一是彼得・布萊爾（Peter Blair），他是最完美的審稿人——他給我建設性的批評及實質上的幫助，既直率又誠實，所有學者都應該跟他看齊。第二是貝爾・索希爾（Belle Sawhill），她最早帶我走進布魯金斯的圈子，從此以後我們成為真正的朋友和同事。我也想對布魯金斯學會幾位研究員表達感激，他們陪我一起埋頭苦幹，卻沒有抱怨，只有優雅和專業精神：比楊・鄧（Beyond Deng）、庫拉・法爾（Coura Fall）、蒂芬妮・福特（Tiffany Ford）、阿里爾・格爾魯德・希羅（Ariel Gelrud Shiro）、法里哈・哈克（Fariha Haque）、艾希莉・馬喬萊克（Ashleigh Maciolek）、克里斯多福・普利亞姆（Christopher Pulliam）、漢娜・范・德里（Hannah Van Drie）、摩根・韋爾奇（Morgan Welch），尤其是安柏・史密斯（Ember Smith）。也要感謝史密斯・理查森基金會（Smith Richardson Foundation），幫我騰出一些時間來寫這本書。

最重要的是，我說再多都無法表達我對艾麗卡・豪弗（Erica Hauver）的愛與感激，她是跟我在一起二十三年的伴侶和太太。我知道這樣講很老掉牙，但你真的讓我成為更好的男人，你也讓這本書變得更好，謝謝你。

48. Timothy Nelson, unpublished analysis drawing on data from interviews with 429 fathers across the country, quoted in Hahn and others, *Transforming Child Support*, p. 5.
49. Oregon Secretary of State, Department of Justice, "Chapter 137: Parenting Time Credit," *Oregon State Archives*. I made a similar proposal in "Non-resident Fathers: An Untapped Childcare Army?," Brookings Institution, December 9, 2015.
50. Edin and Nelson, *Doing the Best I Can*, p. 227.
51. Michael Young and Peter Willmott, *The Symmetrical Family* (New York: Pantheon, 1973), p. 278.
52. Alexander Bick, Bettina Brüggemann, and Nicola Fuchs-Schündeln,"Hours Worked in Europe and the United States: New Data, New Answers," *Scandinavian Journal of Economics* (October 2019), pp. 1381-1416.
53. Julie Sullivan,"Comparing Characteristics and Selected Expenditures of Dual-and Single-Income Households with Children," *Monthly Labor Review*, U.S. Bureau of Labor Statistics, September 2020, https://doi.org/10 .21916/mlr.2020.19.
54. Richard V. Reeves and Isabel V. Sawhill, *A New Contract with the Middle Class* (Brookings Institution, 2020), pp. 46-56.
55. Goldin, *Career and Family*, p. 17.
56. Kim Parker and Wendy Wang, *Modern Parenthood: Roles of Moms and Dads Converge as They Balance Work and Family*, report prepared for the Pew Research Center, March 2013.
57. Richard Weissbourd and others,"How the Pandemic Is Strengthening Fathers' Relationships with Their Children," Harvard Graduate School of Education, Making Caring Common Project, June 2020.
58. Grant R. McDermott and Benjamin Hansen, "Labor Reallocation and Remote Work during COVID-19: Real-Time Evidence from GitHub," Working Paper 29598 (Cambridge, MA: National Bureau of Economic Research, December 2021).
59. Goldin, *Career and Family*, p. 9.
60. Goldin, *Career and Family*, figure 9.1, p. 178.
61. Goldin, *Career and Family*, p. 191.
62. Claudia Goldin and Lawrence F. Katz, "A Most Egalitarian Profession: Pharmacy and the Evolution of a Family-Friendly Occupation," *Journal of Labor Economics* (July 2016).
63. Stephanie Vozza, "How These Companies Have Made Four-Day Workweeks Feasible," *Fast Company*, June 17, 2015.
64. Karen Turner, "Amazon Is Piloting Teams with a 30-Hour Workweek," *Washington Post*, August 26, 2016.
65. *The 2016 Deloitte Millennial Survey: Winning over the Next Generation of Leaders* (London: Deloitte, 2016).
66. Claire Cain Miller, "Paternity Leave: The Rewards and the Remaining Stigma," *New York Times*, November 7, 2014. 根據哈里斯民意調查（Harris Poll）在 2021 年 5 月 26 日至 6 月 3 日做的調查，62% 的父親或準父親同意「有個不成文規定是職場男性不應該把陪產假休滿」。這項調查是做給富豪汽車（Volvo）的。
67. Shane Barro, "Gender Equality Won't Just Change Women's Lives-It'll Change Everyone's," Huffington Post, September 30, 2015.

後記

1. Richard V. Reeves and Ember Smith, "Americans Are More Worried about Their Sons Than Their Daughters," Brookings Institution, October 7, 2020.

Family Issues (May 2010).

26. Kathryn Edin and Timothy J. Nelson, *Doing the Best I Can: Fatherhood in the Inner City* (University of California Press, 2013), p. 216.
27. Gretchen Livingston and Kim Parker, "A Tale of Two Fathers: More Are Active, but More Are Absent," Pew Research Center, June 15, 2011.
28. Jo Jones and William D. Mosher, "Fathers' Involvement with Their Children: United States, 2006-2010," National Health Statistics Reports, no. 71 (Hyattsville, MD: National Center for Health Statistics, 2013). See also Edin and Nelson, *Doing the Best I Can*, p. 215.
29. Calvina Z. Ellerbe, Jerrett B. Jones, and Marcia J. Carlson, "Race/Ethnic Differences in Nonresident Fathers' Involvement after a Nonmarital Birth," *Social Science Quarterly* (September 2018), p. 1158.
30. Janet Gornick and Marcia Meyers, "Institutions That Support Gender Equality in Parenthood and Employment," in *Gender Equality: Transforming Family Divisions of Labor* (New York: Verso, 2009), pp. 4-5.
31. Heather Boushey, "Home Economics," *Democracy Journal* (Spring 2016).
32. Tanya Byker and Elena Patel, "A Proposal for a Federal Paid Parental and Medical Leave Program," Brookings Institution, May 2021.
33. House Bill 2005 was signed into law on July 1, 2019, in the 80th Oregon Legislative Assembly. 請注意，2023 年的政策實施已經延後。
34. OECD, Parental Leave Systems, "Paid Leave Reserved for Fathers," OECD Family Database, October 2021.
35. Ankita Patnaik, 'Daddy's Home!' Increasing Men's Use of Paternity Leave," Council on Contemporary Families, April 2, 2015.
36. Quoted in Gornick and Meyers, *Institutions That Support Gender Equality*, p. 437.
37. "The effect of fertility on [maternal] labor supply is...large and negative at higher levels of development." Daniel Aaronson and others,"The Effect of Fertility on Mothers' Labor Supply over the Last Two Centuries," *Economic Journal* (January 2021).
38. Claudia Goldin, *Career and Family: Women's Century-Long Journey toward Equity* (Princeton University Press, 2021), p. 234.
39. U.S. Bureau of Labor Statistics, "Employment Status of Mothers with Own Children under 3 Years Old by Single Year of Age of Youngest Child and Marital Status, 2019-2020 Annual Averages," *in Employment Characteristics of Families* 2020, April 2021.
40. Juliana Menasce Horowitz,"Despite Challenges at Home and Work, Most Working Moms and Dads Say Being Employed Is What's Best for Them," Pew Research Center, September 12, 2019.
41. Daly is quoted in Marsiglio and Pleck, "Fatherhood and Masculinities," p. 257.
42. Edin and Nelson, *Doing the Best I Can*, p. 216.
43. Maria Cancian and others,"Who Gets Custody Now? Dramatic Changes in Children's Living Arrangements after Divorce," *Demography* (May 2014), p. 1387.
44. 這是大約的數字，基於我跟美國各州的律師的訪談。See "How Much Custody Time Does Dad Get in Your State?," Custody Xchange, 2018.
45. Heather Hahn, Kathryn Edin, and Lauren Abrahams, *Transforming Child Support into a Family-Building System* (US Partnership on Mobility from Poverty, March 2018).
46. Office of Child Support Enforcement, "Preliminary Report for FY 2020," tables P-29 and P-85, U.S. Department of Health and Human Services, June 2021.
47. For more details on this reform, see Hahn and others, *Transforming Child Support*, pp. 13-16.

Right?," *Education Next* (Spring 2015); Kevin Shafer, *So Close, Yet So Far: Fathering in Canada & the United States* (University of Toronto Press, 2022), especially chap. 2.

8. Kathleen Mullan Harris, Frank F. Furstenberg, and Jeremy K. Marmer. "Paternal Involvement with Adolescents in Intact Families: The Influence of Fathers over the Life Course," *Demography* (June 1998).
9. Rebecca M. Ryan, Anne Martin, and Jeanne Brooks-Gunn,"Is One Good Parent Good Enough? Patterns of Mother and Father Parenting and Child Cognitive Outcomes at 24 and 36 Months," *Parenting: Science and Practice* (May 2006).
10. James A. Gaudino Jr., Bill Jenkins, and Roger W. Rochat, "No Fathers' Names: A Risk Factor for Infant Mortality in the State of Georgia, USA," *Social Science & Medicine* (January 1999).
11. Marc Grau-Grau and Hannah Riley Bowles, "Launching a Cross-disciplinary And Cross-national Conversation on Engaged Fatherhood," in *Engaged Fatherhood for Men, Families and Gender Equality: Healthcare, Social Policy, and Work Perspectives*, ed. Marc Grau-Grau, Mireia las Heras Maestro, and Hannah Riley Bowles (New York: Springer, 2022), p. 2.
12. William H. Jeynes, "Meta-Analysis on the Roles of Fathers," p. 17.See also Harris, Furstenberg, and Marmer, "Paternal Involvement with Adolescents in Intact Families."
13. Kim Parker, Juliana Menasce Horowitz, and Renee Stepler, "Americans Are Divided on Whether Differences between Men and Women Are Rooted in Biology or Societal Expectations," Pew Research Center, December 5, 2017.
14. Pauline Hunt, *Gender and Class Consciousness* (London: MacMillan, 1980), p. 24.
15. National Academies of Sciences, Engineering, and Medicine, *The Promise of Adolescence: Realizing Opportunity for All Youth* (Washington, DC: The National Academies Press, 2019), p. 37.
16. Rob Palkovitz, "Gendered Parenting's Implications for Children's Well-Being," in *Gender and Parenthood: Biological and Social Scientific Perspectives*, ed. W. Bradford Wilcox and Kathleen Kovner Kline (Columbia University Press, 2013), p. 11.
17. Deborah A. Cobb-Clark and Erdal Tekin, "Fathers and Youths' Delinquent Behavior," *Review of Economics of the Household* (June 2014).
18. Eirini Flouri and Ann Buchanan, "The Role of Father Involvement in Children's Later Mental Health," *Journal of Adolescence* (February 2003).
19. Stephen D. Whitney and others,"Fathers' Importance in Adolescents' Academic Achievement," *International Journal of Child, Youth and Family Studies* (2017).
20. Machin, *The Life of Dad*, p. 111.
21. Shafer, *So Close, Yet So Far*, p. 68.
22. David J. Eggebeen, "Do Fathers Uniquely Matter for Adolescent Well-Being?," In *Gender and Parenthood: Biological and Social Scientific Perspectives*, ed. W. Bradford Wilcox and Kathleen Kovner Kline (Columbia University Press, 2013), p. 267.
23. Paul R. Amato and Joan G. Gilbreth, "Nonresident Fathers and Children's Well-Being: A Meta-analysis," *Journal of Marriage and Family* (August 1999).
24. William Marsiglio and Joseph H. Pleck, "Fatherhood and Masculinities," in *Handbook of Studies on Men and Masculinities*, ed. Michael S. Kimmel, Jeff Hearn, and Robert W. Connell (Thousand Oaks, CA: Sage, 2004), p. 253.
25. Alan Booth, Mindy E. Scott, and Valarie King, "Father Residence and Adolescent Problem Behavior: Are Youth Always Better Off in Two-Parent Families?," *Journal of*

作。

58. Martin Eisend, "A Meta-analysis of Gender Roles in Advertising," *Journal of the Academy of Marketing Science* (November 2009).
59. Claudia Goldin, "A Pollution Theory of Discrimination: Male and Female Differences in Occupations and Earnings," in *Human Capital in History: The American Record*, ed. Leah Platt Boustan, Carola Frydman, and Robert A. Margo (University of Chicago Press, 2014), p. 324.
60. Edward Schiappa, Peter B. Gregg, and Dean E. Hewes, "Can One TV Show Make a Difference? *Will & Grace* and the Parasocial Contact Hypothesis," *Journal of Homosexuality* (November 2006).
61. Melissa S. Kearney and Phillip B. Levine, "Media Influences on Social Outcomes: The Impact of MTV's 16 and Pregnant on Teen Childbearing," *American Economic Review* (December 2015).
62. On evaluation of these marketing campaigns, see Doug McKenzie-Mohr, *Fostering Sustainable Behavior: An Introduction to Community-Based Social Marketing* (Gabriola Island, BC: New Society, 2013).
63. Cass R. Sunstein, *How Change Happens* (MIT Press, 2020); Robert H. Frank, *Under the Influence: Putting Peer Pressure to Work* (Princeton University Press, 2020).
64. 2008 至 2009 年，奧勒岡州的護理學生有 13% 是男性，而註冊護理師有 11% 是男性，所以上升幅度頂多只是跟全國趨勢一致。See Tamara Bertell and others, *Who Gets In? Pilot Year Data from the Nursing Student Admissions Database* (Portland: Oregon Center for Nursing, 2009), table 5, p. 11.
65. Kimberley A. Clow, Rosemary Ricciardelli, and Wally J. Bartfay, "Are You Man Enough to Be a Nurse? The Impact of Ambivalent Sexism and Role Congruity on Perceptions of Men and Women in Nursing Advertisements," *Sex Roles* (April 2015).
66. Marci D. Cottingham, "Recruiting Men, Constructing Manhood: How Health Care Organizations Mobilize Masculinities as Nursing Recruitment Strategy," *Gender & Society* (February 2014).
67. Tara Boyle and others," 'Man Up': How a Fear of Appearing Feminine Restricts Men, and Affects Us All," NPR, October 1, 2018.
68. Ben Lupton, "Maintaining Masculinity: Men Who Do 'Women's Work,' " *British Journal of Management* (September 2000), pp. 33-48.

第十二章

1. Hanna Rosin, *The End of Men: And the Rise of Women* (New York: Riverhead Books, 2012), p. 9.
2. Matt Gertz, "Tucker Carlson's Snide Dismissal of Paternity Leave Is in Stark Contrast to His Colleagues' Fervent Support," Media Matters for America, October 15, 2021.
3. "Piers Morgan Mocks Daniel Craig for Carrying Baby," BBC, October 16, 2018.
4. Serena Mayeri, *Reasoning from Race: Feminism, Law, and the Civil Rights Revolution* (Harvard University Press, 2014), p. 123. 金斯伯格於數十年後反思這個案子，然後說道：「這是我對社會的夢想……父親愛孩子、關心孩子，並且協助養育孩子。」See Erika Bachiochi, "What I Will Teach My Children about Ruth Bader Ginsburg," *America Magazine*, September 24, 2020.
5. Eric Michael Johnson, "Raising Darwin's Consciousness: An Interview with Sarah Blaffer Hrdy on Mother Nature," *Scientific American*, March 16, 2012.
6. Anna Machin, *The Life of Dad: The Making of the Modern Father* (New York: Simon & Schuster, 2018), pp. 17-18.
7. William H. Jeynes, "Meta-Analysis on the Roles of Fathers in Parenting: Are They Unique?," *Marriage & Family Review* (April 2016); Sara McLanahan and Christopher Jencks, "Was Moynihan

at *45: Advancing Opportunity through Equity in Education* (Washington, DC: National Coalition for Women and Girls in Education, 2017), p. 6.

37. Mariah Bohanon, "Men in Nursing: A Crucial Profession Continues to Lack Gender Diversity," *INSIGHT Into Diversity*, January 8, 2019.
38. 值得一提，男學生沒有受到可識別的影響。Scott E. Carrell, Marianne E. Page, and James E. West, "Sex and Science: How Professor Gender Perpetuates the Gender Gap," *Quarterly Journal of Economics* (August 2010).
39. Wendy M. Williams and Stephen J. Ceci, "National Hiring Experiments Reveal 2: 1 Faculty Preference for Women on STEM Tenure Track," *Proceedings of the National Academy of Sciences* (April 2015), p. 5360.
40. Scholarships .org,"Scholarships for Women," accessed March 28, 2022.
41. Marie Curie Scholar Program (MCSP) at College of Saint Mary, see NSF Award 0630846.
42. National Center for Education Statistics, "Table 318.30."
43. Glenda M. Flores, and Pierrette Hondagneu-Sotelo,"The Social Dynamics Channeling Latina College Graduates into the Teaching Profession," *Gender, Work & Organization* (November 2014), p. 491.
44. 這些資金多半是在 WIOA 法律的第一條之下分配的。See Daria Daniel, "Legislation Reintroduced to Address the Impacts of COVID-19 on the Nation's Workforce," National Association of Counties, February 10, 2021.
45. David H. Bradley, *The Workforce Innovation and Opportunity Act and the One-Stop Delivery System*, Congressional Research Service Report R44252 (2015, updated January 2021), p. 4.
46. Texas Workforce Commission, "Program Year 2018 Workforce Innovation and Opportunity Act Annual Report, Titles I and III" (2018), p. 12.
47. STEM RESTART Act, S.1297, 117th Congress (2021-2022).
48. 1999 至 2000 年和 2020 年至 2021 年，K-12 教師的平均薪資都是 65,000 美元（以 2020 年／2021 年的美元計算）。National Center for Education Statistics,"Table 211. 60, Estimated Average Annual Salary of Teachers in Public Elementary and Secondary Schools, by State: Selected Years, 1969-70 through 2020-21. "
49. Madeline Will,"Joe Biden to Teachers: 'You Deserve a Raise, Not Just Praise,' " *Education Week*, July 2, 2021.
50. Meg Benner and others,"How to Give Teachers a $10,000 Raise," Center for American Progress, July 2018.
51. George A. Akerlof and Rachel E. Kranton, "Economics and Identity," *Quarterly Journal of Economics* (August 2000), p. 748.
52. 指的是壯年（25 至 54 歲）、全職工作者。See also "Male Nurses Becoming More Commonplace, Census Bureau Reports," United States Census Bureau (February 2013).
53. Brittany Bisceglia, "Breaking the Stigma of the Male Nurse," *Nursing License Map* (blog), December 3, 2020.
54. Wally Bartfay and Emma Bartfay, "Canadian View of Men in Nursing Explored," *Men in Nursing* (April 2007).
55. Quoted in Andrew Clifton, Sarah Crooks, and Jo Higman, "Exploring the Recruitment of Men into the Nursing Profession in the United Kingdom," *Journal of Advanced Nursing* (March 2020), p. 1879.
56. Aaron Loewenberg, "There's a Stigma around Men Teaching Young Kids. Here's How We Change It," *Slate*, October 18, 2017.
57. Jill E. Yavorsky, "Uneven Patterns of Inequality: An Audit Analysis of Hiring-Related Practices by Gendered and Classed Contexts," *Social Forces* (December 2019). 請注意，這些具體來說並不是 HEAL 工

15. Ernest Grant, letter to Honorable Xavier Becerra, Secretary, Department of Health and Human Services, American Nurses Association, September 1, 2021, p. 1.
16. Michael Topchik and others, *Crises Collide: The COVID-19 Pandemic and the Stability of the Rural Health Safety Net* (The Chartis Group, 2021). 我引用的特定數據並沒有出現在主要報告，但有出現在調查的所有結果，查蒂斯集團有提供給我，而且迪倫・史考特（Dylan Scott）也有報導；"Why the US Nursing Crisis Is Getting Worse," *Vox*, November 8, 2021.
17. Amandad Perkins, "Nursing Shortage: Consequences and Solutions," *Nursing Made Incredibly Easy* (September/October 2021).
18. Annie Buttner, "The Teacher Shortage, 2021 Edition," *Frontline Education*, April 19, 2021.
19. Rafael Heller and Teresa Preston, "Teaching: Respect but Dwindling Appeal," Kappan, September 2018.
20. Lisette Partelow, "What to Make of Declining Enrollment in Teacher Preparation Programs," Center for American Progress, December 3, 2019.
21. Morgan Lee and Cedar Attanasio, "New Mexico Asks Guard to Sub for Sick Teachers amid Omicron," AP News, January 19, 2022; David Schuman, "Twin Cities School Seeks Parents to Alleviate Substitute Teacher Shortage," CBS Minnesota, October 5, 2021; Justin Matthews, "60 International Educators Hired to Fill Teacher Shortages in Polk County," Fox 13 News Tampa Bay, October 11, 2021.
22. David Wimer and Ronald F. Levant, "The Relation of Masculinity and Help-Seeking Style with the Academic Help-Seeking Behavior of College Men," *Journal of Men's Studies* (October 2011).
23. Lea Winerman, "Helping Men to Help Themselves," American Psychological Association, June 2005.
24. Benedict Carey, "Need Therapy? A Good Man Is Hard to Find," *New York Times*, May 11, 2011.
25. For substance abuse, see SAMHSA Treatment Episode Data Set (TEDS), "Gender Differences in Primary Substance of Abuse across Age Groups" (2011). For special education, see "Students with Disabilities, Preprimary, Elementary, and Secondary Education," National Center for Education Statistics (May 2021).
26. Melinda French Gates, "Here's Why I'm Committing $1 Billion to Promote Gender Equality," TIME, October 5, 2019.
27. Building Blocks of STEM Act, Senate Report 116-78, Report of the Committee on Commerce, Science, and Transportation (August 2019), p. 7.
28. National Science Foundation, "Organizational Change for Gender Equity in STEM Academic Professions," NSF 20-057, March 10, 2020.
29. 女性工程師協會的財務資料來自 Guidestar 2019 年財政年度。詳見 www.guidestar.org/profile/13-1947735. 職員資料來自 SWE 網站。兩者存取於 2022 年 3 月 28 日。
30. American Association for Men in Nursing, "Who We Are."
31. National Girls Collaborative Project, *Annual Report 2021*, p. 17.
32. See NSF awards 0631789 ($1. 5 million) and 1103073 ($3 million).
33. Million Girls Moonshot, "Our Mission."
34. National Center for Education Statistics, "Table318.30, Bachelor's, Master's, and Doctor's Degrees Conferred by Postsecondary Institutions, by Sex of Student and Discipline Division: 2017-18."
35. 具體來說是九年級學生，根據蒐集自 2009 年到 2012 年的資料。National Center for Education Statistics, "Data Point: Male and Female High School Students' Expectations for Working in a Health-Related Field," June 2020.
36. "Career and Technical Education: A Path to Economic Growth," in *Title IX*

Strategy Group, 2019.
70. Cass, "How the Other Half Learns," pp. 5-6.
71. Scottish Funding Council, "Gender Action Plan Annual Progress Report," January 30, 2019.
72. C. Kirabo Jackson, "The Effect of Single-Sex Education on Test Scores, School Completion, Arrests, and Teen Motherhood: Evidence from School Transitions," Working Paper 22222 (Cambridge, MA: National Bureau of Economic Research, May 2016).
73. Erin Pahlke, Janet Shibley Hyde, and Carlie M. Allison, "The Effects of Single-Sex Compared with Coeducational Schooling on Students' Performance and Attitudes: A Meta-Analysis," *Psychological Bulletin* (2014).
74. Michael Gurian and Patricia Henley with Terry Trueman, *Boys and Girls Learn Differently! A Guide for Teachers and Parents* (San Francisco: Jossey Bass, 2002).

第十一章

1. Margarita Torre, "Stopgappers? The Occupational Trajectories of Men in Female-Dominated Occupations," *Work and Occupations* (June 2018).
2. Gloria Steinem, *The Truth Will Set You Free, But First It Will Piss You Off!* (New York: Random House, 2019), p. 64.
3. Jerome Christenson, "Ramaley Coined STEM Term Now Used Nationwide," *Winona Daily News*, November 13, 2011.
4. 根據 2018 年 IPUMS 美國社區調查資料中的標準職業分類編碼，「數學家」這個特定職業被歸類於「其他數學科學職業」與「統計學家」。除非特別聲明，本章所有職業分析都是 2019 年內的壯年（25 至 54 歲）、全職、全年的平民員工，收入為正。就業預測來自美國勞工統計局，"Occupational Projections, 2020-30, and Worker Characteristics, 2020," Table 1.7.
5. 定義 HEAL 職業的時候，我遵照美國人口普查局定義 STEM 的方式，這方式是 2012 年由標準職業分類政策委員會所推薦的。See "Options for defining STEM occupations under the 2010 SOC system," Bureau of Labor Statistics, August 2012. For more details of my approach see Richard Reeves and Beyond Deng, "Women in STEM, Men in HEAL: Jobs for the Future," Brookings Institution, forthcoming 2022.
6. 請注意，如今社會科學家是女性占多數（64%），這個職業包含在 STEM 類別內。
7. 社工的職業類別包含四個子類別：兒童、家庭和學校社工；醫療保健社工；心理健康與藥物濫用社工；以及其他所有社工。See also Jack Fischl, "Almost 82 Percent of Social Workers Are Female, and This Is Hurting Men," Mic, March 25, 2013.
8. David J. Deming, "The Growing Importance of Social Skills in the Labor Market," *Quarterly Journal of Economics* (November 2017), p. 1593.
9. 請注意 BLS 的預測（也就是這些分析的基礎）所使用的樣本，跟我在其他地方呈現的美國社區調查的結果略有不同。See BLS, Table 1. 7, "Occupational Projections, 2020-30, and Worker Characteristics," 2020. For more details, see Reeves and Deng, "Women in STEM, Men in HEAL."
10. 這些收入數字都是 2019 年當中，從事這些職業的壯年、全職工作者的中位數。
11. U.S Department of Health and Human Services, Health Resources and Services Administration, *2018 National Sample Survey of Registered Nurses*.
12. Bureau of Labor Statistics, "Occupational Projections, 2020-30, and Worker Characteristics, 2020," table 1. 7.
13. University of St. Augustine for Health Sciences, "Nurse Burnout: Risks, Causes, and Precautions," July 2020.
14. Louis Pilla, "This Might Hurt a Bit: The Chronic Nursing Shortage Is Now Acute," Daily Nurse, July 22, 2021.

Emma Wenzinger, "The College Payoff: More Education Doesn't Always Mean More Earnings," Georgetown University Center on Education and the Workforce, 2021.

50. Bureau of Labor Statistics, "Employed Persons by Detailed Occupation, Sex, Race, and Hispanic or Latino Ethnicity," 2020 Labor Force Statistics from the Current Population Survey, January 22, 2021.
51. Fredrik deBoer, *The Cult of Smart: How Our Broken Education System Perpetuates Social Injustice* (New York: All Points Books, 2020).
52. Gijsbert Stoet and David C. Geary, "Gender Differences in the Pathways to Higher Education," *Proceedings of the National Academy of Sciences* (June 2020).
53. National Center for Education Statistics, "Table H175, Average Number of Credits and Percentage of Total Credits Public High School Graduates Earned in Each Curricular and Subject Area: 1992, 2004, and 2013."
54. Oren Cass, "How the Other Half Learns: Reorienting an Education System That Fails Most Students," Manhattan Institute, August 2018.
55. Joseph Fishkin, *Bottlenecks: A New Theory of Equal Opportunity* (Oxford University Press, 2014).
56. National Career Academy Coalition, "Career Academies Change Lives Every Day."
57. James J. Kemple with Cynthia J. Willner, "Career Academies: Long-Term Impacts on Labor Market Outcomes, Educational Attainment, and Transitions to Adulthood," MDRC, June 2008.
58. Eric Brunner, Shaun Dougherty, and Stephen L. Ross, "The Effects of Career and Technical Education: Evidence from the Connecticut Technical High School System," Working Paper 28790 (Cambridge, MA: National Bureau of Economic Research, May 2021).
59. Marianne Bertrand, Magne Mogstad, and Jack Mountjoy, "Improving Educational Pathways to Social Mobility: Evidence from Norway's 'Reform 94,' "Working Paper 25679 (Cambridge, MA: National Bureau of Economic Research, March 2019), p. 42.
60. Brian A. Jacob, "What We Know about Career and Technical Education in High School," Brookings Institution, October 7, 2017.
61. Perkins Collaborative Resource Network, www .cte.ed.gov/legislation/perkins-v.
62. DataLab, "Federal Investment in Higher Education," 2018.
63. National Center for Education Statistics, "Educational Institutions," Fast Facts, 2017-18.
64. Lucinda Gray, Laurie Lewis, and John Ralph, "Career and Technical Education Programs in Public School Districts: 2016-17," U.S. Department of Education, April 2018.
65. 我估計的 40 億美元很可能是高估。每間高中平均有 847 名學生。我假設聯邦政府對新技術學校的每位學生補助 5,000 美元（比康乃狄克州的 4,000 美元額外成本更多，這個州花的錢比大多數州更多）。1,000×847×5,000 美元＝42 億美元。
66. Education and Labor Committee, "Chairman Scott Praises Passage of the National Apprenticeship Act of 2021," press release, U.S. House of Representatives, February 5, 2021.
67. U.S. Department of Labor,"Data and Statistics: Registered Apprenticeship National Results Fiscal Year 2020," 2020. For international comparisons, see OECD/ ILO, *Engaging Employers in Apprenticeship Opportunities* (2017), fig. 1. 2.
68. Harry J. Holzer and Zeyu Xu, "Community College Pathways for Disadvantaged Students," *Community College Review* (April 15, 2021).
69. For a detailed proposal along these lines, see Austan Goolsbee and others, *A Policy Agenda to Develop Human Capital for the Modern Economy,* Aspen Economic

Pennsylvania, CPRE Research Reports, 2018.

28. Education and training statistics for the UK, "Full-Time Equivalent Number of Teachers for 'Teacher Numbers' for Primary, Secondary, Total Maintained, Female and Male in England, Northern Ireland, Scotland, United Kingdom and Wales between 2015/16 and 2019/20." See also Kim Hyun-bin, "Male Teachers Become Rare Breed," *Korea Times*, March 15, 2018.
29. Ingersoll and others,"Seven Trends," p. 14.
30. Quoted in Nathan Hegedus, "In Praise of the Dude Teaching at My Son's Preschool," Huffington Post, March 19, 2012.
31. Thomas S. Dee, "The Why Chromosome: How a Teacher's Gender Affects Boys and Girls," *Education Next* (Fall 2006). See also Sari Mullola and others, "Gender Differences in Teachers' Perceptions of Students' Temperament, Educational Competence, and Teachability," *British Journal of Educational Psychology* (2012).
32. Lauren Sartain and others,"When Girls Outperform Boys: The Gender Gap in High School Math Grades," University of North Carolina, 2022.
33. Ursina Schaede and Ville Mankki, "Quota vs Quality? Long-Term Gains from an Unusual Gender Quota," Working Paper presented to the Public Economics Program Meeting of the National Bureau of Economic Research, Spring 2022.
34. Siri Terjesen, Ruth V. Aguilera, and Ruth Lorenz, "Legislating a Woman's Seat on the Board: Institutional Factors Driving Gender Quotas for Boards of Directors," *Journal of Business Ethics* (February 2014).
35. Dee, "The Why Chromosome." See also Sari Mullola and others, "Gender Differences in Teachers' Perceptions of Students' Temperament, Educational Competence, and Teachability," *British Journal of Educational Psychology* (2012).
36. Seth Gershenson and others, "The Long-Run Impacts of Same-Race Teachers," Working Paper 25254 (Cambridge, MA: National Bureau of Economic Research, November, 2018, revised February 2021).
37. Lisette Partelow, "What to Make of Declining Enrollment in Teacher Preparation Programs," Center for American Progress, December 3, 2019.
38. National Center for Education Statistics, "Table 313.20, Full-Time Faculty in Degree-Granting Postsecondary Institutions, by Race/Ethnicity, Sex, and Academic Rank: Fall 2017, Fall 2018, and Fall 2019."
39. Jacqueline Bichsel and Jasper McChesney, "The Gender Pay Gap and the Representation of Women in Higher Education Administrative Positions: The Century So Far," College and University Professional Association for Human Resources, February 2017.
40. Melissa Trotta, "The Future of Higher Education Leadership," Association of Governing Boards of Universities and Colleges, September 14, 2021.
41. "Employed Persons by Detailed Occupation, Sex, Race, and Hispanic or Latino Ethnicity," U.S. Bureau of Labor Statistics.
42. 女性占美國空軍飛行員 7%、領航員 12%。See Air Force Personnel Center, "Air Force Active Duty Demographics," current as of September 30, 2021.
43. Kirsten Cole and others,"Building a Gender-Balanced Workforce," *Young Children* (September 2019).
44. Alia Wong, "The U.S. Teaching Population Is Getting Bigger, and More Female," *The Atlantic*, February 20, 2019.
45. 詳見註 27。
46. Christina A. Samuels, "Building a Community for Black Male Teachers," *EdWeek*, February 17, 2021.
47. Esteban M. Aucejo and Jonathan James, "The Path to College Education: The Role of Math and Verbal Skills," *Journal of Political Economy* (January 2019).
48. 詳見註 27。
49. Anthony P. Carnevale, Ban Cheah, and

Economic Research, October 2015). See also Suzanne Stateler Jones, "Academic Red-Shirting: Perceived Life Satisfaction of Adolescent Males," Texas A&M University, dissertation (May 2012). See also David Deming and Susan Dynarski, "The Lengthening of Childhood," *Journal of Economic Perspectives* (Summer 2008).

10. Elizabeth U. Cascio and Diane Whitmore Schanzenbach, "First in the Class? Age and the Education Production Function," *Education Finance and Policy* (Summer 2016), p. 244.
11. National Center for Education Statistics, "Table 17a. Percentage of Public School Students in Kindergarten through Grade 12 Who Had Ever Repeated a Grade, by Sex and Race/Ethnicity: 2007" (July 2010). See also Nancy Frey, "Retention, Social Promotion, and Academic Redshirting: What Do We Know and Need to Know?," *Special Education* (November 2005).
12. Philip J. Cook and Songman Kang, "The School-Entry-Age Rule Affects Redshirting Patterns and Resulting Disparities in Achievement," Working Paper 24492 (Cambridge, MA: National Bureau of Economic Research, April 2018).
13. Stateler Jones, "Academic Red-Shirting." See also Jennifer Gonzalez, "Kindergarten Redshirting: How Kids Feel about It Later in Life," *Cult of Pedagogy*, April 24, 2016.
14. William Ellery Samuels and others,"Predicting GPAs with Executive Functioning Assessed by Teachers and by Adolescents Themselves," *European Educationa Researcher* (October 2019).
15. Deming and Dynarski, "The Lengthening of Childhood," p. 86.
16. Education Commission of the States, "Compulsory School Attendance Laws, Minimum and Maximum Age Limits for Required Free Education, by State: 2017," National Center for Education Statistics, nces .ed.gov/programs/statereform/tab12-2020.asp.
17. Deming and Dynarski, "The Lengthening of Childhood," p. 86.
18. Richard V. Reeves, Eliana Buckner, and Ember Smith, "The Unreported Gender Gap in High School Graduation Rates," Brookings Institution, January 12, 2021.
19. National Center for Education Statistics, "Graduation Rate from First Institution Attended within 150 Percent of Normal Time for First-Time, Full-Time Degree/Certificate-Seeking Students at 2-Year Postsecondary Institutions, by Race/Ethnicity, Sex, and Control of Institution: Selected Cohort Entry Years, 2000 through 2016" (August 2020).
20. Kristen Lewis, "A Decade Undone: 2021 Update," Measure of America of the Social Science Research Council (July 2021).
21. U.S. Equal Employment Opportunity Commission, "Title VII of the Civil Rights Act of 1964."
22. *United States v. Virginia et al.*, 518 U.S. 515 (1996), p. 517.
23. 2021 年班上總共有 60 名女軍校生和 420 名男軍校生。See "Enrollment Summary Fall 2017," Virginia Military Institute.
24. *United States v. Virginia et al.*, p. 515.
25. OECD, "The ABC of Gender Equality in Education: Aptitude, Behaviour, Confidence"(Paris: OE CD Publishing, 2015).
26. National Center for Education Statistics, "Number of Students Receiving Selected Disciplinary Actions in Public Elementary and Secondary Schools, by Type of Disciplinary Action, Disability Status, Sex, and Race/Ethnicity: 2013-14. "
27. National Center for Education Statistics, "Table 233.20, Percentage of Public School Students in Grades 6 through 12 Who Had Ever Been Suspended or Expelled, by Race/Ethnicity and Sex: Selected Years, 1993 through 2019." For the trend, see Richard M. Ingersoll and others,"Seven Trends: The Transformation of the Teaching Force-Updated October 2018," University of

27. David Brooks, "The Jordan Peterson Moment," *New York Times*, January 25, 2018.
28. Jordan B. Peterson, *12 Rules for Life: An Antidote to Chaos* (New York: Penguin, 2018). See also Zack Beauchamp, "Jordan Peterson, the Obscure Canadian Psychologist Turned Right-Wing Celebrity, Explained," *Vox*, May 21, 2018.
29. "Jordan Peterson Explains His Theory of Lobster and Men," YouTube (video), January 31, 2018.
30. Robert Bly, *Iron John: A Book about Men*, 25th Anniversary Edition (Boston: DaCapo Press, 2004), pp. 2 and 6.
31. Geoff Dench, *Transforming Men: Changing Patterns of Dependency and Dominance in Gender Relations* (New Brunswick, NJ: Transaction, 1996).
32. "Jordan Peterson Debate on the Gender Pay Gap, Campus Protests and Postmodernism,"*Channel 4 News*, January 16, 2018.
33. Henry Mance, "Jordan Peterson: 'One Thing I'm Not Is Naïve,' " *Financial Times*, June 1, 2018.
34. Charles Murray, *Human Diversity* (New York: Hachette, 2020), p. 302.
35. Juliana Menasce Horowitz and Ruth Igielnik, "A Century after Women Gained the Right to Vote, Majority of Americans See Work to Do on Gender Equality," Pew Research Center, July 7, 2020.
36. Dan Cassino, "Even the Thought of Earning Less Than Their Wives Changes How Men Behave," *Harvard Business Review*, April 19, 2016.
37. George Gilder, *Men and Marriage* (Gretna, LA: Pelican, 1992), p. 81.
38. Katie Hafner, "The Revolution Is Coming, Eventually," *New York Times*, October 19, 2003.
39. Gilder, *Men and Marriage*, pp. 13-15.
40. Dench, *Transforming Men*, p. 16.
41. Wendy Wang, Kim Parker, and Paul Taylor, "Breadwinner Moms," Pew Research Center, May 29, 2013. See also Pew Research Center, "The Harried Life of the Working Mother," October 1, 2009.
42. Arthur Schlesinger Jr., "The Crisis of American Masculinity," *Esquire Classic*, November 1, 1958.
43. Margaret Mead, *Some Personal Views* (New York: Walker, 1979), p. 48.
44. Ayaan Hirsi Ali, *Prey: Immigration, Islam, and the Erosion of Women's Rights* (New York: HarperCollins, 2021), pp. 242-43.

第十章

1. Margaret Mead, *Some Personal Views* (New York: Walker, 1979), p. 43. 她寫這個是為了回應 1974 年 10 月《*Redbook*》雜誌上的一個讀者問題。
2. Malcolm Gladwell, *Outliers: The Story of Success* (Boston: Little, Brown, 2008), p. 8.
3. EdChoice, "The Public, Parents, and K-12 Education," Morning Consult, September 2021.
4. EdChoice, "Teachers and K-12 Education: A National Polling Report," Morning Consult, October 2021 [conducted September 10-19, 2021], p. 19.
5. Diane Whitmore Schanzenbach and Stephanie Howard Larson, "Is Your Child Ready for Kindergarten?," *Education Next* (April 17, 2017).
6. Daphna Bassok and Sean F. Reardon, " 'Academic Redshirting' in Kindergarten: Prevalence, Patterns & Implications," *Educational Evaluation and Policy Analysis* (February 2013). 教師的資料我是取自 RAND 的教育者民意調查，而 2021 年秋季的調查包含了披紅衫的問題，剛好符合我的要求。教師讓兒子晚讀的比例是讓女兒晚讀的 3 倍。
7. Schanzenbach and Larson, "Is Your Child Ready."
8. Bassok and Reardon, " 'Academic Redshirting' in Kindergarten."
9. Thomas S. Dee and Hans Henrik Sieversten, "The Gift of Time? School Starting Age and Mental Health," Working Paper 21610 (Cambridge, MA: National Bureau of

america.
2. Daniel Villarreal, "Defense Bill Will Not Require Women to Sign Up for Draft After All," *Newsweek*, December 6, 2021.
3. Danielle Paquette, "The Unexpected Voters Behind the Widest Gender Gap in Recorded Election History," *Washington Post*, November 9, 2016.
4. Pew Research Center, "For Most Trump Voters, 'Very Warm' Feelings for Him Endure: An examination of the 2016 electorate, based on validated voters," August 9, 2018.
5. Paquette, "The Unexpected Voters," *Washington Post*, November 9, 2016.
6. Jane Green and Rosaline Shorrocks, "The Gender Backlash in the Vote for Brexit," *Political Behavior* (April 2021).
7. Jeremy Diamond, "Trump Says It's 'A Very Scary Time for Young Men in America,'"CNN, October 2, 2018.
8. PRRI, "Better or Worse Since the 1950s? Trump and Clinton Supporters at Odds over the Past and Future of the Country," October 25, 2016.
9. Evan Osnos, *Wildland: The Making of America's Fury* (New York: Farrar, Straus and Giroux, 2021), p. 256.
10. Pankaj Mishra, "The Crisis in Modern Masculinity," *The Guardian*, March 17, 2018.
11. "Men Adrift: Badly Educated Men in Rich Countries Have Not Adapted Well to Trade, Technology or Feminism," *The Economist*, May 28, 2015.
12. "The Anti-Immigrant Sweden Democrats Fail to Break Through," *The Economist*, September 13, 2018.
13. Katrin Bennhold, "One Legacy of Merkel? Angry East German Men Fueling the Far Right," *New York Times*, November 5, 2018.
14. S. Nathan Park, "Inside South Korea's Incel Election," UnHerd, February 16, 2022.
15. Raphael Rashid, " 'Devastated': Gender Equality Hopes on Hold as 'Anti-feminist' Voted South Korea's President," *The Guardian*, March 11, 2022.
16. India Today,"Pakistan's Imran Khan Says Feminism Has Degraded the Role of a Mother," June 18, 2018. See also Siobhan O'Grady, "Erdogan Tells Feminist Summit That Women Aren't Equal to Men," *Foreign Policy*, November 24, 2014; Felipe Villamor, "Duterte Jokes About Rape, Again. Philippine Women Aren't Laughing," *New York Times*, August 31, 2018.
17. Ed West, "How Single Men and Women Are Making Politics More Extreme," *The Week*, August 4, 2017.
18. Christina Hoff Sommers, *The War Against Boys: How Misguided Feminism Is Harming Our Young Men* (New York: Simon & Schuster, 2001). See also Suzanne Venker, *The War on Men* (Chicago: WND Books, 2016).
19. Raphael Rashid, "South Korean Presidential Hopefuls Push Anti-feminist Agenda," *Nikkei Asia*, November 24, 2021.
20. Dan Cassino, "Why More American Men Feel Discriminated Against," *Harvard Business Review*, September 29, 2016.
21. Andrew Rafferty, "Cruz Attacks Trump for Transgender Bathroom Comments," NBC News, April 21, 2016.
22. Jeffrey M. Jones, "LGBT Identification Rises to 5.6% in Latest U.S. Estimate," Gallup, February 24, 2021.
23. Supreme Court of the United States, *Bostock v. Clayton County, Georgia*: Certiorari to the United States Court of Appeals for the Eleventh Circuit, No.17-1618-Decided June 15, 2020, p. 1.
24. Lara Jakes, "M, F or X? American Passports Will Soon Have Another Option for Gender," *New York Times*, June 30, 2021.
25. Movement Advancement Project,"Equality Maps: Identity Document Laws and Policies," March 3, 2022, www.lgbtmap.org/equalitymaps/identitydocument_laws.
26. Laura Bates, *Men Who Hate Women* (London: Simon & Schuster, 2021), p. 10.

default/files/fy2022-gdm-operating-plan.pdf.
37. Luke Turner, "Putting Men in the Frame: Images of a New Masculinity," *The Guardian*, February 16, 2020.
38. Kathryn Paige Harden, "Why Progressives Should Embrace the Genetics of Education, "*New York Times*, July 24, 2018.The second quote is from her book *The Genetic Lottery: Why DNA Matters for Social Equality* (Princeton University Press, 2022), p. 179.
39. Raymond H. Baillargeon and others,"Gender Differences in Physical Aggression: A Prospective Population-Based Survey of Children Before and After 2 Years of Age," *Developmental Psychology* (January 2007).
40. Kate Manne, *Down Girl: The Logic of Misogyny* (New York: Oxford University Press, 2017), p. 79.
41. See, for example, Melvin Konner, *Women After All* (New York: W.W. Norton, 2015) and Daniel Amen, *Unleash the Power of the Female Brain: Supercharging Yours for Better Health, Energy, Mood, Focus, and Sex* (New York: Harmony, 2013).
42. Steve Stewart-Williams and others, "Reactions to Male-Favouring versus Female-Favouring Sex Differences: A Preregistered Experiment and Southeast Asian Replication," *British Journal of Psychology* (July 2020).
43. Alice H. Eagly and Antonio Mladinic, "Are People Prejudiced against Women? Some Answers from Research on Attitudes, Gender Stereotypes, and Judgments of Competence," *European Review of Social Psychology* (1994), p. 13.
44. Konner, *Women After All*, p. 228.
45. Erin Spencer Sairam, "Biden, Harris Form a White House Gender Policy Council," *Forbes*, January 22, 2021.
46. National Strategy on Gender Equity and Equality, October 2021, https://www.whitehouse.gov/wp-content/uploads/2021/10/National-Strategy-on-Gender-Equity-and-Equality.pdf.
47. National Center for Education Statistics, "Table 233.28. Percentage of Students Receiving Selected Disciplinary Actions in Public Elementary and Secondary Schools, by Type of Disciplinary Action, Disability Status, Sex, and Race/Ethnicity: 2013-14," U.S. Department of Education.
48. "Uninsured Rates for Nonelderly Adults by Sex 2019," Kaiser Family Foundation, State Health Facts.
49. "Fact Sheet: National Strategy on Gender Equity and Equality," The White House, October 22, 2021.
50. Helen Lewis, "The Coronavirus Is a Disaster for Feminism," *The Atlantic*, March 19, 2020.
51. Alicia Sasser Modestino, "Coronavirus Child-Care Crisis Will Set Women Back a Generation," *Washington Post*, July 29, 2020.
52. Email sent December 2, 2020, "Let's Fast Track for Gender Equity and Justice in the U.S. and Globally."
53. *Global Gender Gap Report 2021* (Geneva, Switzerland: World Economic Forum, 2021).
54. Richard Reeves and Fariha Haque, *Measuring Gender Equality: A Modified Approach* (Brookings Institution, forthcoming 2022).
55. Francisco Ferreira, "Are Men the New Weaker Sex? The Rise of the Reverse Gender Gap in Education," World Bank, June 26, 2018.
56. Hanna Rosin, "New Data on the Rise of Women," TED talk (video), December 2010.

第九章

1. Josh Hawley, "Senator Hawley Delivers National Conservatism Keynote on the Left's Attack on Men in America," November 1, 2021, www.hawley.senate.gov/senator-hawley-delivers-national-conservatism-keynote-lefts-attack-men-

Masculinity," *New York Times*, October 13, 2016.
18. Alisha Haridasani Gupta, "How an Aversion to Masks Stems from 'Toxic Masculinity,' "*New York Times*, October 22, 2020.
19. Peggy Orenstein, "The Miseducation of the American Boy," *The Atlantic*, January 2020.
20. Dan Cassino and Yasemin Besen-Cassino,"Of Masks and Men? Gender, Sex, and Protective Measures during COVID-19," *Politics & Gender* (August 2020). 請注意，性別認同的強度有一些黨派差異。共和黨男女有較多認為自己「完全」是男人和女人；民主黨和無黨籍人士有較多認為自己「多半」是男人或女人。
21. Kim Parker, Juliana Menasce Horowitz, and Renee Stepler, "On Gender Differences, No Consensus on Nature vs. Nurture," Pew Research Center, December 2017.
22. Helen Lewis, "To Learn about the Far Right, Start with the 'Manosphere,' " *The Atlantic*, August 7, 2019.
23. PRRI Staff, "Dueling Realities: Amid Multiple Crises, Trump and Biden Supporters See Different Priorities and Futures for the Nation," PRRI, October 19, 2020.
24. PRRI Staff, "Dueling Realities." 精確的統計數字是，共和黨人士對每個問題分別是 60% 和 63% 同意，相較之下民主黨是 24% 和 25%。
25. Catherine Morris, "Less Than a Third of American Women Identify as Feminists," Ipsos, November 25, 2019. 然而黨派差異很大：48% 的民主黨女性接受女性主義這個標籤，相較之下共和黨女性只有 13%。
26. "Feminism: Fieldwork Dates: 3rd-6th August 2018," YouGov, August 2018.
27. ContraPoints, "Men," YouTube (video), August 23, 2019.
28. The Sex, Gender and COVID-19 Project,"The COVID-19 Sex-Disaggregated Data Tracker," Global Health 50/50, October 27, 2021.
29. Richard V. Reeves and Beyond Deng, "At Least 65,000 More Men Than Women Have Died from COVID-19 in the US," Brookings Institution, October 19, 2021. Figures updated from CDC.
30. José Manuel Aburto and others,"Quantifying Impacts of the COVID-19 Pandemic through Life-Expectancy Losses: A Population-Level Study of 29 Countries," *International Journal of Epidemiology* (September 2021).
31. UK Office for National Statistics, "Coronavirus (COVID-19) Related Deaths by Occupation, England and Wales: Deaths Registered between 9 March and 28 December 2020."
32. "The Vast Majority of Programmatic Activity to Prevent and Address the Health Impacts of COVID-19 Largely Ignores the Role of Gender," in *Gender Equality: Flying Blind in a Time of Crisis*, report (Global Health 50/50, 2021), p. 18.
33. George M. Bwire, "Coronavirus: Why Men Are More Vulnerable to COVID-19 Than Women," *SN Comprehensive Clinical Medicine* (June 2020).
34. Joanne Michelle D. Gomez and others,"Sex Differences in COVID-19 Hospitalization and Mortality," *Journal of Women's Health* (April 2021). See also Lina Ya'qoub, Islam Y. Elgendy, and Carl J. Pepine, "Sex and Gender Differences in COVID-19: More to Be Learned!," *American Heart Journal Plus: Cardiology Research and Practice* (2021); and Hannah Peckham and others,"Male Sex Identified by Global COVID-19 Meta-analysis as a Risk Factor for Death and ITU Admission," *Nature Communications* (December 9, 2020).
35. Marianne J. Legato, "The Weaker Sex," *New York Times*, June 17, 2006.See also her book, *Why Men Die First: How to Lengthen Your Lifespan* (London: Palgrave Macmillan, 2009).
36. Department of Health and Human Services, Fiscal Year 2022, www.hhs.gov/sites/

Guidelines Group, *APA Guidelines for Psychological Practice with Boys and Men* (2018).
66. Pappas, "APA Issues First-Ever Guidelines, pp. 2-3.
67. Leonard Sax, "Psychology as Indoctrination: Girls Rule, Boys Drool?," Institute for Family Studies, January 15, 2019.
68. American Psychological Association, Twitter post, January 2019, 5:21 PM.
69. American Psychological Association, *Guidelines for Psychological Practice with Girls and Women* (2007).
70. *Juvenile Justice in a Developmental Framework: A 2015 Status Report* (New York: MacArthur Foundation, 2015).
71. John Fergusson Roxburgh, *Eleutheros; or, The Future of the Public Schools* (London: Kegan Paul, 1930).
72. "Titanic: Demographics of the Passengers," www.icyousee.org/titanic.html.

第八章

1. "Most Educated Counties in the US Map," Databayou, https://databayou.com/education/edu.html.
2. Alice Park and others,"An Extremely Detailed Map of the 2020 Election," *New York Times*, updated March 30, 2021.
3. Valerie Bonk, "Montgomery Co. Schools Add Third Gender Option for Students," WTOP News, August 24, 2019.
4. Lindsey Ashcraft and Scott Stump, "Teen Girls at Maryland High School Fight Back after Finding List Ranking Their Looks," *Today*, March 28, 2019; Catherine Thorbecke, "After Male Classmates Rated Their Appearances, These Teen Girls Sparked a Movement to Change the 'Boys Will Be Boys' Culture," ABC News, March 28, 2019; Samantha Schmidt, "Teen Boys Rated Their Female Classmates Based on Looks. The Girls Fought Back," *Washington Post*, March 26, 2019.
5. Carly Stern, "Female Students on Hot or Not List Demand More Action from School," *Daily Mail*, November 8, 2021.
6. 任何涉及此事的人我都不會講出他們的姓名。
7. "First Amendment and Freedom," C-SPAN, December 17, 2019.
8. See, for example, Frank Pittman, *Man Enough: Fathers, Sons, and the Search for Masculinity* (New York: Putnam, 1993), and T. A. Kupers, "Toxic Masculinity as a Barrier to Mental Health Treatment in Prison," *Journal of Clinical Psychology* (June 2005). 庫柏斯（Kupers）用這個名詞來形容「在社會上遞減的男性特質集合，用來培植支配權，貶低女性、恐同、以及惡意施展暴力。」第 714 頁。
9. Carol Harrington, "What Is 'Toxic Masculinity' and Why Does It Matter?," *Men and Masculinities* (July 2020), p. 2.
10. Amanda Marcotte, "Overcompensation Nation: It's Time to Admit That Toxic Masculinity Drives Gun Violence," Salon, June 23, 2016.
11. Eldra Jackson III, "How Men at New Folsom Prison Reckon with Toxic Masculinity," *Los Angeles Times*, November 30, 2017.
12. Maggie Koerth, "Science Says Toxic Masculinity-More Than Alcohol-Leads to Sexual Assault," FiveThirtyEight, September 26, 2018.
13. Rachel Hosie, "Woke Daddy: The Feminist Dad Challenging Toxic Masculinity and Facing Right-Wing Abuse," *Independen*t, June 20, 2017.
14. Danielle Paquette, "Toxic Masculinity Is Literally Bad for the Planet, According to Research," *Sydney Morning Herald*, September 1, 2016.
15. Dan Hirschman, "Did Bros Cause the Financial Crisis? Hegemonic Masculinity in the Big Short," *Scatterplot* (blog), August 27, 2016.
16. James Millar, "The Brexiteers Represent the Four Faces of Toxic Masculinity," *New Statesman*, July 5, 2018.
17. Jared Yates Sexton, "Donald Trump's Toxic

Taking Behavior," *Twin Research and Human Genetics* (February 2008).
43. Colter Mitchell and others,"Family Structure Instability, Genetic Sensitivity, and Child Well-Being," *American Journal of Sociology* (January 2015).
44. Henrich, *The WEIRDest People in the World*, p. 5.
45. Henrich, *The WEIRDest People in the World*, p. 268.
46. Lee T. Gettler and others,"Longitudinal Evidence That Fatherhood Decreases Testosterone in Human Males," *Proceedings of the National Academy of Sciences* (September 2011), p. 16198.
47. Henrich, *The WEIRDest People in the World*, pp. 278-81.
48. Sherry B. Ortner, "Is Female to Male as Nature Is to Culture?," in *Women, Culture, and Society*, ed. Michealle Zimbalist Rosaldo and Louise Lamphere (Stanford University Press, 1974), pp. 74-5.
49. Anthony W. Clare, *On Men: Masculinity in Crisis* (London: Arrow, 2001), p. 1
50. Leonard Kriegel, *On Men and Manhood* (New York: Dutton Adult, 1979), p. 14.
51. David D. Gilmore, *Manhood in the Making: Cultural Concepts of Masculinity* (Yale University Press, 1991), p. 230.
52. Gilmore, *Manhood in the Making*, p. 106
53. William Shakespeare, *The Tragedy of Coriolanus*, Act 5, Scene 3.
54. Roy F. Baumeister, *The Cultural Animal: Human Nature, Meaning, and Social Life* (Oxford University Press, 2005), p. 7.
55. Margaret Mead, *Male and Female: A Study of the Sexes in a Changing World* (New York: Morrow, 1949), p. 189.
56. Brian Kennedy, Richard Fry, and Cary Funk, "6 Facts about America's STEM Workforce and Those Training for It," Pew Research Center, April 14, 2021.
57. Rong Su, "Men and Things," p. 859.See also Steve Stewart-Williams And Lewis G. Halsey, "Men, Women, and STEM: Why the Differences and What Should Be Done?," *European Journal of Personality* (2021), pp. 3-39.
58. Gijsbert Stoet and David C. Geary, "The Gender-Equality Paradox in Science, Technology, Engineering, and Mathematics Education," *Psychological Science* (2018), pp. 581-93. 在一份相關研究中，吉爾利和史托特發現，OECD 國家的青少年在預期職業方面的性別差異，有著類似的模式。Gijsbert Stoet and David C. Geary, "Sex Differences in Adolescents' Occupational Aspirations: Variations across Time and Place," *PLoS One* (2022), doi .org/10.1371/journal.pone.0261438.
59. Armin Falk and Johannes Hermle, "Relationship of Gender Differences in Preferences to Economic Development and Gender Equality," *Science*, October 19, 2018, p. 5.
60. University of Gothenburg, News Release, October 2, 2018, www .gu.se/en/news/personality-differences-between-the-sexes-are-largest-in-the-most-gender-equal-countries. For the main study, see Erik Mac Giolla and Petri J. Kajonius,"Sex Differences in Personality Are Larger in Gender Equal Countries: Replicating and Extending a Surprising Finding," *International Journal of Psychology* (December 2019).
61. Olga Khazan, "The More Gender Equality, the Fewer Women in STEM," *The Atlantic*, February 18, 2018.
62. Rong Su, "Men and Things," p. 859.
63. Rong Su and James Rounds, "All STEM Fields Are Not Created Equal: People and Things Interests Explain Gender Disparities across STEM Fields," *Frontiers in Psychology* (February 2015).
64. American Psychological Association, "About APA," www .apa.org/about.
65. Stephanie Pappas, "APA Issues First-Ever Guidelines for Practice with Men and Boys," American Psychological Association, 2019, p.2 See also American Psychological Association, Boys and Men

23. Roy Baumeister, "Is There Anything Good About Men?," paper presented at the 115th Annual Convention of the American Psychological Association, January 1, 2007.
24. Joseph Henrich, *The WEIRDest People in the World* (New York: Farrar, Straus and Giroux, 2020), p. 164.
25. Lena Edlund and others,"Sex Ratios and Crime: Evidence from China," *Review of Economics and Statistics* (December 2013).
26. Carnegie Hero Fund Commission, www.carnegiehero.org.
27. Margaret Mead, *Male and Female: A Study of the Sexes in a Changing World* (New York: Morrow, 1949). The quote is from the introduction to the 1962 Pelican Edition, p. xxvii.
28. Konner, *Women After All*, p. 211.
29. Roy F. Baumeister, Kathleen R. Catanese, and Kathleen D. Vohs, "Is There A Gender Difference in Strength of Sex Drive? Theoretical Views, Conceptual Distinctions, and a Review of Relevant Evidence," *Personality and Social Psychology Review* (August 2001), p. 242.
30. Marianne Legato, *Why Men Die First: How to Lengthen Your Lifespan* (London: Palgrave Macmillan, 2009), p. 109.
31. Henrich, *WEIRDest People in the World*, p. 165.
32. For estimates of prostitution in the U.S., *see Prostitution: Prices and Statistics of the Global Sex Trade*, report (Havocscope Books, 2015), and *Sexual Exploitation: New Challenges, New Answers*, report (Scelles Foundation, May 2019). 根據美國勞工統計局顯示，美國總共有 26 萬名神職人員。See Bureau of Labor Statistics, "Employed Persons by Detailed Occupation, Sex, Race, and Hispanic or Latino Ethnicity," 2020 Labor Force Statistics from the Current Population Survey, January 22, 2021.
33. Riccardo Ciacci and María Micaela Sviatschi, "The Effect of Adult Entertainment Establishments on Sex Crime: Evidence from New York City," *Economic Journal* (January 2022).
34. Meredith Dank and others, "Estimating the Size and Structure of the Underground Commercial Sex Economy in Eight Major US Cities," The Urban Institute, June 2016.
35. Juno Mac and Molly Smith, *Revolting Prostitutes: The Fight for Sex Workers' Rights* (London: Verso Books, 2018).
36. "The Earliest Pornography?," *Science*, May 13, 2009.
37. Miranda A. H. Horvath and others, *Basically... Porn Is Everywhere: A Rapid Evidence Assessment on the Effects That Access and Exposure to Pornography Has on Children and Young People* (London: Office of the Children's Commissioner, 2013).
38. David Gordon and others, *Relationships in America Survey* (Austin Institute for the Study of Family and Culture, 2014).
39. Chyng Sun and others,"Pornography and the Male Sexual Script: An Analysis of Consumption and Sexual Relations," *Archives of Sexual Behavior* (May 2016). See also Michael Castleman, "How Much Time Does the World Spend Watching Porn?," *Psychology Today*, October 31, 2020.
40. Kevin Mitchell, "Sex on the Brain," *Aeon*, September 25, 2019.
41. Sean R. Womack and others,"Genetic Moderation of the Association between Early Family Instability and Trajectories of Aggressive Behaviors from Middle Childhood to Adolescence," *Behavior Genetics* (September 2021). See also Sara Palumbo and others,"Genes and Aggressive Behavior: Epigenetic Mechanisms Underlying Individual Susceptibility to Aversive Environments," *Frontiers in Behavioral Neuroscience* 12 (June 2018), p. 117.
42. Zachary Kaminsky and others, "Epigenetics of Personality Traits: An Illustrative Study of Identical Twins Discordant for Risk-

2010), p. 631.

37. "Fast Facts," Peace Corps, September 30, 2019.For Americorps, see Eric Friedman and others, *New Methods for Assessing AmeriCorps Alumni Outcomes: Final Survey Technical Report* (Cambridge, MA: Corporation for National and Community Service, August 2016), p. 22.
38. 2017 至 2018 年至 2021 至 2022 年之間 5 年，「海外志工服務」（Voluntary Service Overseas）招募到的志工，有 66% 是女性。資訊來自與蘇菲・史考特（Sophie Scott）的個人交流，2022 年 3 月 23 日。

第七章

1. Scott Barry Kaufman, "Taking Sex Differences in Personality Seriously," *Scientific American*, December 12, 2019.
2. Rong Su, James Rounds, and Patrick Ian Armstrong, "Men and Things, Women and People: A Meta-Analysis of Sex Differences in Interests," *Psychological Bulletin* (November 2009).
3. Stuart J. Ritchie and others,"Sex Differences in the Adult Human Brain: Evidence from 5216 UK Biobank Participants," *Cerebral Cortex* (August 2018), p. 2967.
4. Louann Brizendine, *The Female Brain* (New York: Harmony, 2007), p. 6.
5. Gina Rippon, *The Gendered Brain: The New Neuroscience That Shatters the Myth of the Female Brain* (New York: Random House, 2019), p. 353.
6. Melvin Konner, *Women After All: Sex, Evolution, and the End of Male Supremacy* (New York: W.W. Norton, 2015), p. 12.
7. Bryan Sykes, "Do We Need Men?," *The Guardian*, August 27, 2003.
8. Konner, *Women After All*, p. 24
9. Alice Dreger, *Galileo's Middle Finger: Heretics, Activists, and One Scholar's Search for Justice* (New York: Penguin Books, 2016), p. 21.
10. Selma Feldman Witchel, "Disorders of Sex Development," *Best Practice & Research Clinical Obstetrics & Gynaecology* (April 2018).See also Dreger, *Galileo's Middle Finger*, p. 29.
11. Konner, *Women After All*, p. 30.
12. Konner, *Women After All*, p. 213.
13. Raymond H. Baillargeon and others,"Gender Differences in Physical Aggression: A Prospective Population-Based Survey of Children Before and After 2 Years of Age," *Developmental Psychology* (February 2007).
14. Lise Eliot, "Brain Development and Physical Aggression: How a Small Gender Difference Grows into a Violence Problem," *Current Anthropology* (February 2021).
15. United Nations Office on Drugs and Crime, *Global Study on Homicide 2013* (United Nations, 2013).
16. 正如神經生物學家羅伯・薩波斯基所言，睪酮會「誇大原本就存在的攻擊性」。See Robert Sapolsky, *The Trouble with Testosterone* (New York: Simon and Schuster, 1997), p. 155.
17. Carole Hooven, *Testosterone: The Story of the Hormone that Dominates and Divides Us* (London: Octopus Publishing Group, 2022), chap. 7.
18. Desmond Morris, *The Naked Ape: A Zoologist's Study of the Human Animal* (New York: Random House, 1994).
19. Joyce Benenson, *Warriors and Worriers: The Survival of the Sexes* (Oxford University Press, 2014).
20. Severi Luoto and Marco Antonio Correa Varella, "Pandemic Leadership: Sex Differences and Their Evolutionary-Developmental Origins," *Frontiers in Psychology* (March 2021), p. 618.
21. Jason A. Wilder, Zahra Mobasher, and Michael F. Hammer, "Genetic Evidence for Unequal Effective Population Sizes of Human Females and Males," *Molecular Biology and Evolution* (November 2004).
22. John Tierney, "The Missing Men in Your Family Tree," *New York Times*, September 5, 2007.

Interim Findings from the Paycheck Plus Demonstration in New York City" (MDRC, September 2017), p. 46.
21. Emilie Courtin and others,"The Health Effects of Expanding the Earned Income Tax Credit: Results from New York City," *Health Affairs* (July 2020).
22. Miller and others,"Expanding the Earned Income Tax Credit," p. 49.
23. 亞特蘭大有另一個實驗計畫，似乎沒有促進男女的就業，至少一份期中報告是這樣顯示的。See Cynthia Miller and others,"A More Generous Earned Income Tax Credit for Singles: Interim Findings from the Paycheck Plus Demonstration in Atlanta" (MDRC, March 2020).
24. Joint Committee on Taxation, "Estimated Budget Effects of the Revenue Provisions of Title XIII-Committee on Ways and Means, of H.R. 5376, The 'Build Back Better Act' " (Congress of the United States, November 2021).
25. Gene B. Sperling, "A Tax Proposal That Could Lift Millions Out of Poverty," *The Atlantic*, October 17, 2017.See also Chuck Marr and Chye-Ching Huang,"Strengthening the EITC for Childless Workers Would Promote Work and Reduce Poverty," Center on Budget and Policy Priorities, February 20, 2015.
26. Sheena McConnell and others, *Providing Public Workforce Services to Job Seekers: 15-Month Impact Findings on the WIA Adult and Dislocated Worker Programs* (Washington, DC: Mathematica Policy Research, May 2016). See also Harry J. Holzer, "Higher Education and Workforce Policy: Creating More Skilled Workers (and Jobs for Them to Fill)," Brookings Institution, April 6, 2015.
27. Sheila Maguire and others,"Tuning In to Local Labor Markets: Findings from the Sectoral Employment Impact Study," Public/Private Ventures (2010).
28. Carolyn J. Heinrich, Peter R. Mueser, and Kenneth R. Troske, *Workforce Investment Act Non-experimental Net Impact Evaluation* (Columbia, MD: IMPAQ, December 2008).
29. Howard S. Bloom and others,"The Benefits and Costs of JTPA Title II-A Programs: Key Findings from the National Job Training Partnership Act Study," *Journal of Human Resources* (June 1997), p. 564.
30. Sheila Maguire and others,"Job Training That Works: Findings from the Sectoral Employment Impact Study," Public/Private Ventures, *P/PV In Brief 7* (May 2009).
31. Sheila Maguire and others,"Tuning In to Local Labor Markets."
32. NAFSA: Association of International Educators, "Trends in U.S. Study Abroad 2019-2020." 就全國來說，2019 至 2020 學年，美國學生為了學分而在國外留學的人數，減少了 53%，從 347,099 名學生減少至 162,633 名。
33. Ashley Stipek, Elaina Loveland, and Catherine Morris, *Study Abroad Matters: Linking Higher Education to the Contemporary Workplace through International Experience* (Stamford, CT: Institute of International Education and American Institute for Foreign Study, 2009). See also Peter Schmidt, "Men and Women Differ in How They Decide to Study Abroad, Study Finds," *Chronicle of Higher Education*, November 6, 2009.
34. National Center for Education Statistics, "Number of U.S. Students Studying Abroad and Percentage Distribution, by Sex, Race/Ethnicity, and Other Selected Characteristics: Selected Years, 2000-01 through 2018-19" (January 2021).
35. Lucas Böttcher and others,"Gender Gap in the ERASMUS Mobility Program," PLoS One (February 2016).
36. Mark H. Salisbury, Michael B. Paulsen, and Ernest T. Pascarella, "To See the World or Stay at Home: Applying an Integrated Student Choice Model to Explore the Gender Gap in the Intent to Study Abroad," *Research in Higher Education* (November

among Low-Income Students: Evidence from a Randomized Controlled Trial Evaluation of a Case-Management Intervention," *Journal of Policy Analysis and Management* (Fall 2020).

5. National Center for Education Statistics, Integrated Postsecondary Education Data System (IPEDS), "12-Month Enrollment Component 2019-20 provisional data," 2021. For a class breakdown, see Richard V. Reeves and Katherine Guyot, "And Justice for All: Community Colleges Serving the Middle Class," Brookings Institution, June 13, 2019.
6. National Center for Education Statistics, "Percentage Distribution of First-Time, Full-Time Degree/Certificate-Seeking Students at 2-Year Postsecondary Institutions 3 Years after Entry, by Completion and Enrollment Status at First Institution Attended, Sex, Race/Ethnicity, and Control of Institution: Cohort Entry Years 2010 and 2015," October 2019.
7. William N. Evans and others,"Increasing Community College Completion Rates," pp. 1 and 20.
8. 與作者的個人交流。
9. Robert W. Fairlie, Florian Hoffmann, and Philip Oreopoulos, "A Community College Instructor Like Me: Race and Ethnicity Interactions in the Classroom," *American Economic Review* (August 2014). See also Daniel Oliver and others, "Minority Student and Teaching Assistant Interactions in STEM," *Economics of Education Review* (August 2021).
10. Michael L. Anderson, "Multiple Inference and Gender Differences in the Effects of Early Intervention: A Reevaluation of the Abecedarian, Perry Preschool, and Early Training Projects," *Journal of the American Statistical Association* (2008), p. 1481.
11. Jonathan Guryan, James S. Kim, and David M. Quinn, "Does Reading during the Summer Build Reading Skills? Evidence from a Randomized Experiment in 463 Classrooms," Working Paper 20689 (Cambridge, MA: National Bureau of Economic Research, November 2014), p. 18.
12. David J. Deming and others,"School Choice, School Quality, and Postsecondary Attainment," *American Economic Review* (March 2014), p. 1008.
13. Scott Carrell and Bruce Sacerdote, "Why Do College-Going Interventions Work?," *American Economic Journal: Applied Economics* (July 2017), p. 136.
14. Vilsa E. Curto and Roland G. Fryer Jr., "The Potential of Urban Boarding Schools for the Poor: Evidence from SEE D," *Journal of Labor Economics* (January 2014), p. 82.
15. Susan Dynarski, "Building the Stock of College-Educated Labor," *Journal of Human Resources* (Summer 2008), p. 598.
16. Joshua Angrist, Daniel Lang, and Philip Oreopoulos, "Incentives and Services for College Achievement: Evidence from a Randomized Trial," *American Economic Journal: Applied Economics* (January 2009), p. 136.
17. Angrist, Lang, and Oreopoulos, "Incentives and Services for College Achievement," p. 161.
18. Susan Scrivener and others,"Doubling Graduation Rates: Three-Year Effects of CUNY's Accelerated Study in Associate Programs (ASAP) for Developmental Education Students" (New York, NY: MDRC, February 2015). For one study showing positive outcomes for boys from preschool, see Guthrie Gray-Lobe, Parag A. Pathak and Christopher R. Walters, "The Long-Term Effects of Universal Preschool in Boston," Working Paper 28756 (Cambridge, MA: National Bureau of Economic Research, May 2021).
19. Mark Twain, "Letter from Mark Twain," *Daily Alta California*, June 16, 1867, p. 1.
20. Cynthia Miller and others,"Expanding the Earned Income Tax Credit for Workers without Dependent Children:

Clinical Neurosciences (June 2018).
56. Allie Conti, "When 'Going Outside' Is Prison: The World of American Hikikomori," *New York Magazine*, February 17, 2019.
57. W. Thomas Boyce, *The Orchid and the Dandelion: Why Sensitive Children Face Challenges and How All Can Thrive* (New York: Vintage, 2020).
58. Raj Chetty and others,"Race and Economic Opportunity in the United States: An Intergenerational Perspective," *Quarterly Journal of Economics* (May 2020), online appendix table V. 若以家庭收入來測量，那麼每個種族類別中，男孩逃離世代間貧窮的機率都比女孩更低。
59. Miles Corak, " 'Inequality Is the Root of Social Evil,' or Maybe Not? Two Stories about Inequality and Public Policy," *Canadian Public Policy* (December 2016).
60. Raj Chetty and others,"Childhood Environment and Gender Gaps in Adulthood," *American Economic Review* (May 2016), p. 282.
61. Raj Chetty and Nathaniel Hendren, "The Impacts of Neighborhoods on Intergenerational Mobility II: County-Level Estimates," *Quarterly Journal of Economics* (February 2018), p. 1167.
62. David Autor and others,"Family Disadvantage and the Gender Gap in Behavioral and Educational Outcomes," *American Economic Journal: Applied Economics* (July 2019). See also David Autor and others,"School Quality and the Gender Gap in Educational Achievement," *American Economic Review* (May 2016); and David Autor and others,"Males at the Tails: How Socioeconomic Status Shapes the Gender Gap," Blueprint Labs, May 2020.
63. Richard V. Reeves and Sarah Nzau, "Poverty Hurts the Boys the Most: Inequality at the Intersection of Class and Gender," Brookings Institution, June 14, 2021.
64. Sue Hubble, Paul Bolton, and Joe Lewis, "Equality of Access and Outcomes in Higher Education in England," Briefing Paper 9195 (June 2021).
65. Colter Mitchell and others,"Family Structure Instability, Genetic Sensitivity, and Child Well-Being," *American Journal of Sociology* (January 2015).
66. William J. Doherty, Brian J. Willoughby and Jason L. Wilde, "Is the Gender Gap in College Enrollment Influenced by Nonmarital Birth Rates and Father Absence?," *Family Relations* (April 2016).
67. Marianne Bertrand and Jessica Pan, "The Trouble with Boys: Social Influences and the Gender Gap in Disruptive Behavior," Working Paper 17541 (Cambridge, MA: National Bureau of Economic Research, October 2011), p. 1.
68. Cameron Taylor, "Who Gets a Family? The Consequences of Family and Group Home Allocation for Child Outcomes," (unpublished paper, December 2021). 泰勒根據自己的分析，建議支付較高的津貼給養育男孩的家庭。
69. Autor and Wasserman, "Wayward Sons," p. 50.
70. Corak, " 'Inequality Is the Root of Social Evil,' " p. 400.

第六章

1. Michelle Miller-Adams,"About the Kalamazoo Promise," W.E. Upjohn Institute for Employment Research, 2015.
2. Timothy J. Bartik, Brad J. Hershbein, and Marta Lachowska, "The Merits of Universal Scholarships: Benefit-Cost Evidence from the Kalamazoo Promise," *Journal of Benefit-Cost Analysis* (November 2016).
3. Richard V. Reeves and Ember Smith, "Zig-Zag Men, Straight Line Women: Young Adult Trajectories in the U.S.," Brookings Institution, forthcoming. See also quotes in Derek Thompson, "Colleges Have a Guy Problem," *The Atlantic*, September 14, 2021.
4. William N. Evans and others,"Increasing Community College Completion Rates

6.
34. " 'Ms' Feminists Taken Aback as Their High Priestess Steinem Becomes a 'Mrs' at 66," *Irish Times*, September 8, 2000.
35. Richard V. Reeves, "How to Save Marriage in America," *The Atlantic*, February 13, 2014.
36. Marianne Bertrand, Claudia Goldin, and Lawrence F. Katz, "Dynamics of the Gender Gap for Young Professionals in the Financial and Corporate Sectors," *American Economic Journal: Applied Economics* (July 2010).
37. Shoshana Grossbard and others,"Spouses' Income Association and Inequality: A Non-linear Perspective," Working Paper 2019-076 (Chicago: University of Chicago, December 2019), p. 1.
38. Shelly Lundberg, Robert A. Pollak, and Jenna Stearns, "Family Inequality: Diverging Patterns in Marriage, Cohabitation, and Childbearing," *Journal of Economic Perspectives* (Spring 2016), p. 97.
39. David Morgan, "Class and Masculinity," in *Handbook of Studies on Men and Masculinities*, ed. Michael S. Kimmel, Jeff Hearn, and Robert W. Connell (Thousand Oaks, CA: Sage, 2004).
40. Kathryn Edin and others,"The Tenuous Attachments of Working-Class Men," *Journal of Economic Perspectives* (Spring 2019), p. 222.
41. Edin and others,"The Tenuous Attachments of Working-Class Men," p. 222.
42. Jennifer M. Silva, *We're Still Here: Pain and Politics in the Heart of America* (Oxford University Press, 2019), pp. 66, 48-9, 42-3.
43. Daniel Cox, "Yes, Having More Friends Is Better," Survey Center on American Life, August 9, 2021. See also Daniel Cox, "American Men Suffer a Friendship Recession," *National Review*, July 6, 2021.
44. Daniel Cox, "Men's Social Circles Are Shrinking," Survey Center on American Life, June 29, 2021.
45. Richard Fry, "For the First Time in Modern Era, Living with Parents Edges Out Other Living Arrangements for 18-to 34-Year-Olds," Pew Research Center, May 24, 2016.
46. Michael Kimmel, Guyland: *The Perilous World Where Boys Become Men* (New York: Harper Collins, 2018).
47. Cox, "American Men Suffer a Friendship Recession." See also Jacqueline Olds and Richard S. Schwartz, *The Lonely American: Drifting Apart in the Twenty-First Century* (Boston: Beacon Press, 2009). 他們寫道：「跟我們聊過的父親，幾乎都說他們已經跟大多數男性朋友失去聯絡。」
48. Matthew R. Wright and others,"The Roles of Marital Dissolution and Subsequent Repartnering on Loneliness in Later Life," *Journals of Gerontology: Series B, Psychological Sciences and Social Sciences* (October 2020).
49. Ernest Hemingway, *Men without Women* (New York: Scribner, 1927); Haruki Murakami, *Men without Women* (New York: Vintage, 2018).
50. John Steinbeck, *Of Mice and Men* (New York: Covici-Friede, 1937; New York: Penguin, 1993), pp. 72-3. Citation refers to the Penguin edition.
51. Shirley S. Wang, "The Fight to Save Japan's Young Shut-Ins," *Wall Street Journal*, January 25, 2015.
52. Nicolas Tajan, Hamasaki Yukiko, and Nancy Pionnié-Dax, "Hikikomori: The Japanese Cabinet Office's 2016 Survey of Acute Social Withdrawal," *Asia-Pacific Journal* (March 2017). See also Edd Gent, "The Plight of Japan's Modern Hermits," BBC, January 29, 2019.
53. Laurence Butet-Roch,"Pictures Reveal the Isolated Lives of Japan's Social Recluses," *National Geographic*, February 14, 2018.
54. Hikikomori Italia, Associazione Nazionale, www .hikikomoriitalia.it.
55. Alan R. Teo and others,"Development and Validation of the 25-Item Hikikomori Questionnaire (HQ-25)," *Psychiatry and*

11. Katharine G. Abraham and Melissa S. Kearney, "Explaining the Decline in the US Employment-to-Population Ratio: A Review of the Evidence," *Journal of Economic Literature* (September 2020), p. 622.
12. 2018 年有人審視加拿大國內類鴉片藥物死亡之證據，結論是：「分析潛在風險因素之後，發現類鴉片藥物相關死亡，主要發生於個人獨自待在私人住所室內時。」詳見 Belzak Lisa and Halverson Jessica, "Evidence Synthesis-the Opioid Crisis in Canada: A National Perspective," *Health Promotion and Chronic Disease Prevention in Canada* (June 2018), p. 231.
13. "Suicide Worldwide in 2019: Global Health Estimates," *World Health Organization*, 2021, figure 9, p. 10.
14. Rhys Owen-Williams, "Dataset: Leading Causes of Death, UK," UK Office for National Statistics, March 27, 2020, table 5.
15. National Center for Health Statistics, Data Brief 398, February 2021, figure 3.
16. Barrett Swanson, "Is There a Masculine Cure for Toxic Masculinity?," *Harper's Magazine*, November 2019.
17. F. L. Shand and others,"What Might Interrupt Men's Suicide? Results from an Online Survey of Men," *BMJ Open*, 2015.
18. Heather Boushey and Kavya Vaghul, "Women Have Made the Difference for Family Economic Security," Washington Center for Equitable Growth, April 2016, p. 5. 我應該提一下：有非常小部分的貢獻來自「其他來源的收入」。
19. Arlie Hochschild with Anne Machung, *The Second Shift: Working Families and the Revolution at Home* (New York: Viking Penguin, 1989, reissued 1997 and 2012).
20. U.S. Census Bureau, Table C2, "Household Relationship and Living Arrangements of Children under 18 Years, by Age and Sex: 2020."
21. Kathryn Edin and Maria Kefalas, *Promises I Can Keep: Why Poor Women Put Motherhood before Marriage* (University of California Press, 2005).
22. Edin and Kefalas, *Promises I Can Keep*, p. 81.
23. Sarah Jane Glynn, "Breadwinning Mothers Continue to Be the U.S. Norm," Center for American Progress, May 10, 2019.
24. R. Kelly Raley, Megan M. Sweeney, and Danielle Wondra, "The Growing Racial and Ethnic Divide in U.S. Marriage Patterns," *The Future of Children* (Fall 2015), pp. 89-109.
25. David Autor and Melanie Wasserman, *Wayward Sons: The Emerging Gender Gap in Labor Markets and Education* (Washington, DC: Third Way, 2013), p. 27.
26. Edin and Kefalas, *Promises I Can Keep*.
27. Andrew Cherlin, "Marriage Has Become a Trophy," *The Atlantic*, March 20, 2018.
28. Richard V. Reeves and Christopher Pulliam, "Middle Class Marriage Is Declining, and Likely Deepening Inequality," Brookings Institution, March 11, 2020. See also Shelly Lundberg, Robert A. Pollak, and Jenna Steans, "Family Inequality: Diverging Patterns in Marriage, Cohabitation, and Childbearing," *Journal of Economic Perspectives* (Spring 2016).
29. Reeves and Pulliam, "Middle Class Marriage Is Declining."
30. Courtney C. Coile and Mark G. Duggan, "When Labor's Lost: Health, Family Life, Incarceration, and Education in a Time of Declining Economic Opportunity for Low-Skilled Men," *Journal of Economic Perspectives* (Spring 2019).
31. Isabel V. Sawhill, *Generation Unbound* (Brookings Institution Press, 2014), p. 76.
32. Elizabeth Wildsmith, Jennifer Manlove, and Elizabeth Cook, "Dramatic Increase in the Proportion of Births outside of Marriage in the United States from 1990 to 2016," *Child Trends*, August 8, 2018.
33. Andrew J. Cherlin, "Rising Nonmarital First Childbearing among College-Educated Women: Evidence from Three National Studies," *Proceedings of the National Academy of Sciences* (September 2021), p.

(video), November 19, 2009.
47. Jo Jones and William D. Mosher, *Fathers' Involvement with Their Children: United States, 2006-2010*, National Health Statistics Reports, no. 71 (National Center for Health Statistics, 2013).
48. US Census Bureau, Annual Social and Economic Supplement (ASEC), "Table A3 Parents with Coresident Children under 18, by Living Arrangement, Sex, and Selected Characteristics: 2020," from *Current Population Survey, 1982 to 2021 Annual Social and Economic Supplements* (2021).
49. Elizabeth Wildsmith, Jennifer Manlove, and Elizabeth Cook, "Dramatic Increase in the Proportion of Births Outside of Marriage in the United States from 1990 to 2016," Child Trends, August 8, 2018.
50. R. Kelly Raley, Megan M. Sweeney, and Danielle Wondra, "The Growing Racial and Ethnic Divide in U.S. Marriage Patterns," *Future Child* (Fall 2015), p. 89.
51. William Julius Wilson, *The Truly Disadvantaged* (University of Chicago Press, 1990).
52. Pew Research Center, "Views on Importance of Being a Provider Differ along Key Demographic Lines," September 19, 2017.
53. Quoted in Coates, "The Black Family in the Age of Mass Incarceration."
54. Heather McGhee, *The Sum of Us: What Racism Costs Everyone and How We Can Prosper Together* (New York: OneWorld, 2021).
55. The Ferguson Commission, *Forward through Ferguson: A Path toward Racial Equity* (October 2015).
56. U.S. Commission on Civil Rights, Commission on the Social Status of Black Men and Boys, 2020.
57. Florida Office of the Attorney General, Florida Council on the Social Status of Black Men and Boys, 2006, www.cssbmb.com.
58. Congresswoman Frederica Wilson, "Wilson Passes the Commission on the Social Status of Black Men and Boys Act," July 27, 2020.

第五章

1. Anne Case and Angus Deaton, "Mortality and Morbidity in the 21st Century," *BPEA* (Spring 2017), pp. 397-476; Anne Case and Angus Deaton, *Deaths of Despair and the Future of Capitalism* (Princeton University Press, 2020).
2. Case and Deaton, "Mortality and Morbidity," pp. 429 and 438.
3. Joint Economic Committee, *Long-Term Trends in Deaths of Despair*, Social Capital Project Report No. 4-19 (September 2019).
4. Sarah A. Donovan and David H. Bradley, *Real Wage Trends, 1979 to 2019*, report prepared for Members and Committees of Congress (Congressional Research Service, December 2020).
5. Nick Hillman and Nicholas Robinson, "Boys to Men: The Underachievement of Young Men in Higher Education-and How to Start Tackling It," Higher Education Policy Institute (2016), p. 12.
6. Donald Trump, "The Inaugural Address," January 20, 2017, trumpwhitehouse.archives.gov.
7. Shannon M. Monnat, *Deaths of Despair and Support for Trump in the 2016 Presidential Election*, Research Brief, Department of Agricultural Economics, Sociology, and Education (State College, PA: Pennsylvania State University, 2016).
8. Nicholas Kristof and Sheryl WuDunn, "Who Killed the Knapp Family?," *New York Times*, January 9, 2020. See also Nicholas Kristof and Sheryl WuDunn, *Tightrope: Americans Reaching for Hope* (New York: Knopf Doubleday, 2020), pp. 119-20.
9. Kaiser Family Foundation (KFF), "Opioid Overdose Deaths by Sex," March 16, 2021.
10. Alan B. Krueger, "Where Have All the Workers Gone? An Inquiry into the Decline of the U.S. Labor Force Participation Rate," Brookings Institution, September 7, 2017.

www .equalityofopportunity .org/assets/documents/racepaper.pdf."The employment rates of black men with parents at the 75th percentile are comparable to those of white men with parents at the 9th percentile," p. 22.See especially figure VI F.

25. Sarah Jane Glynn, "Breadwinning Mothers Continue to Be the U.S. Norm," Center for American Progress, May 10, 2019.
26. Vincent J. Roscigno, *The Face of Discrimination: How Race and Gender Impact Work and Home Lives* (Lanham, MD: Rowman & Littlefield, 2007).
27. Emily Badger and others,"Extensive Data Shows Punishing Reach of Racism for Black Boys," *New York Times*, March 19, 2018.
28. Obama Foundation, "We Are Our Brothers' Keepers," My Brother's Keeper Alliance, 2014, www.obama.org/mbka.
29. "New Analysis Finds Little Evidence to Support the Focus on Boys and Young Men of Color in the White House My Brother's Keeper Initiative," Institute for Women's Policy Research, February 25, 2015.
30. Camille Busette, "A New Deal for Poor African-American and Native-American Boys," Brookings Institution, March 14, 2018.
31. Ta-Nehisi Coates, "The Black Family in the Age of Mass Incarceration," *The Atlantic*, September 14, 2015.
32. Coates, "The Black Family." 請注意，黑人女性跟白人男性被視為暴力的機率一樣高——但白人女性非常不可能被視為暴力。
33. Corrine McConnaughy and Ismail K. White, "Racial Politics Complicated: The Work of Gendered Race Cues in American Politics," paper prepared for the New Research on Gender in Political Psychology Conference, Rutgers University, March 4-5, 2011, fig. 1.
34. Moynihan, *The Negro Family*, chap. 3, "The Roots of the Problem."
35. Rashawn Ray, "Black People Don't Exercise in My Neighborhood: Perceived Racial Composition and Leisure-Time Physical Activity among Middle Class Blacks and Whites," *Social Science Research* (August 2017), p. 29.
36. Ibram X. Kendi, "Who Gets to Be Afraid in America?," *The Atlantic*, May 12, 2020.
37. Jonathan Rothwell, "Drug Offenders in American Prisons: The Critical Distinction between Stock and Flow," Brookings Institution, November 25, 2015.
38. Carroll Bogert and Lynnell Hancock, "Superpredator: The Media Myth That Demonized a Generation of Black Youth," The Marshall Project, November 20, 2020.
39. "Ta-Nehisi Coates: 'In America, It Is Traditional to Destroy the Black Body,' " *The Guardian*, September 20, 2015, book extract from his *Between the World and Me* (New York: Spiegel & Grau, 2015).
40. Jennifer L. Doleac and Benjamin Hansen, "The Unintended Consequences of 'Ban the Box': Statistical Discrimination and Employment Outcomes When Criminal Histories Are Hidden," *Journal of Labor Economics* (April 2020).
41. Christina Stacy and Mychal Cohen, "Ban the Box and Racial Discrimination," Urban Institute, February 2017.
42. Devah Pager, *Marked: Race, Crime, and Finding Work in an Era of Mass Incarceration* (University of Chicago Press, 2008). Quoted in Ta-Nehisi Coates, "The Black Family in the Age of Mass Incarceration."
43. Julie Bosman, "Obama Sharply Assails Absent Black Fathers," *New York Times*, June 16, 2008.
44. Jawanza Kunjufu, *Raising Black Boys* (Chicago: African American Images, 2007). See Lottie Joiner, "The Impact of Absent Fathers on the Mental Health of Black Boys," Center for Health Journalism, 2016.
45. Leila Morsy and Richard Rothstein, "Mass Incarceration and Children's Outcomes," Economic Policy Institute, December 2016.
46. "Daniel Beaty-Knock, Knock," YouTube

Practical Examples," *Politics & Gender* (June 2007).
6. Gene Demby, "The Truth behind the Lies of the Original 'Welfare Queen,' " NPR, December 20, 2013.
7. Colleen Flaherty, "Tommy Curry Discusses New Book on How Critical Theory Has Ignored Realities of Black Maleness," *Inside Higher Ed*, September 7, 2017.
8. Tommy Curry, *The Man-Not: Race, Class, Genre and the Dilemmas of Black Manhood* (Temple University Press, 2017), p. 17.
9. Sheryll Cashin, *White Space, Black Hood* (Boston: Beacon Press, 2021), p. 5.
10. Richard V. Reeves, "Boys to Men: Fathers, Family, and Opportunity," Brookings Institution, June 19, 2015.
11. Raj Chetty and others,"The Opportunity Atlas," Opportunity Insights, October 2018, www.opportunityatlas.org.
12. Maryland State Department of Education, "Belmont Elementary 2018-2019 School Report Card," Maryland Public Schools (2021).
13. 有個重點要注意，就是這裡使用的成果數據是個人收入，不是家庭收入。Raj Chetty and others,"Race and Economic Opportunity in the United States: Executive Summary," The Equality of Opportunity Project, March 2018, p. 3.
14. Raj Chetty and others,"Race and Economic Opportunity in the United States: An Intergenerational Perspective," *Quarterly Journal of Economics* (May 2020), p. 747.
15. Scott Winship, Richard V. Reeves, and Katherine Guyot, "The Inheritance of Black Poverty: It's All about the Men," Brookings Institution, March 2018.
16. Daniel Patrick Moynihan, *The Negro Family: The Case for National Action* (Office of Policy Planning and Research, Department of Labor, 1965), chap. 4, "The Tangle of Pathology." See also Daniel Geary, "The Moynihan Report: An Annotated Edition," *The Atlantic*, September 14, 2015.
17. Jonathan Rothwell, "Housing Costs, Zoning, and Access to High-Scoring Schools," Brookings Institution, April 2012.
18. Jerlando F. L. Jackson and James L. Moore III, "African American Males in Education: Endangered or Ignored?," *Teachers College Record* (February 2006), p. 201
19. National Center for Education Statistics, "Percentage of High School Dropouts among Persons 16 to 24 Years Old (Status Dropout Rate), by Sex and Race/ Ethnicity: Selected Years, 1960 through 2017," U.S. Department of Education, November 2018. For college enrollment, see National Center for Education Statistics, "Percentage of 18-to 24-Year-Olds Enrolled in College, by Level of Institution and Sex and Race/ Ethnicity of Student: 1970 through 2018," U.S. Department of Education, 2020. For postgraduate degree attainment see National Center for Education Statistics, "Percentage of Persons 25 to 29 Years Old with Selected Levels of Educational Attainment, by Race/Ethnicity and Sex: Selected Years, 1920 through 2020," U.S. Department of Education, October 2020.
20. National Center for Education Statistics, "Master's Degrees Conferred by Post-secondary Institutions, by Race/Ethnicity and Sex of Student: Selected Years, 1976-77 through 2018-19," U.S. Department of Education, June 2020.
21. Bart Shaw and others, *Ethnicity, Gender and Social Mobility, Social Mobility Commission* (London: Social Mobility Commission, December 2016).
22. Sherry N. Mong and Vincent J. Roscigno, "African American Men and the Experience of Employment Discrimination," *Qualitative Sociology* (2010).
23. Mitra Toossi and Leslie Joyner, "Blacks in the Labor Force," U.S. Bureau of Labor Statistics, February 2018.
24. Raj Chetty and others,"Race and Economic Opportunity in the United States: An Intergenerational Perspective," March 2018,

Unattached Male," *City Journal*, January 14, 2022.

40. Michael J. Rosenfeld, "Who Wants the Breakup? Gender and Breakup in Heterosexual Couples," in *Social Networks and the Life Course: Integrating the Development of Human Lives and Social Relational Networks*, ed. Duane F. Alwin, Diane Felmlee, and Derek Kreager (New York: Springer, 2018), pp. 221-243.See also Daniel S. Felix, W. David Robinson, and Kimberly J. Jarzynka, "The Influence of Divorce on Men's Health," *Journal of Men's Health* (November 2013).
41. Mary Jo Murphy and Megan Thee-Brenan,"Poll Finds Most Voters Embrace Milestone for Women, If Not Hillary Clinton," *New York Times*, September 16, 2016.
42. "Where Americans Find Meaning in Life: Detailed Tables," Pew Research Center, November 20, 2018. 性別分類請見附錄的詳細表格。
43. Janet Shibley Hyde, "Women, Men, Work, and Family: Expansionist Theory Updated," in *Gender and Couple Relationships*, ed. Susan M. McHale and others (New York: Springer, 2016), p. 102.
44. Maria Cotofan and others,"Work and Well-being during COVID-19: Impact, Inequalities, Resilience, and the Future of Work," in *World Happiness Report 2021*, ed. John F. Helliwell and others (New York: Sustainable Development Solutions Network, 2021).
45. Barack Obama, "Text of Obama's Fatherhood Speech," Politico, June 15, 2008.
46. Jacob E. Cheadle, Paul R. Amato, and Valarie King, "Patterns of Nonresident Father Contact," *Demography* (2010), appendix figure A1.
47. Gretchen Livingston and Kim Parker, "A Tale of Two Fathers: More Are Active, but More Are Absent," Pew Research Center, June 15, 2021.
48. 另外 4.5% 只跟父親同住，之前是 1%。詳見 Paul Hemez and Channell Washington, "Percentage and Number of Children Living with Two Parents Has Dropped since 1968," U.S. Census Bureau, April 12, 2021.
49. Jill Daugherty and Casey Copen, "Trends in Attitudes about Marriage, Childbearing, and Sexual Behavior: United States, 2002, 2006-2010, and 2011-2013," *National Health Statistics Reports* (Hyattsville, MD: National Center for Health Statistics, 2016).
50. Patrick F. Fagan and Christina Hadford, "The Fifth Annual Index of Family Belonging and Rejection," Marriage and Religion Research Institute, February 12, 2015, table 1.
51. George F. Gilder, *Sexual Suicide* (New York: Quadrangle, 1973), p. 91.

第四章

1. Keith L. Alexander, "Trendy, Non-prescription Eyewear Latest in Criminal Defendant Strategic Attire," *Washington Post*, March 27, 2012.
2. Michael J. Brown, "Is Justice Blind or Just Visually Impaired? The Effects of Eyeglasses on Mock Juror Decisions," American Society of Trial Consultants 2011.
3. Kimberlé Crenshaw, "Demarginalizing the Intersection of Race and Sex: A Black Feminist Critique of Antidiscrimination Doctrine, Feminist Theory and Antiracist Politics," *University of Chicago Legal Forum* (1989), p. 166.
4. Tiffany N. Ford, "Exploring Complexity in Well-Being: A Mixed Methods Examination of the Black Women's Well-Being Paradox" forthcoming, p. 11. See also Lisa Bowleg and others," 'It's an Uphill Battle Everyday': Intersectionality, Low-Income Black Heterosexual Men, and Implications for HIV Prevention Research and Interventions," *Psychology of Men & Masculinity* (2013).
5. Evelyn M. Simien, "Doing Intersectionality Research: From Conceptual Issues to

societies... large numbers of children live in broken homes, supported by taxes levied on the males and working females of higher income brackets." Margaret Mead, *Male and Female* (New York: Harper Perennial, 2001), p. 191.

20. Vicki Larson and Beverly Willett, "Room for Debate: When Divorce Is a Family Affair," *New York Times*, February 13, 2013.
21. Social Capital Project,"Love, Marriage, and the Baby Carriage: The Rise in Unwed Childbearing," The United States Congress Joint Economic Committee, SCP Report 4-17 (December 11, 2017).
22. Social Capital Project,"Rising Unwed Pregnancy and Childbearing across Educational and Racial Groups," The United States Congress Joint Economic Committee, SCP Brief (February 14, 2018).
23. 我這裡把「非常同意」跟「同意」結合在一起。資料來自 GSS Data Explorer。問題是：「職業母親可以跟非職業母親一樣，跟子女建立良好關係嗎（同意／不同意）？」
24. William J. Goode, "Why Men Resist," *Dissent* (Spring 1980).
25. Claire Cain Miller, "Why Men Don't Want the Jobs Done Mostly by Women," *New York Times*, January 4, 2017.
26. Kim Parker and Renee Stepler, "Men Seen as Financial Providers in U.S., Even as Women's Contributions Grow," Pew Research Center, September 20, 2017.
27. Shelly Lundberg, Robert A. Pollak, and Jenna Stearns, "Family Inequality: Diverging Patterns in Marriage, Cohabitation, and Childbearing," *Journal of Economic Perspectives* (Spring 2016).
28. Alexandra Killewald, "Money, Work and Marital Stability: Assessing Change in the Gendered Determinants of Divorce," *American Sociological Review* (August 2016), p. 696.
29. Marianne Bertrand, Emir Kamenica, and Jessica Pan, "Gender Identity and Relative Income within Households," *Quarterly Journal of Economics* (May 2015), p. 572.
30. Steven Ruggles, "Patriarchy, Power, and Pay: The Transformation of American Families, 1800-2015," *Demography* (December 2015), table 2, p. 1814.
31. Dench, *Transforming Men*, pp. 17 and 19.
32. David Blankenhorn, *Fatherless America: Confronting Our Most Urgent Social Problem* (New York: Harper Perennial, 1996), p. 18.
33. Andrew Cherlin, "Marriage Has Become a Trophy," *The Atlantic*, March 20, 2018.
34. Juliana Menasce Horowitz, Nikki Graf, and Gretchen Livingston, "Marriage and Cohabitation in the U.S," Pew Research Center, November 6, 2019.
35. Ariel J. Binder and John Bound, "The Declining Labor Market Prospects of Less-Educated Men," *Journal of Economic* Perspectives (Spring 2019), p. 181. 他們也寫道：「穩定家庭結構的減少，消除了一個勞動供給的誘因。」第 181 頁。
36. Michèle Lamont, *The Dignity of Working Men: Morality and the Boundaries of Race, Class, and Immigration* (Harvard University Press, 2009), pp. 26 and 29.
37. For example, in the *Lancaster Intelligencer* on September 20, 1859, Vol. LX.
38. For health, see "Marriage and Men's Health," Harvard Health Publishing, June 5, 2019.For employment numbers, see "Labor Force Participation Rate-Never Married, Men," BLS Data Viewer, Series ID: LNU01300149Q. For social networks, see Daniel A. Cox, "Emerging Trends and Enduring Patterns in American Family Life," The Survey Center on American Life, American Enterprise Institute, February 9, 2022. See also Christopher J. Einolf and Deborah Philbrick, "Generous or Greedy Marriage? A Longitudinal Study of Volunteering and Charitable Giving," *Journal of Marriage and Family* (June 2014).
39. 這些數字是壯年男性（25 至 54 歲）。Patrick T. Brown, "Opioids and the

Political Culture in the Cold War (London: Routledge, 2012), p. 261.

2. Gloria Steinem, "The Politics of Women,"May 31, 1971, p. 6.Available from Smith College at www.alumnae.smith.edu/smithcms/1971/files/2015/08/SteinemCommencement-Address.pdf.
3. Margaret Mead, *Some Personal Views* (New York: Walker, 1979), p. 50.
4. Claudia Goldin, Lawrence F. Katz, and Ilyana Kuziemko, "The Homecoming of American College Women: The Reversal of the College Gender Gap," Working Paper 12139 (Cambridge, MA: National Bureau of Economic Research, March 2006).
5. "Economic Diversity and Student Outcomes at America's Colleges and Universities: Find Your College," *New York Times*, January 18, 2017. Interactive drawing on data from Raj Chetty and others,"Mobility Report Cards: The Role of Colleges in Intergenerational Mobility," Working Paper 23618 (Cambridge, MA: National Bureau of Economic Research, December 2017).
6. David Gilmore, *Manhood in the Making: Cultural Concepts of Masculinity* (Yale University Press, 1991), pp. 222-23.
7. David Morgan, "Class and Masculinity," in *Handbook of Studies on Men & Masculinities*, ed. Michael S. Kimmel, Jeff Hearn, and R. W. Connell (Thousand Oaks, CA: Sage, 2005), p. 169.See also Stephen Nock, *Marriage in Men's Lives* (Oxford University Press, 1998) on the "universal trinity of roles that define adult men...fathers, providers and protectors," p. 132.
8. Geoff Dench, *Transforming Men: Changing Patterns of Dependency and Dominance in Gender Relations* (London: Routledge, 1998), p. 8.
9. Laura Tach, Ronald Mincy, and Kathryn Edin, "Parenting as a 'Package Deal': Relationships, Fertility, and Nonresident Father Involvement among Unmarried Parents," *Demography* (February 2010).
10. Gilmore, *Manhood in the Making*, p. 221.
11. John Stuart Mill, "The Subjection of Women" [1869], *Collected Works of John Stuart Mill*, vol. 21 (University of Toronto Press, 1984), p. 325.Gloria Steinem, "A New Egalitarian Life Style," *New York Times*, Aug 16, 1971.
12. See for example Clare Chambers, *Against Marriage: An Egalitarian Defence of the Marriage-Free State* (Oxford University Press, 2017), and Rebecca Traister, *All the Single Ladies: Unmarried Women and the Rise of an Independent Nation* (New York: Simon & Schuster, 2016).
13. Arthur Miller, *Death of a Salesman* [1949], (New York: Penguin Books, 1998), p. 11.
14. Irina Dunn, "A Woman Needs a Man Like a Fish Needs a Bicycle," (written in 1970), attributed to Dunn by Gloria Steinem in a letter to *Time* magazine, September 16, 2000.
15. Lorraine Ali, "The Secret Lives of Wives," *Newsweek*, July 11, 2004.
16. Sarah Jane Glynn, "Breadwinning Mothers Continue to Be the U.S. Norm," Center for American Progress, May 10, 2019.
17. U.S. Census Bureau, "Table F-22.Married-Couple Families with Wives' Earnings Greater Than Husbands' Earnings: 1981 to 2020," in Current Population Survey, 1982 to 2021 Annual Social and Economic Supplements.
18. Cheridan Christnacht and Briana Sullivan,"About Two-thirds of the 23.5 Million Working Women with Children Under 18 Worked Full-Time in 2018," United States Census Bureau, May 8, 2020. See also Pew Research Center, "Raising Kids and Running a Household: How Working Parents Share the Load," November 4, 2015.
19. David Willetts, *The Pinch: How the Baby Boomers Took Their Children's Future-and Why They Should Give it Back* (London: Atlantic Books, 2011), p. 53.See also Margaret Mead: "In modern industrialized

學。也可參考 Henrik Kleven, Camille Landais, and Jakob Egholt Søgaard, "Does Biology Drive Child Penalties? Evidence from Biological and Adoptive Families," *American Economic Review:* Insights (June 2021). 他們的結論是「高收入國家殘存的性別不平等，多半可歸因於子女對父母的影響不相等。」第 183 頁。

36. Yoon Kyung Chung and others,"The Parental Gender Earnings Gap in the United States," Working Paper CES 17-68 (U.S. Census Bureau, November 2017). See also Danielle Sandler and Nichole Szembrot, "Maternal Labor Dynamics: Participation, Earnings, and Employer Changes," Working Paper CES 19-33 (U.S. Census Bureau, December 2019).
37. Ylva Moberg, "Does the Gender Composition in Couples Matter for the Division of Labor After Childbirth?," Working Paper 2016:8 (Institute for Evaluation of Labour Market and Education Policy, 2016). See also Martin Eckhoff Andresen and Emily Nix, "What Causes the Child Penalty? Evidence from Adopting and Same-Sex Couples," *Journal of Labor Economics* (accepted for publication).
38. Valentin Bolotnyy and Natalia Emanuel, "Why Do Women Earn Less Than Men? Evidence from Bus and Train Operators," *Journal of Labor Economics* (forthcoming). Available as a Working Paper, p. 34, https://scholar.harvard.edu/files/bolotnyy/files/begendergap.pdf.
39. Bolotnyy and Emanuel, "Why Do Women Earn Less than Men?," p. 34.
40. Claudia Goldin, *Career and Family: Women's Century-Long Journey to ward Equity* (Princeton University Press, 2021), p. 149.
41. Marianne Bertrand, Claudia Goldin, and Lawrence F. Katz, "Dynamics of the Gender Gap for Young Professionals in the Financial and Corporate Sectors," *American Economic Journal: Applied Economics* (July 2010).
42. See Table 2 in BLS Reports, "Women in the Labor Force: A Databook," U.S. Bureau of Labor Statistics (April 2021).
43. Executive Office of the President Council of Economic Advisers, "The Economics of Family-Friendly Workplace Policies," *in Economic Report of the President 2015* (U.S. Government Publishing Office, February 2015), p. 157.
44. BLS Reports, "Women in the Labor Force."
45. BLS Reports, "Women in the Labor Force," Table 11.
46. Cynthia Grant Bowman, "Women in the Legal Profession from the 1920s to the 1970s: What Can We Learn from Their Experience about Law and Social Change?," *Cornell Law Faculty Publications*, Paper 12, 2009; U.S. Bureau of Labor Statistics, "Employed Full Time: Wage and Salary Workers: Lawyers Occupations: 16 Years and Over," Series LEU0254483400A, *Federal Reserve Bank of St. Louis*, November 19, 2021.
47. Goldin, *Career and Family*, p. 125.
48. Hanna Rosin, "New Data on the Rise of Women," TED talk (video), December 2010 (quote at 2:32).
49. Lisa O'Kelly, "Hanna Rosin: 'I Feel Miscast in the Gender Wars,' " *The Guardian*, September 29, 2019.
50. Courtney Connley, "A Record 41 Women Are Fortune 500 CEO s-and for the First Time Two Black Women Made the List," *CNBC Make It*, June 2, 2021. For the data on company directors, see "Women in the Workplace 2021," McKinsey & Company, September 27, 2021.
51. Kate Clark, "US VC Investment in Female Founders Hits All-Time High," TechCrunch, December 9, 2019.

第三章

1. Adlai E. Stevenson, "A Purpose for Modern Woman," *Women's Home Companion* (September 1955), pp. 30-31. See also K. A. Cuordileone, *Manhood and American*

and Women's Work," Brookings Institution, September 11, 2019.
18. U.S. Bureau of Labor Statistics, "Occupational Requirements Survey: Sedentary Strength Requirements" (2018).
19. E lizabeth Fain and Cara Weatherford, "Comparative Study of Millennials' (Age 20-34 Years) Grip and Lateral Pinch with the Norms," *Journal of Hand Therapy* (October 2016).
20. U.S. Bureau of Labor Statistics, *Occupational Outlook Handbook*.
21. For a discussion, see Katherine G. Abraham and Melissa S. Kearney, "Explaining the Decline in the US Employment-to- Population Ratio: A Review of the Evidence," *Journal of Economic Literature* (September 2020).
22. Richard V. Reeves, "With Respect: How Liberal Societies Flourish," Brookings Institution, February 12, 2019.
23. Fatih Guvenen and others,"Lifetime Earnings in the United States over Six Decades," Becker Friedman Institute, Working Paper 2021-60 (University of Chicago, 2021). 我已在這裡利用 PCE 平減指數報告他們的主要結果。也可參考 Stephen J. Rose and Heidi I. Hartmann, *Still a Man's Labor Market* (Institute for Women's Policy Research, 2018).
24. BLS Reports "Highlights of Women's Earnings in 2020," US Bureau of Labor Statistics (September 2021), p. 5.
25. Hans Rosling, *Factfulness: Ten Reasons We're Wrong about the World-and Why Things Are Better Than You Think* (New York: Flatiron Books, 2018), p. 38.
26. U.S. Bureau of Labor Statistics, *Highlights of Women's Earnings in 2020*, BLS Reports, September 2021.
27. Claudia Goldin, "A Grand Gender Convergence: Its Last Chapter," *American Economic Review* (April 2014).
28. Toni Van Pelt, "The Paycheck Fairness Act Would Help Close the Gender Wage Gap. Why Won't the Senate Pass it?," *Fortune*, August 26, 2019.
29. Christina Hoff Sommers, "No, Women Don't Make Less Money Than Men," *Daily Beast*, May 29, 2019.
30. Kerri Anne Renzulli, "46% of American Men Think the Gender Pay Gap Is 'Made Up to Serve a Political Purpose,' " CNBC, April 4, 2019.
31. Francine D. Blau and Lawrence M. Kahn, "The Gender Wage Gap: Extent, Trends, and Explanations," *Journal of Economic Literature* (September 2017). See also *2022 State of the Gender Pay Gap Report* (PayScale, 2022). For international comparisons, see Gabriele Ciminelli and Cyrille Schwellnus, "Sticky Floors or Glass Ceilings? The Role of Human Capital, Working Time Flexibility and Discrimination in the Gender Wage Gap," VoxEU CEPR (May 16, 2021).
32. CONSAD Research Corporation, *An Analysis of the Reasons for the Disparity in Wages between Men and Women*, report prepared for the U.S. Department of Labor Employment Standards Administration (January 2009), p. 2.
33. John Iceland and Ilana Redstone, "The Declining Earnings Gap between Young Women and Men in the United States, 1979-2018," *Social Science Research* (November 1, 2020). See also Press Association, "Women in Their 20s Earn More Than Men of the Same Age, Study Finds," *The Guardian*, August 28, 2015; and Sarah Kliff, "A Stunning Chart Shows the True Cause of the Gender Wage Gap," Vox, February 19, 2018.
34. Heather Long, "80 Nations Set Quotas for Female Leaders. Should the U.S. Be Next?," *Washington Post*, November 3, 2021.
35. Michelle J. Budig, "The Fatherhood Bonus and the Motherhood Penalty: Parenthood and the Gender Gap in Pay," Third Way, September 2, 2014. 養母的收入也跟生母一樣減少了，這個事實凸顯出重點在於母親的育兒，而不是女性的生物

Institute of Education Sciences, November 2004, p. 66. For later figures see National Center for Education Statistics, High School Longitudinal Study of 2009 (HSLS).
69. Rosin, *The End of Men*, p. 263.
70. School League Tables Team, "School League Tables: Boys behind Girls for Three Decades."

第二章

1. "Emerging Labor Market and Education Trends: Reshaping Pathways to the Middle Class," Federal Reserve Bank of Chicago, YouTube channel (video), July 19, 2019 (quote at 1:03).
2. Susan Faludi, *Backlash: The Undeclared War against American Women* (New York: Crown, 2006), p. 41.
3. David Autor and Melanie Wasserman, *Wayward Sons: The Emerging Gender Gap in Labor Markets and Education* (Washington DC: Third Way, 2013), p. 7.
4. 這些數字是壯年男性，從 1970 年第一季到 2019 年第四季，按照季度調整。來源：美國勞工統計局。系列 ID：LNS11300061Q。
5. U.S. Bureau of Labor Statistics, "Labor Force Participation Rate-High School Graduates, No College, 25 Yrs. & over, Men." Series ID: LNU01327676Q.
6. 2019 年第四季，民間勞動市場總共有 2,140 萬名 25 歲以上男性，高中畢業但沒念大學。資料取自聖路易聯邦儲備銀行（FRED, Federal Reserve Bank of St. Louis），2022 年 2 月 4 日。勞動力參與率（68%）意味著 25 歲以上、高中畢業但沒念大學的男性當中，有 1,000 萬人不是勞動力。中國人民解放軍大約有 200 萬名現役人員：詳見 Cathleen Campbell, "China's Military: The People's Liberation Army" (Congressional Research Service, June 2021).
7. Richard V. Reeves and Eleanor Krause, "Why Are Young, Educated Men Working Less?," Brookings Institution, February 23, 2018.
8. Gray Kimbrough, "Xboxes and Ex-workers? Gaming and Labor Supply of Young Adults in the U.S." (American University, 2020), p. 9.
9. Betsey Stevenson, *Women, Work, and Families: Recovering from the Pandemic-Induced Recession*, (Brookings Institution, September 2021), figure 1, p. 2.
10. Stefania Albanesi and Jiyeon Kim, "Effects of the COVID-19 Recession on the US Labor Market: Occupation, Family, and Gender," *Journal of Economic Perspectives* (August 2021). 史蒂芬妮・阿倫森（Stephanie Aaronson）和弗朗西斯卡・阿爾巴（Francisca Alba）也發現，疫情期間學校關閉對母親就業有「輕微」的負面影響：詳見 "The Relationship between School Closures and Female Labor Force Participation during the Pandemic," Brookings Institution, November 2021.
11. Stevenson, "Women, Work, and Families," p. 1.
12. Jason Furman and Wilson Powell III, "US Makes Solid Job Gains in October but Millions Are Still on the Sidelines," Peterson Institute for International Economics (November 2021).
13. Vanessa Fuhrmans and Lauren Weber, "Burned Out and Restless from the Pandemic, Women Redefine Their Career Ambitions," *Wall Street Journal*, September 27, 2021.
14. Mark Muro and others, *Automation and Artificial Intelligence*, (Brookings Institution, January 2019, p. 44.
15. Sarah O'Connor, "The Robot-Proof Skills That Give Women an Edge in the Age of AI," *Financial Times*, February 12, 2019.
16. Guido Matias Cortes, Nir Jaimovich, and Henry Siu, "The 'End of Men' and Rise of Women in the High-Skilled Labor Market," Working Paper 24274 (Cambridge, MA: National Bureau of Economic Research, November 2018).
17. Marcus Casey and Sarah Nzau, "The Differing Impact of Automation on Men

Postsecondary Institutions, by Race/Ethnicity, Level of Degree/Certificate, and Sex of Student: 2009-10 through 2018-19," Table 318.45, February 2021. For math and physical sciences, see U.S. Department of Education, National Center for Education Statistics, "Bachelor's, Master's, and Doctor's Degrees Conferred by Postsecondary Institutions, by Sex of Student and Discipline Division: 2017-18," May 2021.

50. OE CD, "Educational Attainment and Labour-Force Status: ELS -Population Who Attained Tertiary Education, by Sex and Age Group."資料於 2022 年 3 月 10 日取得，大部分都從 2020 年開始估計。
51. Brown University, "Students by Gender," 2020-2021; Columbia University, "Enrollment by School and Gender," Fall 2020; Cornell University, "Composition Dashboard Fall 2019"; Dartmouth College, "Class Profile & Testing," Class of 2025 Enrollment; Jessica M. Wang and Brian P. Yu, "Makeup of the Class," *Harvard Crimson*, 2021; University of Pennsylvania, "Penn Diversity Facts and Figures," Fall 2020; Princeton University, "Diversity: Gender," 2020 Degree-Seeking Students; Yale University, "By the Numbers," Fall 2020.
52. Jennifer Delahunty Britz, "To All the Girls I've Rejected," *New York Times*, March 23, 2006.
53. Dave Bergman, "Gender in College Admissions-Do Men or Women Have an Edge?," *College Transitions*, May 21, 2021.
54. Vassar College, "Common Data Set 2020/21," Institutional Research.
55. Integrated Postsecondary Education Data System (IPEDS), "Kenyon College: Enrollment by Gender, Student Level, and Full-and Part-Time Status: Fall 2020," 2019-2020.
56. Hanna Rosin, *The End of Men: And the Rise of Women* (New York: Riverhead Books, September 2012), p. 148.
57. Rosin, p. 148-9.
58. Douglas Belkin, "A Generation of American Men Give Up on College: 'I Just Feel Lost,' " *Wall Street Journal*, September 6, 2021.
59. Dylan Conger and Mark C. Long, "Why Are Men Falling Behind? Gender Gaps in College Performance and Persistence," *Annals of the American Academy of Political and Social Science* (January 2010).
60. E steban Aucejo and Jonathan James, "The Path to College Education: The Role of Math and Verbal Skills," *Journal of Political Economy* (October 2021).
61. National Center for Education Statistics, "Graduation Rate from First Institution Attended for First-Time, Full-Time Bachelor's Degree-Seeking Students at 4-Year Postsecondary Institutions, by Race/Ethnicity, Time to Completion, Sex, Control of Institution, and Percentage of Applications Accepted: Selected Cohort Entry Years, 1996 through 2012," *Digest of Education Statistics*, Table 326.10.
62. David Leonhardt and Sahil Chinoy, "The College Dropout Crisis," *New York Times*, May 23, 2019.
63. 這是我的粗略計算，基於馬修・辛格斯提供給我的資料。
64. Siwei Cheng and others, "Heterogeneous Returns to College over the Life Course," *Science Advances* (December 2021).
65. David Autor and Melanie Wasserman, *Wayward Sons: The Emerging Gender Gap in Labor Markets and Education* (Washington, DC: Third Way, 2013).
66. School League Tables Team, "School League Tables: Boys behind Girls for Three Decades," BBC News, February 6, 2020.
67. Claudia Goldin, Lawrence F. Katz, and Ilyana Kuziemko, "The Homecoming of American College Women: The Reversal of the College Gender Gap," *Journal of Economic Perspectives* (Fall 2006).
68. Catherine E. Freeman, "Trends in Educational Equity of Girls & Women: 2004," National Center for Education Statistics,

Sectional, Cross-Cultural Study," *Journal of Personality and Social Psychology* (January 2015). See also Tony Cox, "Brain Maturity Extends Well Beyond Teen Years," NPR, October 10, 2011.

35. National Academies of Sciences, Engineering, and Medicine, *The Promise of Adolescence: Realizing Opportunity for All Youth* (Washington, DC: The National Academies Press, 2019), p. 40.
36. "As the playing field was leveled, developmental differences between boys and girls become more salient in explaining differences in educational attainment." Goldin, Katz, and Kuziemko, "The Homecoming of American College Women," p. 4.
37. National Center for Education Statistics, "Degrees Conferred by Postsecondary Institutions, by Level of Degree and Sex of Student: Selected Years, 1869-70 through 2029-30," *Digest of Education Statistics*, Table 318.10.See also National Center for Education Statistics, "Degrees in Business Conferred by Postsecondary Institutions, by Level of Degree and Sex of Student: Selected Years, 1955-56 through 2017-18," Table 325.25.
38. National Center for Education Statistics, "Number of Postsecondary Institutions Conferring Doctor's Degrees in Dentistry, Medicine, and Law, and Number of Such Degrees Conferred, by Sex of Student: Selected Years, 1949-50 through 2018-19." See also Higher Education General Information Survey (HEGIS), " 'Degrees and Other Formal Awards Conferred' Surveys from 1965-66 through 1985-86 and IPEDS Fall 2019 Completions Component," July 2020.
39. National Center for Education Statistics, "Degrees Conferred by Degree-Granting Institutions, by Level of Degree and Sex of Student." 請注意，1970 至 1971 年到 1978至 1979 年參考年分，我使用表 246 的 2005 年版本；1979 至 1980 年之後我使用 2020 年版本。
40. National Center for Education Statistics, "Degrees Conferred by Degree-Granting Institutions, by Level of Degree and Sex of Student," Table 318.20, July 2020.
41. Author's calculation from National Center for Education Statistics, "Number of Postsecondary Institutions Conferring Doctor's Degrees in Dentistry, Medicine, and Law, and Number of Such Degrees Conferred, by Sex of Student: Selected Years, 1949-50 through 2018-19."
42. Jay Reeves, "Women Are Law Review Editors at Top 16 Law Schools," Lawyers Mutual, *Byte of Prevention* (blog), April 17, 2020.
43. Nick Hillman and Nicholas Robinson, *Boys to Men: The Underachievement of Young Men in Higher Education-and How to Start Tackling It*" (Oxford, UK: Higher Education Policy Institute, 2016). For the 2018/2019 school year, see Higher Education Student Statistics: UK, 2018/2019, Table 1. Women were awarded 244,535 degrees out of 424,540.
44. "Widening Access and Participation," in *UCAS End of Cycle Report 2019* (Cheltenham, UK: UCAS, 2019), chap. 6.
45. Jon Marcus, "The Degrees of Separation between the Genders in College Keep Growing," *Washington Post*, October 27, 2019.
46. Rosamond Hutt, "These 10 Countries Are Closest to Achieving Gender Equality," World Economic Forum, December 19, 2019.
47. Marcus, "The Degrees of Separation."
48. Scottish Funding Council, *Gender Action Plan: Annual Progress Report*, February 6, 2019.
49. For overall STEM, see U.S. Department of Education, National Center for Education Statistics, "Number and Percentage Distribution of Science, Technology, Engineering, and Mathematics (STEM) Degrees/Certificates Conferred by

University School of Education, 2019), p. 15.

23. Nicole M. Fortin, Philip Oreopoulus, and Shelley Phipps, "Leaving Boys Behind: Gender Disparities in High Academic Achievement," *Journal of Human Resources* (Summer 2015).
24. U.S. Department of Education, National Center for Education Statistics, "Number and Percentage Distribution of Teachers in Public Elementary and Secondary Schools, by Instructional Level and Selected Teacher and School Characteristics: 1999-2000, 2015-16, and 2017-18," *Digest of Education Statistics*, Table 2019.22.
25. Benjamin Zablotsky and others, "Prevalence and Trends of Developmental Disabilities among Children in the United States: 2009-2017," *Pediatrics* (October 2019).
26. Laurence Steinberg, *Age of Opportunity: Lessons from the New Science of Adolescence* (New York: Houghton Mifflin Harcourt, 2014), p. 77.
27. Robert M. Sapolsky, *Behave: The Biology of Humans at Our Best and Worst* (London: Penguin Publishing Group, 2017), p. 164.
28. Louann Brizendine, *The Female Brain* (New York: Harmony Books, 2017), p. 65. See also Elizabeth Vargas and Alan B. Goldberg, "The Truth behind Women's Brains," ABC News, October 5, 2006.
29. Gokcen Akyurek, "Executive Functions and Neurology in Children and Adolescents," in *Occupational Therapy: Therapeutic and Creative Use of Activity*, ed. Meral Huri (London: IntechOpen, 2018), p. 38.
30.. M. A. J. van Tetering and others, "Sex Differences in Self-Regulation in Early, Middle and Late Adolescence: A Large-Scale Cross-Sectional Study," *PLoS ONE* (January 2020). See also Theodore D. Satterthwaite and others, "Sex Differences in the Effect of Puberty on Hippocampal Morphology," *Journal of the American Academy of Child and Adolescent Psychiatry* (March 2014).
31. Sol Lim and others, "Preferential Detachment during Human Brain Development: Age-and Sex-Specific Structural Connectivity in Diffusion Tensor Imaging (DTI) Data," *Cerebral Cortex* (June 2015).
32. Krystnell Storr, "Science Explains Why Women Are Faster to Mature Than Men," *Mic*, February 24, 2015.
33. Liz Griffin, "The Developing Teenage Brain," *The School Superintendents Association*, interview with Frances Jensen, chair of the department of neurology at the University of Pennsylvania's Perelman School of Medicine, September 2017. See also Frances Jenson, *The Teenage Brain* (New York: HarperCollins, 2015): "Organization requires brain connectivity and integration, not just raw intelligence and synaptic power. Myelination plays a huge part in this, and as we have said earlier, it requires the better part of the first three decades of life to be fully completed. The time of greatest gender disparity in this process occurs during adolescence," pp. 232-33.
34. "Because college preparation and applications must be done by teenagers, Small differences in development can lead to large disparities in college outcomes," write Claudia Goldin, Lawrence F. Katz, and Ilyana Kuziemko, in "The Homecoming of American College Women: The Reversal of the College Gender Gap," Working Paper 12139 (Cambridge, MA: National Bureau of Economic Research, March 2006), p. 3. 在一次人格發展的跨文化訪談中，瑪琳．德博勒（Marleen De Bolle）與其共同作者也發現：「青少女在促進學業成績之人格特質的分數，一直比男孩高，至少就目前的校園氣氛而言。另一個說法是，目前的學校環境，或許普遍更能領會女性類型的人格，這也讓女孩（大致來說）更容易達成更好的在校成績。」Marleen De Bolle and others, "The Emergence of Sex Differences in Personality Traits in Early Adolescence: A Cross-

4. National Center for Education Statistics, Digest of Education Statistics 1990, p. 232.
5. National Center for Education Statistics, "Degrees Conferred by Postsecondary Institutions, by Level of Degree and Sex of Student: Selected Years, 1869-70 through 2029-30," *Digest of Education Statistics*, Table 318.10.
6. National Student Clearinghouse Research Center, "Current Enrollment Term Estimates: Fall 2021," January 13, 2022.
7. Stephanie Riegg Cellini, "How Does Virtual Learning Impact Students in Higher Education?," Brookings Institution, August 13, 2021.
8. John F. Helliwell and others, *World Happiness Report 2021* (New York: Sustainable Development Solutions Network, 2021).
9. OECD, "Finland: Student Performance (PISA 2018)," Education GPS, 2018.
10. OECD, "Are Boys and Girls Ready for the Digital Age?," *PISA in Focus* 12 (January 2012).
11. "Men Adrift: Badly Educated Men in Rich Countries Have Not Adapted Well to Trade, Technology or Feminism," *The Economist*, May 28, 2015.
12. Julia B. Isaacs, "Starting School at a Disadvantage: The School Readiness of Poor Children," Brookings Institution, March 2012, fig. 7, p. 9. 一份挪威研究也發現，到了 5 歲，半數女孩已經熟練寫字了，但男孩要 6 歲才會跨過這個里程碑。Ragnhild E. Brandlistuen and others, "Gender Gaps in Preschool Age: A Study of Behavior, Neurodevelopment and Pre-academic Skills," *Scandinavian Journal of Public Health* (July 2021).
13. National Center for Education Statistics, "Percentage of Students at or above Selected National Assessment of Educational Progress (NAEP) Reading Achievement Levels, by Grade and Selected Student Characteristics: Selected Years, 2005 through 2019," *Digest of Education Statistics*, Table 221.20.
14. National Center for Education Statistics, "Average National Assessment of Educational Progress (NAEP) Mathematics Scale Score, by Sex, Race/Ethnicity, and Grade: Selected Years, 1990 through 2017," Table 222.10.
15. Sean F. Reardon and others, "Gender Achievement Gaps in U.S. School Districts," *American Educational Research Journal* (December 2019), p. 26.
16. Nicole M. Fortin, Philip Oreopoulus, and Shelley Phipps, "Leaving Boys Behind: Gender Disparities in High Academic Achievement," Working Paper 19331 (Cambridge, MA: National Bureau of Economic Research, August 2013).
17. National Center for Education Statistics, "Number and Percentage of Public High School Graduates Taking Dual Credit, Advanced Placement (AP), and International Baccalaureate (IB) Courses in High School and Average Credits Earned, by Selected Student and School Characteristics: 2000, 2005, and 2009," 2009 High School Transcript Study (HSTS), U.S. Department of Education.
18. J. Q. Easton, Esperanza Johnson, and Lauren Sartain, *The Predictive Power of Ninth-Grade GPA* (University of Chicago Consortium on School Research, September 2017), p. 1.
19. For the SAT see College Board, 2021 *Suite of Assessments Annual Reports*. For the ACT see *The ACT Profile Report-National* (2020).
20. 《紐約時報》社論競賽籌辦人，個人交流。
21. Richard V. Reeves, Eliana Buckner, and Ember Smith, "The Unreported Gender Gap in High School Graduation Rates," Brookings Institution, January 12, 2021.
22. Civic and Everyone Graduates Center, *2019 Building a Grad Nation: Progress and Challenge in Raising High School Graduation Rates* (Johns Hopkins

附註

序

1. U.S. Bureau of Labor Statistics, *Highlights of Women's Earnings in 2020*, BLS Reports, September 2021. 收入比例基於 2020 年 16 歲以上全職工資與薪水工作者平常的每週收入中位數。
2. National Center for Education Statistics, U.S. Department of Education, "Degrees Conferred by Postsecondary Institutions, by Level of Degree and Sex of Student: Selected Years, 1869-70 through 2029-30," (July 2020).
3. National Center for Education Statistics, U.S. Department of Education, "Degrees Conferred by Postsecondary Institutions, by Level of Degree and Sex of Student: Selected Years, 1869-70 through 2029-30," (July 2020).
4. Sarah A. Donovan and David H. Bradley, *Real Wage Trends, 1979 to 2019* (Congressional Research Service, 2020).
5. Lindsay M. Monte, "'Solo' Dads and 'Absent' Dads Not as Different as They Seem," U.S. Census Bureau, November 5, 2019.
6. Joint Economic Committee, *Long-Term Trends in Deaths of Despair*, Social Capital Project Report 4-19 (September 2019). 詳見資料附錄。
7. U.S. Bureau of Labor Statistics, "Earnings by Educational Attainment and Sex, 1979 and 2002," *Economics Daily*, October 23, 2003. 利用 CPI-U-RS 調整至 2020 年的美元；U.S. Department of Labor, Women's Bureau, "Median Weekly Earnings by Educational Attainment and Sex (Annual)." 請注意，此處的收入是指 25 歲、高中畢業但沒有讀大學的全職工資和薪水工作者。
8. "Men Adrift: Badly Educated Men in Rich Countries Have Not Adapted Well to Trade, Technology or Feminism," *The Economist*, May 28, 2015.
9. Camille Busette, "A New Deal for Poor African-American and Native-American Boys," Brookings Institution, March 14, 2018. 請注意，它包含了美國原住民男孩和男人，但我在這裡是聚焦於黑人男孩和男人。
10. Sherry N. Mong and V. J. Roscigno, "African American Men and the Experience of Employment Discrimination," *Qualitative Sociology* (2010).
11. Susan Faludi, Stiffed: *The Betrayal of the American Man* (New York: HarperCollins, 1999), p. 40.
12. Timothy J. Bartik, Bard J. Hershbein and Marta Lachowska, "The Merits of Universal Scholarships: Benefit-Cost Evidence from the Kalamazoo Promise," *Journal of Benefit-Cost Analysis* (2016), p. 406; Timothy J. Bartik, Bard J. Hershbein and Marta Lachowska, "The Effects of the Kalamazoo Promise Scholarship on College Enrollment, Persistence, and Completion," Upjohn Institute Working Paper 15-229 (December 2017), p. 51.
13. 根據蓋洛普在 2020 年進行的民意調查。See Jeffrey M. Jones, "LGBT Identification Rises to 5.6% in Latest U.S. Estimate," Gallup, February 24, 2021.
14. Simone de Beauvoir, *The Second Sex* [1949], trans. H. M. Parshley (New York: Alfred A. Knopf, 1953), p. 3.
15. 感謝約瑟夫・亨里奇協助我想到這個構想；出自 2021 年 6 月我的 Podcast《對話》（*Dialogue*）中的一段對話。

第一章

1. Carol Frances, "The Status of Women in American Higher Education," *Sociology and Anthropology* (September 2018), pp. 696 and 698.
2. "The Weaker Sex," *The Economist*, May 7, 2015.
3. Hanna Rosin, *The End of Men: And the Rise of Women* (New York: Penguin, 2012), p. 149.

飛
鳥 —————— 0001
BIRDS OF A FEATHER

男性廢退

失落、孤僻、漫無目的，生而為「男」我很抱歉？苦苦掙扎的男性困境，我們能怎麼做。

國家圖書館出版品預行編目(CIP)資料

男性廢退：失落、孤僻、漫無目的，生而為「男」我很抱歉？苦苦掙扎的男性困境，我們能怎麼做。／理查・V・李維（Richard V. Reeves）著；廖桓偉譯. -- 初版. -- 新北市：方舟文化，遠足文化事業股份有限公司，2025.01

352 面；14.8×21 公分 . --（飛鳥；01）

譯自：Of Boys and Men: Why the Modern Male Is Struggling, Why It Matters, and What to Do about It

ISBN：978-626-7596-27-2（平裝）

1.CST：男性　2.CST：性別研究　3.CST：社會角色

544.7　　113017545

作　　者　理查・V・李維（Richard V. Reeves）
譯　　者　廖桓偉
封面設計　高郁雯
內頁設計　顏麟驊
副 主 編　李芊芊
校對編輯　張祐唐
行　　銷　林舜婷
行銷經理　許文薰
總 編 輯　林淑雯

出 版 者　方舟文化／遠足文化事業股份有限公司
發　　行　遠足文化事業股份有限公司（讀書共和國出版集團）
231 新北市新店區民權路 108-2 號 9 樓
電話：（02）2218-1417
傳真：（02）8667-1851
劃撥帳號：19504465
戶名：遠足文化事業股份有限公司
客服專線：0800-221-029
E-MAIL：service@bookrep.com.tw
網　　站　www.bookrep.com.tw
印　　製　中原造像股份有限公司
法律顧問　華洋法律事務所　蘇文生律師
定　　價　460 元
初版一刷　2025 年 1 月